左手价值 右手利润

高成本压力下的企业抉择

邓正红 著

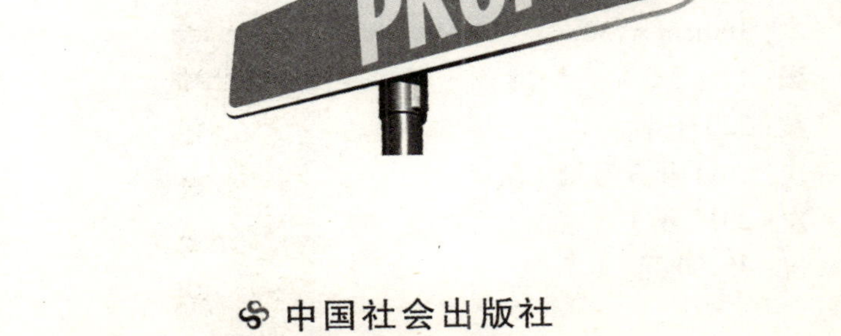

中国社会出版社
国家一级出版社★全国百佳图书出版单位

图书在版编目(CIP)数据

左手价值　右手利润:高成本压力下的企业抉择/
邓正红著.—北京:中国社会出版社,2011.2
ISBN 978-7-5087-3491-0

Ⅰ.①左…　Ⅱ.①邓…　Ⅲ.①企业管理:成本管理-研究
Ⅳ.①F275.3

中国版本图书馆CIP数据核字(2011)第007509号

书　　名:左手价值　右手利润:高成本压力下的企业抉择
著　　者:邓正红
责任编辑:杜　康

出版发行:中国社会出版社
邮政编码:100032
通联方法:北京市西城区二龙路甲33号
电　话:编辑部:(010)66061723
邮购部:(010)66060275
销售部:(010)66080300　传真:(010)66051713
(010)66051698　传真:(010)66080880
(010)66080360　传真:(010)66063678
网　　址:www.shcbs.com.cn
经　　销:全国各地新华书店

印刷装订:北京京海印刷厂
开　　本:160mm×230mm　1/16
印　　张:17
字　　数:220千字
版　　次:2011年3月第1版
印　　次:2011年3月第1次印刷
定　　价:35.00元

前言

在高速发展了30多年后，中国经济开始进入一个全新的时代，即高成本时代。这个时代的特点是经济发展的要素成本、节能减排成本和出口成本快速上升，导致以往以低成本为主要竞争优势的发展模式举步维艰。

近年来，能源、原材料、交通运输、土地与环保等生产条件、人工成本以及人民币升值和国际反倾销等众多因素的急剧变化，加速了高成本时代的到来。当企业丧失成本优势，将会怎样？是择机转行或转型；是以偷工减料作为应对策略，苦苦挣扎；还是选择向价值链上游转移，加大创新及研发投入？在高成本压力下，中国企业正面临着生死抉择，亟待寻找一条新的生存路线。

从总体来看，企业应对高成本压力有四条基本途径：一是从粗放型增长转向节约型经济；二是从成本优势战略转向技术优势战略；三是调整产业结构，抛弃那些容易引发成本上升的产品，转向高附加值产品；四是通过变革提高企业效率抵消高成本影响。

我国产业结构之所以对于要素成本的上升敏感度很高，主要原因在于我国产业大多处在“微笑曲线”的低端，依赖低廉的要素投入来获取微薄的利润。缺少自主品牌与技术含量，靠低劳动力成本、资源消耗和牺牲环境换取利润，将使企业失去生存和发展空间。

“中国制造”走到了十字路口，是保持“中国制造”的现状，靠日渐丧失的低成本优势存活，还是蓄势待发，在阵痛中实现转型、升级，由“中国制造”变身“中国创造”？毋庸置疑，“中国创造”才是中国企业化解高成本压力的唯一出路。

由“中国制造”变身“中国创造”，在于实现产业升级，提升产业在“微笑曲线”中的地位。为此，企业必须不断创新，不断进行产品升级、技术升级、生产升级、管理升级、经营升级、市场升级、资本升级，通过升级来改善成本，提升价值，这样才有出路。这是一个阵痛期，至少需要三五年，就看谁反应快。

高成本时代，重新洗牌是必然的，不变只能等死，变了可能找死，但变了更可能死里复生。升级必然产生蝶变，蝶变才能使企业脱胎换骨，涅槃重生！

高成本压力带来威胁，也能导致改变，孕育突破和希望，这必将给中国企业带来更强的生命力！

高成本压力也使成本产生革命性的转化，形成新的成本力量，这就是成本软实力！

按照企业软实力理论，成本是对生产要素耗费的量度，属于硬实力范畴，成本改善、成本优化体现的是企业软实力，换言之，将企业软实力应用到成本管理上，就是促使成本持续得到控制、优化、改善和创新，形成成本优势，增强成本竞争力。成本是硬实力，改善成本靠软实力，将软实力融入成本硬实力中，就形成一种持续改善成本的力量，就是成本软实力。

成本软实力不是简单的“成本+软实力”组合，而是将企业软实力作用到成本上产生新的价值，获取超额利润，这也是企业软实力的特性决定的。价值创新是企业软实力的最高形态，成本是支撑产品或服务价值的根本，创新价值必须从根本上实现创新，所以，成本创新是成本软实力的最高形态。成本软实力具有软、硬双重特性，也是企业成本活动的内生力，其作用不只限于企业内部，对企业所处的产业链、价值链各环节也起到协同、整合、创新的作用。

在合作、共赢的战略联盟时代，企业要强化对相关利益者的协调，必须靠软实力，也只有靠软实力才能将供应商、生产商、销售商以及其他合作伙伴等价值链上的各环节利益主体聚集在一块，通过整合各方面的核心能力，为实现共同的价值创造而齐心合力，从而最大化地发挥价值链竞争优势，持续实现各环节的成本降低和整体运营效率的提升。

“成本软实力”概念的提出，是软实力思维和成本博弈相结合的产物，顺应了企业从硬实力竞争向软实力经营转变的要求，为企业软实力的作用发挥、为企业综合价值从根本上得到提升，为企业成本管理实现突破开启了新的思路。

国家“十二五”期间的重要任务是加快转变经济发展方式和提升国家文化软实力，落实到企业中，就是要提升成本软实力。基于我国仍处于可以大有作为的重要战略机遇期，加上高成本时代的到来，增强成本软实力已成为我国企业最为紧迫的任务。成本软实力重在降低、改善、创新成本，让硬成本持续变软，不断提升成本价值，努力化解高成本压力，促进企业从粗放型增长转向节约型经济、从成本优势战略转向技术优势战略，推动“中国制造”向“中国创造”转变，实现产业升级，提升产业在“微笑曲线”中的地位。

目录
contents

➔第一章：成本杀手：要利润还是要价值

成本是硬实力，靠紧巴巴地节省成本所获得的利润，是硬利润；提升成本的价值含量是软实力，因价值创造而赢得的利润，是软利润。硬利润是暂时的，软利润是长期的。追求硬利润必然大开成本杀戒，不择手段，不计长远，轻则拆东墙补西墙，弄得捉襟见肘，苦力经营，重则伤筋动骨，伤及相关利益者，危及企业生存发展；追求软利润视品质和价值为生命，工序虽繁不省人工，品位虽贵不减物力，用成本保证品质，用价值支撑成本，即使出现亏损，也阻挡不了企业持续赢利、基业长青的大势。

目录
contents

第二章：成本创新：左手抓价值，右手抓利润

价值创新是企业软实力的最高形态，高成本的出路在于创新，而成本创新的实质就是价值创新。按常规，成本与利润是紧密相连的，成本有多低，利润就有多高，当成本离利润越来越远的时候，就意味成本的原有运作思路开始僵化，就要启动企业软实力为成本谋划新篇。成本创新不仅仅是刷新投入指标，还涉及成本运作的方方面面。成本创新的目的就是提升赢利水平，可以寻找、挖掘潜在利润源，也可以开辟、拓展新的利润源。这就需要我们从企业成本这张网上抓住最薄弱的环节，进行改进、变革、突破，使成本从整体上获得利润新生。

第三章：成本责任：超越利润的价值追求

就相当于利润不是企业唯一追求一样，成本到底为谁服务？这是对企业软实力的溯源。按照企业软实力理论，企业软实力＝核心价值＋商业模式＝合规＋创新＋价值，成本运作属于商业模式运作的范畴。商业模式按照企业的追求，又分为利润模式和价值模式。表面看，成本和利润的联系比较直接和紧密，但是，为利润服务的成本运作将使企业陷入难以自拔的同质竞争，其结果是利润越来越少，成本越来越硬。从深层看，成本运作只有奉行企业的价值追求，在成本领域深入践行核心价值，才能持续推动成本创新，形成持续赢利的成本软实力。

目录
contents

第四章：成本文化：在价值氛围中创造利润

从成本到成本管理到成本文化，这是一个由硬实力向软实力递进的过程。改造成本，则是用成本文化控制、引导、规范成本管理，使成本具有持续的竞争优势，这是运用软实力增强硬实力的过程。着眼于价值创造的成本管理活动，需要有与之匹配的成本价值观和成本行为准则。良好的成本管理文化会使企业成本管理的效果事半功倍；相反，如果缺乏有效的成本管理文化，即使有再好的成本管理措施也难以得到贯彻执行。塑造成本文化，关键是要用企业信奉并付诸于实践的成本价值理念引导和规范员工的成本行为。

第五章：成本执行：价值没有折扣，利润持续保证

执行力是企业所有力量的注脚，如何实现有效执行？既要实干，求真务实，雷厉风行；又要巧干，凝心聚智，讲究技巧。成本软实力延伸到最后一环就是成本执行力。好的成本管理思路、成本控制方法、成本价值创新能否得到不折不扣的贯彻实施，事关企业成本战略成败。成本涉及企业管理的各层次、各工序、各环节、各岗位，是一个系统工程。成本目标一经确定，就看采取什么措施层层予以分解消化，只要其中一个环节执行不力，就会造成成本整体失控，目标成本就难以实现，企业也就难以收获预期的利润。

VALUE PROFIT

第一章 成本杀手：要利润还是要价值

成本是硬实力，靠紧巴巴地节省成本所获得的利润，是硬利润；提升成本的价值含量是软实力，因价值创造而赢得的利润，是软利润。硬利润是暂时的，软利润是长期的。追求硬利润必然大开成本杀戒，不择手段，不计长远，轻则拆东墙补西墙，弄得捉襟见肘，苦力经营，重则伤筋动骨，伤及相关利益者，危及企业生存发展；追求软利润视品质和价值为生命，工序虽繁不省人工，品位虽贵不减物力，用成本保证品质，用价值支撑成本，即使出现亏损，也阻挡不了企业持续赢利、基业长青的大势。

下刀留心
成本是支撑价值的根本

成本是企业业绩的晴雨表，成本上下波动，推手在市场，操手是企业，如何对待成本，这是一场企业自身实力的博弈。软实力强，在成本外围化解成本压力；软实力弱，成本就成了企业攫取眼下利润、苟且赢市的挨宰羔羊。

●祸根源于视利润为命根子

企业走投无路才会砍成本，一个“砍”字暴露了企业软实力的缺乏。

——**软实力“成”语**

很多企业把“砍成本”当做救济利润的万能之策，以为只要成本降下来了，利润就唾手可得。其实这种认识和做法是非常片面的，因为成本的本质是价值，而不是简单的费用和消耗。如果不看对象和项目，随意动刀子，表面上可能压缩了成本，深层次则可能伤筋动骨。降成本不是说砍就能砍的，要讲策略方法，更要讲辩证法，尤其要注意不能伤害了成本本身所应体现的价值。

砍成本的祸根源自把利润看做命根子，把成本当做随意可以舍弃的

“敝屣”。市场竞争激烈，同质化厮杀，利润空间越来越窄，由于两头（一头是市场，另一头是现场）缺乏创新而难以作为，经营迟钝，管理僵化，企业遭到市场和现场的围堵夹击。值此生存的危急关头，企业又想不出更好的办法力解眼下的困局，拼到最后就只好拿成本开刀，于是成本也就自然成了企业舍卒保车的替罪羔羊。因为这时候企业通过砍成本确实能更直接地保住自己所谓的目标利润。

为什么成本不能毫无顾忌地砍？因为涉及价值创造的那部分成本你如果轻易下刀，就会伤及企业的根本要害，让企业付出更大的成本代价。比如，你如果轻易地降低人工成本，对员工减薪，就会挫伤员工的积极性，员工在你看不见的情形下，就会磨工耗工，降低工作效率和劳动生产率，就会使企业付出更大的耗费。你如果将自己推行的低成本战略强加给合作者，压缩供应商的合理利润空间，你采购的原材料和零配件就难免会出现以次充好的现象，以致影响终端产品的质量，最后因质量问题，消费者的板子就会直接打到你身上，而不会打在供应商身上，叫你信誉扫地，付出更多的赔偿成本和诉讼成本。你如果觉得当下正处于产销两旺的时候，急需周转资金扩大生产规模，借口资金短缺，将“三废”治理资金改作生产资金，致使正在实施的“三废”治理项目因资金断炊而停工，结果越生产越污染，最后环保部门亮出红牌，给你开出数倍于治理成本的污染罚单。

说实在的，像上述所列的“成本刀”现象，现在的企业中比比皆是。这反映了企业在经营上患了“利润短视症”，表面上节约了一些资金，实际上却为企业未来更大代价的付出埋下了隐患。在眼下激烈的竞争环境下，企业的生存很重要，利润也是不可或缺的。问题的关键是，企业靠什么赢得利润，怎样才能保持持续的利润源？有人肯定会说，企业不就是靠产品和服务赢得利润，还有什么的诀窍？没错，企业就是靠经营产品和服务赢得利润，但是，差异就体现在经营上，同样的产品同样的服务，不同的企业就有不同的经营回报。眼盯着利润，其经营无非是投机取巧，拿成本做大文章，左一省右一节，其获得的利润非常有限。这类企业创新的本事有限，跳不出同质化，又开拓不了“外援”，就只能守在自己的一亩三分地靠过“穷日子”来赚取微薄的利润。

同样的产品同样的服务放在不同的企业，其经营绩效肯定不一样，产生的价值自然也不一样。就好比贴牌，同样质地、款式的服装，一般厂家靠廉价劳动力成本获取低得可怜的利润，而拿到市场上去问津的人也不多，如果贴上“皮尔·卡丹”的牌子，则价值倍增，利润也倍增。我要说的意思是，那些没有能耐的企业，虽然你有能力生产出同样的产品，但没有能力使产品在市场上增值。

按理说，一件同样的产品，研发、生产、供应、营销等各环节上的人员都付出了自己的努力，凝聚了团队的价值创造和奉献，大家本应该获得体现自己价值的那份报酬，就因为企业不能有效实现产品的增值，就只能跟着企业过平凡的日子，却享受不到“皮尔·卡丹”、“耐克”等知名品牌所带来的荣耀和价值自豪。话又说回来，知名品牌毕竟凤毛麟角，并非每个企业都能创造得出。按中国人的老话，嫁鸡随鸡，嫁狗随狗。既然大家都在一个锅里吃饭，不求日子越过越好，能够保证薪酬基本过得去也就算了。即使今天砍去这个费用明天省去那笔开支，这都没得说，也是可以理解的。但是，如果企业就因为竞争激烈，想多赚些钱，让员工勒紧腰带和企业一起过“穷日子”，奖金越发越少，工资越拿越低，这样大家就有话说了。一则没盼头，日子越过越穷，到哪里也说不过去，况且企业并没有亏损，只是想多“抠”出点利润；二则没意思，企业多赚的钱都是大家活命的血汗钱，内部挖潜变成挖员工的钱，令人心寒；三则没价值，同样的创造投入，别的企业员工能拿大钱，享受各种福利，凭什么跟着你一起过“苦日子”、“穷日子”，不如辞职、跳槽，另择高枝。

在高成本“叫嚣”的今天，似乎一切都在上涨，原材料涨价、人工成本涨价、能源涨价、环境治理涨价……企业在高成本压力下采取各种降本措施是完全可以理解的，尤其在一些效率低下、机构臃肿、管理粗放、费用滥支的企业更应大刀阔斧砍成本。但是，如果到了企业不择手段降成本的时候，就说明企业经营上出现了难度，没有以前那么顺顺利利、风风光光了，这大都是市场所逼，并非企业长期一贯的主动作为。

俗话讲，饥不择食。企业为市场所困，往往容易昏了头，为扭转经营困局，手中的“成本刀”就会不分青红皂白，一顿乱砍，这个时候就怕砍了眼下的成本，伤了长远的元气。

企业砍成本，动刀之前必须有系统的思路，哪些砍得哪些砍不得，必须做到心中有数。既然涨是成本运行的大趋势，现在的情形是该砍的必须一分不留地坚决砍去，不该砍的比如员工工资、研发成本、培训费用等反而要顺势而为，水涨船高，适当有所增加，这样才能真正体现企业的价值创造取向，激励大家为企业化解高成本压力献智出力，创造更多更新的价值。

作为企业决策者，必须明白砍成本不是目的，仅仅是使成本更加集中体现价值本色的手段。砍成本应该是去粗取精，去掉水分，留下干货。因此，把握成本的结构，弄清成本的价值分布很重要。

●“成本刀”将砍向何方

有竞争力的成本，是软实力与硬实力结合的产物，成本能否砍，以价值为标准。

——软实力“成”语

砍成本之前，企业决策者必须对本企业当下的成本结构有一个综合、全面、精确的评判，这个评价将决定企业的“成本刀”砍向何方。对成本结构是否合理的评价，考验决策者自身的经营功底和对情况、信息的充分把握。

二战期间，美国市场上的各种原材料供应都趋于紧张，通用电气的一些主要原材料由于受货源不稳定，价格昂贵等因素影响，一度接济不上，企业正常的生产运营无法保证，企业非常被动。在这种情况下，通用电气的一位化学工程师就针对公司急需的石棉板材问题，开始研究材料代用问题，通过分析公司使用石棉板的功能，发现其用途主要是铺设车间地板，避免给产品喷漆的涂料玷污地板而引起火灾，后来，这位化学工程师在市场上找到一种防火纸，成本低，容易买到，使通用电气获得很好的经济效益。

通用电气的防火纸替代石棉板，就是运用价值工程实现材料替代的典型事例。通过材料改善，通用电气将其推广到企业其他的地方，对产品的功能、费用与价值进行深入的系统研究，提出了功能分析、功能定义、功能评价以及如何区分必要和不必要功能并消除后者的方法，最后形成了以最小成本提供必要功能，获得较大价值的科学方法。

价值工程中所说的“价值”有其特定的含义，是一种通过性能改善达到资源最佳利用的经济价值。这种“价值”就是一种“评价事物有益程度的尺度”。价值高说明该事物的有益程度高、效益大、好处多；价值低则说明有益程度低、效益差、好处少。总之，价值工程把“价值”定义为：“对象所具有的功能与获得该功能的全部费用之比”，从消费者的角度看，就是对产品或服务综合性价比的衡量。其中，“功能的全部费用”讲的就是成本，包括人力、物力和财力资源的耗费，实际上就是价值资源（劳动价值或使用价值）的投入量。

从技术经济决策的过程看，价值工程活动基本程序如下：

第一步：选择对象。价值工程选择的对象往往是存在诸多问题，需要改善的。选择的出发点不一样，确定的对象也就不一样。从产品构造方面看，可以将复杂、笨重、性能差的产品作为改善的对象；从制造方面看，可以将产量大、消耗高、工艺复杂、成品率低以及占用关键设备多的产品作为改善的对象；从成本方面看，可以将占成本比重大和单位成本高的产品作为改善的对象；从销售方面看，可以将用户意见大、竞争能力差、利润低的产品作为改善的对象；等等。选择的具体方法有：重点选择法、百分比法、产品生命周期法等。

第二步：收集情报。收集情报资料，在于掌握评价和分析产品功能的依据。日本企业相信，强大的情报网络对商品交易特别重要，比如中国景泰蓝工艺、宣纸工艺等早被日本企业盯上，并让中国相关产业付出了惨痛的代价。情报资料涉及的内容很多，需要进行系统的整理，去粗取精，加以利用。

第三步：功能分析。功能分析是对产品，对产品的部件、组件、零件或是对一项工程的细目，系统地分析它们的功能，计算它们的价值，以便进一步确定价值工程活动的方向、重点和目标。功能分析包括：明确对分析对象的要求；明确分析对象应具备的功能；进行功能分类，并进一步把功能明确化和具体化；确定功能系统；绘制功能系统图，把功能之间的关系确定下来；进行功能评价，以便确定价值工程活动的重点、顺序和目标（成本降低的期待值）等。

第四步：提出设想。也就是在充分分析的基础上，拟订改进方案，便于下一步实施。

第五步：评价方案。针对方案，就经济可行性、技术先进性、市场竞争性、价值回报性进行全方面的权衡，不断优化，使项目达到最佳的性价比，即以最少的成本支出获取最佳的利润回报。

第六步：进行试验。一方面验证方案选择过程中的准确性，发现可能发生的误差，以便进一步修正方案；另一方面从性能上、工艺上、经济上证明方案实际可行的程度。

同质竞争
混乱的成本厮杀

俗话说：物以类聚，人以群分。同质竞争圈大抵是价值趋同者，相同的价值没有可以较量的，只好相互杀价，于是，成本就成了此类企业生杀予夺的最后利器。而气质不同凡响者，总能鹤立鸡群，独领风骚，轻松赢得市场，这就是软实力经营所带来的异质效应。

●互相杀价最终砍的是成本

同性相斥，在硬实力竞争的世界里，成本倾轧是市场乱象的共性。

——**软实力“成”语**

这里说的利润，并非价值创新所得，而是从同质竞争中抢来的。自古华山一条道，若是新开辟一条，谈何容易。现存的这条路，虽然登起来艰险而费力，毕竟可以顺顺当当地走上去。于是，大家拼命挤到这条路上，虽然人挨人拥挤不堪，但是大家兴致极浓，并不觉得累，似乎山顶上有一块美味的蛋糕等着大家，谁先登上山顶谁就能抢到更多的蛋糕。不过要说明的是，这蛋糕只有一块，登山的人愈多彼此能分到的就愈少。这就是现在的价格竞争引发的成本厮杀。

“淘金的不赚钱，送水的赚钱。”这是美国淘金时代留下的一句谚语。那个时代，美国人都想着如何一夜暴富，于是千百万的淘金客向西部涌动，然而真正暴富的人却寥寥可数，但是，为这些人的梦想提供支援服务的送水商却实实在在地淘到了真金。淘金的人都想着去分这块含金的蛋糕，就像大家都去拥挤华山一条道一样，结果绝大多数人都没分上，这是混乱的成本厮杀破坏了共赢的生态所致；倒是送水的人轻而易举地赚了一笔不菲的钱，这是跳出了同质竞争，进行价值创新所得。

现在，企业都感到市场竞争越来越残酷，生存空间越来越狭小，不是你死就是我活。有人才的用技术，没技术的用人脉；有资金的上规模，没规模的压成本；有信赖的强品牌，没品牌的用吹牛。最后的结果不是你死就是我亡，对谁都没有好处，况且弱肉强食，没有永远的强者，也没有永远的弱者。但是，一些企业为了争夺用户一味地“下血本”，搞恶性竞争，互相挖墙脚使得市场混乱，一方面容易引发成本大战，造成企业效益流失；另一方面将导致企业注意力转移，产品质量、经营服务水平下滑，损害用户利益。

市场很怪，刚兴起的时候，大家不觉得有多少钱可赚，一旦成熟了，确实有钱可赚，就一拥而上，唯恐错过了抢钱的好时机。这说明多数人的思维不是先知先觉，也不是后知后觉，而是都知都觉，都这样的话就可证明没有多大风险，只是看谁的手脚快一点，先抢到手。实际上，都想吃现成的，是惰性使然。

竞争一旦到了成本混乱厮杀的地步，已不再是“竞”和“争”的本意，而是搅浑一池水，大家都捞不到鱼。积极的竞争是你好我好大家好，属于正和博弈；一般的竞争呈两极分化，就是你有我没有，属于零和博弈；而恶性竞争则是反正我没有，干脆大家都搞不成，属于负和博弈，其性质尤为恶劣。

成本混乱厮杀，反映了经营者典型的“螃蟹心态”。钓过螃蟹的人都知道，篓子中放了几只螃蟹，不必盖上盖子，只要不是特别容易翻越，螃蟹是爬不出去的。其中的原因不在于螃蟹没有这个能力，而在于只要有一只螃蟹想往上爬，其他螃蟹便会纷纷攀在它的身上，用脚把它钩下来，结果，没有一只螃蟹出得去。从螃蟹世界的现象反观企业成本断杀心理，所谓螃蟹心态，就是一种抱残守缺又怕别人进步的狭隘思想。

20世纪20年代，美国西部电器公司霍桑工厂的管理者，曾让14名男工人在一个单间中进行电话线圈的装配工作。14人中有9人进行电话线圈的装配工作，3人是焊工，2人是检验工。其中把9个绕线工和3个焊工平均分成3个小组，2个检验工共同负担3个组的检验工作，工资标准是按小组的总产量制定的。该厂管理者原以为实行这套制度可以使工人更加努力工作，但结果却出乎意料，这些工人的实际工作效率只保持在中等水平上，每个工人的日产量平均差不多，而且工人并不如实地上报产量。

为什么会有这样的结果？管理者经调查发现，在这个14人的小团体中，如果某个工人表现过于突出或管了点“闲事”，立即就会有一种团体压力袭来，譬如讽刺、嘲笑、鄙视等。员工为避免这种压力，就会采取各种手段，压制自己的工作效率，向大家看齐。

可见，企业内部“螃蟹”心态的存在，对组织效能的干扰和影响是非常大而可怕的。它严重损害了员工创造力的发挥和组织的弹性设计及市场应变能力，而且，由于在此基础上所形成的管理平衡，只不过是无原则的一团和气，管理者所期望的依靠良好的团队氛围激活、提高整体绩效水平也就无从谈起。

成本混乱断杀的根源在于经营者总把企业定在一个相对封闭孤立的市场同质圈子中，在这个圈子里由于没有新的价值思维引入，大家死扣一个利润，互相杀价，最终使市场生态走向无序竞争，有限的利润越来越少，企业之间彼此的内耗越来越多，最终使竞争沦为一潭死水，大家无利可图。这场无序竞争最终的牺牲要素就是成本，因为成本是价格的直接承担者，互相杀价最终砍的就是成本。

●价格低于成本所释放的危险信号

> 没有软实力价值的引领，价格就不是围着价值波动，而是围着成本波动。
>
> ——软实力“成”语

不少亏损企业的经济分析报告论及亏损原因，首先就是全球经济形势的影响，其次是国家宏观经济大环境的影响，再就是市场疲软，这些是外部因素；而内部因素，就是什么设备老化、工艺落后、资源吃紧、资金短缺等，而这些企业的产品在国内的市场份额逐年下滑，说白了，这些企业亏损的根本原因是产品老化造成。由于产品缺乏创新，或者创新跟不上市场的需求，使得产品销量萎缩，收入提不上去，成本又居高不下，不亏损才怪呢。

从这些亏损企业的经营状态可以看出，中国企业分蛋糕的多，做蛋糕的少。中国人多，企业也多，市场潜力巨大，但为什么大家分析不景气因素老是不离“市场疲软”这一词呢？因为我们总喜欢挤在同一个市场，这个市场就好比一块完整的蛋糕，进入这个市场的企业越多，每个企业所能分得的份额就越少。当市场处于成长期的时候，企业主要是抢机会，随着进入的企业越来越多，市场也日益趋向成熟和饱和，这个时候，大家主要争份额。当企业的市场份额逐年下滑时，这表明，同质化竞争愈加激烈，而且集中在成本和价格上。如果企业都想去争，而不想创，市场自然难如人意。由此看来，没有疲软的市场，只有懒得创新的疲软企业。

现在消费者对价格因素都比较敏感，在同质市场的情况下，企业产品能否受到消费者的青睐，很大程度上取决于价格因素。价格导向使不少企业放弃价值创新的追求，互相在压低价格上大打出手，于是就出现低价竞争，甚至是低于成本的价格竞争，这反映了企业追求短期利益的心态。低价竞争如果长期持续下去，损害的不仅是竞争对手，对消费者也会带来质量隐患，比如企业为了实现低价竞争，不惜以次充好欺蒙消费者，而最终损害最大的是企业自身。质量、成本、价格这个要素集于产品一身，压低价格必然压低成本，而压低成本如果缺乏质的改善，最终伤及产品质量。所以，低价竞争的负面体现就是低质竞争，低质竞争则是市场竞争的大倒退，必须即时遏制。比如在奶业市场上，牛奶的低价竞争必然导致大量劣质奶粉流入市场，伤害消费者。这种现象近年来屡见不鲜。“三聚氰胺事件”就是奶业市场低价恶性竞争的集中体现。一般情况下，在保证质量的情况下，合理的低价竞争有益于消费者，但如果市场处于低价失控的状态，那将是全社会的一场灾难。

当前中国正处于转变经济发展方式、调整经济结构的重要阶段，如何走出低成本、低价格的恶性竞争模式，不断创新求变是非常关键的一点。创新不一定带来成功，但不创新的结果一定是失败。只有创新出有利于消费者的商业模式，才能使企业摆脱模仿跟风的被动处境，在产业链中获取更高的收益，保持平稳快速的良性发展。

有学者将竞争策略分为两种：第一种是低成本策略；第二种是差异化策略。但不管采取何种策略，企业的最终目的都是为了攻占市场。从短期效果看，低成本策略来得快，但成本之低总是有限的，况且企业的经营不可能总是被成本牵着走，因为成本在企业内部现场，如果总盯着现场，企业就会丧失经营的方向，如果产品不能与市场接轨，不论你成本怎么低，市场无论如何都是不会接受的。从长期效果看，差异化策略虽然来得慢，但反映了企业的经营特色，也符合消费者的个性需求，因而更具有价值创新的本质。以特色经营，有时候虽然成本高点，但只要路子打开了，终究会受到消费者的欢迎。从这个意义上讲，特色竞争超过了成本竞争，甚至超越了竞争，引领市场需求，因为价值常新，所以企业能够长期持续收益。

在价格导向下，低成本竞争往往缺乏创新，企业抠的是自己，利润增加是有限的。而差异化竞争，因为摆脱了价格的围堵，在一片独立的蓝海经营领域，企业掌握着引领市场的主动权，变满足需求为创造需求，企业不受成本左右，企业创造的价值更能在价格上自由发挥，也就是价格高低由企业说了算，更重要的是，因为企业第一个吃螃蟹，因而最先掌握市场竞争的主动权和话语权。

利润死水
成本山穷水尽

人是企业中最具活力的因素，也是构成企业软实力的第一资源。企业利润是否处于可持续循环，就看企业活力能否持续下去。如果利润日渐枯竭，员工待遇一年不如一年，就说明企业价值不仅创造停滞，而且正走向滑落，成本正沦为资本榨取血汗的工具。

●流水线上令人窒息的利润主题

如果流水线上只有产品，无疑是用硬实力思维指导生产管理，与同质厮杀无异。

——软实力“成”语

何谓利润死水？就是那些靠砍成本获取简单利润的企业，其成本已接近价值的边缘，不能再往下砍了，否则会伤及质量。这个时候，企业利润池就像一潭死水，不能再供利了。这种情形尤其在一些代工企业比较典型。代工企业一般靠贴牌生产，处于产品制造的价值低位，资源增值的空间很小，以廉价劳动力支撑低成本优势，从加工量上赚取利润总额。

从根本上讲，利润死水是价值低位造成的。很多企业为了摆脱利润死水的困境，不在工艺革新技术创新上下工夫，而是靠做大总量扩大加工量来苦挣利润。也就是说，通过规模优势来消化总成本，从而降低单位成本，获得利润总额的提升。在这类企业中，员工的工资比较低，劳动负荷强度大，工作单调枯燥，一天8小时甚至十几个小时都是重复同一个动作，由于劳动力价位和所从事的工作价值含量都比较低，就决定了员工加薪的机会不多。一方面，企业为了更多地获取利润，最大限度地保持低成本（尤其是低人工成本），想尽一切办法提高产量；另一方面，物价飞涨，长期的低工资却难以上涨。员工既要生产还要生活，面对这样的情形，于是，企业推出了似乎“两全其美”、看起来“合情合理”的做法，告诉员工要多赚钱就要多上班，多加班加点。一些为生活所迫、要钱不要命的员工就拼命上班，甚至24小时连轴转，天长日久，赚钱不多，却弄得身心疲惫、精神负重，对生活、前途失去信心。

在利润死水的背景下，员工几乎成了企业赚钱的机器。富士康员工一连串的跳楼事件，就暴露了企业想摆脱利润死水而加大员工精神成本的问题。从富士康出来的员工反映，“工作感觉就像是一个机器，流水线上单调枯燥的动作要反复不停地重复着。”“我已经在这里做了有5年多了，每天都重复着枯燥的操作。到现在虽然工资涨了一些，却总是感觉没有出头之日，看不到希望，这样下去终究不是办法。”

富士康对员工的信条是“想赚取更多钱就得加班”。在生产线上最普通的一道工序是贴胶纸：在主板上贴18张胶纸，两分钟内完成。每个工人每天要完成220块这样的主板，他们每天10个小时的时间，都是在这样简单而又重复的工作中度过的。每个工人每天都在重复着同样的动作。这些工人每天工作8小时，每个月只能拿到900元的底薪，如果他们想赚取更多的钱，就不得不选择多加班，不得不选择放弃自己休闲娱乐的时间，进行简单而又重复的劳动。富士康员工称，每天加班两个小时。要打工的话，平时肯定喜欢多加一点班，多赚一点钱。赚的钱里面，加班赚的比重有一半。

2010年5月26日，富士康负责人、台湾鸿海集团总裁郭台铭从台湾飞赴深圳揭开了“危机处理序幕”。郭台铭鞠躬道歉的形象被境内外媒体所广泛报道，“精神血汗工厂”等名词出现在境外媒体上。连续的自杀现象，还让苹果、惠普等全球知名IT企业发表声明，可以说，富士康一连串跳楼事件已经成为境内外舆论所广泛关注和探讨的话题。香港《明报》发表文章分析富士康深圳厂跳楼事件。文章说在物质层面，富士康是待遇优渥的公司，所以吸引很多人进入，但在精神层面，富士康是“血汗工厂”。一般而言，血汗工厂是指一间工厂的环境恐怖，工人在危险和困苦的环境里工作，包括与有害物质、高热、低温、辐射为伍，而且工时长、工资低等。如果是在工作上精神压力大，管理上存在一些非人性化做法，就是“精神层面上的血汗工厂”，称为精神血汗工厂。

2010年6月1日，富士康科技集团宣布全面上调薪酬标准，基层员工上调薪资30%以上，其中作业员从原来每月基本薪资900元上调至1200元，线组长在原有薪资标准基础上调升30%以上。6日晚，富士康再次发布公告称，自10月1日起，对富士康集团深圳地区各厂区经考核合格的作业员及线组长的标准薪资再度上调为每月2000元，调薪幅度超过66%。

当然，富士康吸取跳楼事件教训，及时宣布给员工加薪，既是“必须的”，也是涨势所趋。有人说，现在什么都在涨，唯独员工的工资没涨。什么都在涨，因此企业感受到了高成本的压力，也是企业成本难以降下来的一个客观原因，水涨船高，给员工涨工资也是应该的，情在理中，形势所迫。

从代工的角度看，比亚迪与富士康有许多相似之处，就是以低成本获取利润，这也是中国代工业的本质。所不同的是，富士康的利润增长已出现瓶颈，而比亚迪的利润仍在翻番增长。即使在共同下滑的手机代工领域，富士康的下滑幅度也远大于比亚迪。

郭台铭有一个著名的“全球成本竞争”概念，也就是“社会成本、国家成本、公司营销成本”的竞争。社会成本包括资金、原料、人才成本；国家成本指国家对于企业的支持力度和优惠政策；营销成本就是营销过程中的花费。所以，郭台铭1988年将鸿海拉到了中国内地，这里各项费用都低，政策又优惠。至今，郭台铭仍在沿着这条低成本的道路前进，比如沿海劳动力成本提升了，郭台铭就把工厂从东边移向了西边的重庆，继续享受低成本和优惠政策。

在王传福看来，从大处着手降低成本，比和员工一分一厘地计较更有效。在比亚迪，没有全自动化的流水线，车间里全部是自己开发的非标准自动化设备（半自动化）。把每一道工序分解成若干个工位，由廉价的熟练工人和他们手上价值只有几元钱的夹具完成。郭台铭却恰恰相反，他对自动化设备情有独钟，只要有钱就去买最先进的设备，甚至将机器人应用到生产线上。但是，在简陋的生产环境中，比亚迪生产出了比索尼、三洋便宜15%的手机电池，比富士康低20%成本的手机。“光是设备，我们的成本就比他们节省40%。”王传福对此颇感自豪，并将这种模式延续至汽车业。

●机器越像人，人不能越像机器

> 企业实力演绎就是将硬的变成软的，将软的整合成价值，最终赢得利润。
>
> ——软实力“成”语

企业要生存，利润是必须的。但是，不管企业怎么降成本提产量，千万不能忽视员工的精神成本。利润死水是价值低位造成的，价值低位是因为缺乏创新，创新活力来自员工，如果员工精神压力持续上增，得不到缓和与及时释放，精神压抑就会变成工作的阻碍力，从而影响整体士气。精神成本不下降，企业成本就难有质的改观，长此以往，企业就要付出更大的代价和更多的成本。

法国经济学家、曾任法国保险公司总裁的米歇尔·阿尔贝尔（Michel Albert）总结莱茵河流域的西欧国家所奉行的市场经济模式，提出了莱茵模式（Rhineland Capitalism）。与英美模式相比，莱茵模式突出“人文价值”，强调社会保障体系的建立，利用税收和福利政策来实现社会的和谐和公正。后来，盖尔·阿芙利教授根据这些观点，写成了《莱茵模式——如何开创和谐的常青基业》一书。阿芙利教授认为，在莱茵模式下，企业首席执行官的角色多是倾向于低调，更像是整个管理团队的发言人，很少存在英雄式的个人崇拜；企业比较抵触来自资本市场对短期赢利的压力，而是关注更广泛的利益相关者，包括雇员、顾客、供应商、政府、社区、工会乃至整个社会和未来的利益。莱茵模式的核心就是充分体现人文关怀，重视员工的发展，着力优质高水平的员工雇用安全和较低的员工流失率，为大多数雇员提供持续的培训，重视员工的内部提拔，同雇员、工会、管理层分享权力。

在以资本、效率和市场为名的“自由经济”模式下，企业组织的唯利润导向掩盖了自发的激烈阶层分化和不具有可持续性的生态危机。作为一种矫正，社会企业家的目标是要在资方、政府、劳方三方合作主义的模式下，让员工参与管理、分享收益甚至生产资料所有权。

有位管理学家曾说过，“当机器越来越像人的时候，人不能越来越像机器。管理是任务，管理是原则，但管理也是人。”现在，越来越多的企业家意识到：除了有竞争力的薪酬体系外，还须在营造组织氛围方面下一番工夫。因为他们已经看到，同一家公司，在相同的薪酬体系下，仅仅因管理层采取不同的管理手段，员工之间的绩效便有惊人的差异。

霍桑实验说明，高明的管理者总是造就快乐的员工，快乐的员工总是造就企业的未来；要想创造更好的绩效，管理者都要努力成为营造宽松工作环境的专家，使员工“工作并快乐着”。

国内媒体曾开展过一项“你为‘什么’而工作”的调查，调查显示，有78%的员工认为在企业“被人尊重”最重要。这种工作价值观占了绝对主流位置。而众多人力资源专家则认为，如果一家聪明企业的终极目标是让所有员工获得工作乐趣，那么同样道理，只有员工获得了最大限度的乐趣，企业才能被称为聪明的企业。

快乐管理已成为当今企业重要的管理方法。要让员工干起来，得先让员工乐起来。快乐是人的一种深层次的心理快感与成就感。快乐是一种巨大的力量，快乐可以激发员工激情，促进员工全身心投入工作，最大限度地挖掘自己的潜能，产生对工作的热爱，把组织的意志变为自己的自觉行动。可以说，没有快乐的员工就没有满意的工作质量，就没有满意的顾客。

在快乐情况下激发出来的积极性可以保证员工自愿接受工作，员工一旦有了自愿和主动，就能够在工作中主动地发现问题、解决问题，不论交给他们什么样的任务，都会想方设法完成好。快乐，是企业管理的理想境界，让员工快乐起来，让员工每天每时都以快乐的心情投入到工作中去，是管理者的天职。

一个企业，就像一个家庭，家庭温暖，员工们才有快乐，有快乐才有活力。反之，“家”里一股“冷空气”——用探头窥视员工的行动，强迫员工加班加点，把员工当牛马，当做只会干活的机器人。这样的企业，其员工不仅没有一点快乐可言，反而会感到是一种痛苦。试想这样的企业，员工还有什么积极性可言，企业又怎能有向心力、凝聚力和活力呢？

企业不仅仅是员工赚工资的地方，也是实现人生价值的平台，这是企业软实力基于人力资源整合的核心所在。员工快乐指数是构建和谐劳动关系的重要指标。企业要增强活力，必须为员工营造一个好的工作、学习、生活环境，让他们在良好的环境和氛围下工作、学习和生活。为员工营造快乐的环境，不是说要为员工多发票子，而是要尊重人、理解人、关心人，建立以人为本的“友情管理、民主管理、和谐管理”的氛围，以人格的力量凝聚人心。作为一个企业的领导者，有了高尚的人格，就会在自己周围形成“强磁场”，产生巨大的凝聚力、向心力，在员工中享有很高的威信，从而能有效调动员工的积极性和创造性。

价值洼地
现场捉襟见肘

一条“微笑曲线”把中国企业价值地位的情况分析得淋漓尽致，其现状是硬实力不强，软实力不足，反映到成本问题上，就是以所谓低成本的“农耕式”劳力挥霍着老祖宗给我们留下的宝贵资源，刀耕火种的代价弄得现场满目疮痍。

●粗放式经营让企业深陷泥潭

价值创新是企业软实力的最高形态，成本的价值不是利旧，而是创新。

——软实力“成”语

过去，中国不富裕，物资匮乏，国人过日子尤其懂得节约，资源的利用率总能发挥到极致。在普通家庭中，成员较多，一件衣服哥哥不能穿了弟弟接着穿，破了缝补一下继续穿，依次传递，即使衣服不能再穿了，还可以把旧布裁剪一下做鞋子和鞋垫，直到不能利用为止。于是就有了“新三年，旧三年，缝缝补补又三年”的说法。

经过30多年市场经济的发展，今天中国的物资丰富程度以及国人生活水平已远远超过历史上任何一个时代。尽管中国人的形象已不再是过去“补丁加补丁”的形象，但是，中国企业的经营管理似乎还在延续“缝缝补补”的思维。很多企业一门心思总想赚钱，而且很会捕捉市场机会，产品出来投放市场后，回过头来算自己到底赚了多少，却所得无几。

价值低位、管理粗放、廉价劳动力、环境污染、资源浪费等状况从根本上制约了中国企业的发展。出现这种状况的直接原因主要有三点：产业低端化、经营同质化和市场无序化。低端化是指产品档次低、技术含量不高；产业低端化导致经营的同质化，而同质化必定导致低端产品价格竞争的升级，并由此形成市场无序化的陷阱。产业低端化、经营同质化和市场无序化反映了一种反技术化、反差异化和反聚焦化的趋势，从而使中国企业的发展面临一种非持续型的战略性危机。

有外国专家评估“中国制造”，认为“中国制造”除了价值含量低，最主要的问题还是低水平，尤其是制造现场低水平的非增值劳动和浪费现象严重。某计算机公司对其一个分厂生产键盘的66道工序进行了一项调查，首先把生产过程中的每一道工序记载下来，实际观察现场工人做了什么，以确定要记载的工序。每道工序都用非常简明的语言加以记录，接着对所有的工序进行分类。如“熔断”、“放置新元件”、“焊接”等为产品增值的工序被归为一类；如“登记测试结果”、“运去检查”、“等待箱子装满”等非增值性的工序归为另一类。统计表明，生产计算机键盘的66道工序中，仅有21%的工序是增值的，其余均是无效劳动。很显然，这些费用被计入生产成本，不是提高了产品价格，就是降低了销售毛利。上述可以被去除的79%非增值的工序，在精益生产中被称为浪费，可以说它是任何的制造现场自诞生之日起就有的先天产物，但若任其蔓延成长，将导致企业逐步丧失市场竞争优势。

美国管理大师彼德·德鲁克在《管理未来》里指出的：假如我们获得利润的代价是以降低生产率或者没有创新，那么，这些利润就不是真正的利润，而是在破坏资本。类似“缝缝补补”粗枝大叶的“商业模式”不断让中国企业在国内外市场上四处碰壁，无处安身。可以这么说，中国的企业正面临着战略性危机，必须通过转变发展方式，也就是转型才能走出这种深陷泥潭的困境。

对现代产业价值链的研究表明，产业链利润呈现一个“V”字形，即所谓的“微笑曲线”。在这个曲线中，一头是研发、设计，另一头是销售、服务，中间是加工生产。处在两头的产业利润率在20%～25%，而处在中间的加工生产产业的利润只有5%。有专家估计，外国人拿走了92%的利润，中国最多拿到8%。诚然，中国得到的只是这点微薄的加工费，换来的却是环境严重污染的苦果。著名环保问题专家梁从诫有一个形象的比喻，他说，中国在成为“世界工厂”的同时，也成了世界的“厨房”，成了世界的“泔水桶”。我们把做好的美味端上世界餐桌，让外国人享用，但是，做饭过程中产生的垃圾，却留在了自己的厨房里，留在了自己的泔水桶里。

中国参与全球化的结果之一就是成为“世界工厂”——中国要么接受大量投资和产业转移，要么以本土制造能力参与全球化，为全球市场生产各种商品和工业产品。中国作为“世界工厂”，意味着要为全球市场来生产，要为这种生产来消耗能源与各种资源，从碳排放角度来看，中国的“世界工厂”地位恰恰是产业链上碳排放强度最大的环节。

面对环境污染、资源和能源短缺等硬约束，中国只有通过利用国内外“两种资源、两种市场”，才有可能突破经济增长的瓶颈。低碳经济的实质是高能源效率和清洁能源结构的问题，核心是能源技术创新和制度创新，与建设资源节约型和环境友好型社会，转变经济增长方式的本质是一致的。

低碳经济对中国的含义不是要求减少煤炭等化石燃料的使用（至少在相当长的时期内不可能做这样的要求），而是要全力地提高中国的能源利用效率，使单位GDP的“碳消耗”逐步降低，使中国的产业与技术在未来适应气候变化的产业竞争中能占据一席之地。

中国制造业走到了十字路口，是保持“中国制造”的现状，靠越来越少的成本优势存活，还是蓄势待发，在阵痛中实现转型、升级，由“中国制造”变身“中国创造”？毋庸置疑，“中国创造”才是“中国制造”唯一的出路。为了提高产品利润率和增强产业话语权，中国企业正在努力从附加值低的产品与服务向附加值高的产品与服务、从产业链低端向产业链高端升级。

●低成本优势在渐行渐远

> 低成本加硬实力，是中国企业的历史；低成本加软实力，是中国企业的未来。
>
> ——软实力“成”语

应该说，中国正在走一条赶超型或压缩型的工业化道路。欧美部分国家用了200年左右的时间完成了其工业化进程，中国将在50年左右的时间内完成。发展和富有是要有物质基础的。中国今天走到了工业化的中期，取得了令人瞩目的经济成绩，也付出了巨大的资源和环境代价。

勒阿恩·马多克爵士在1982年的《新科学》杂志上告诫人们：“珍惜传统、古建筑、古典文化和典雅的生活方式是有价值的，不过在科技的世界，固守过时的生产方法、旧的生产线、旧市场、管理者或工人的陈腐态度，则是一剂自杀的药方。”

无可置疑，“中国制造”是中国经济增长的引擎，甚至约有一半的国内生产总值都是制造业贡献的。改革开放以来，中国制造业以势不可当的草根韧性打破计划经济的堡垒，盘活了中国经济，提供了大量丰富的就业机会，也造就了一大批有实力的本土制造型企业。“中国制造”以令人难以置信的速度，在中国的市场经济中指点江山，甚至在世界市场中已成为一股不可忽视的力量，很大程度上在于其低成本优势。

在中国，土地、能源、矿产资源以及劳动力等价格明显被低估，这些低成本的资源曾一度成为“中国制造”的乐园，并让“中国制造”在世界市场中分得一杯羹。珠江三角洲是典型的工厂林立的世界工厂。无数的打工者在这里找到工作，也有无数个老板在打价格战。他们不管自己的生产是否需要创意和管理，他们只关心哪家同类工厂的价格又降低了。

一直以来，“中国制造”都靠着“低成本优势”这个法宝抢占世界市场的制高点。然而，这种所谓的“低成本”好日子似乎要到头了。2008年7月，石油的价格飙升到每桶140美元，尽管受金融危机影响，原材料价格有所下降，但原材料价格上涨已无可争议。新《劳动合同法》的颁布，意味着中国的劳动力资源充裕，勤劳能干却不廉价。接踵而来的还有人民币升值、环境污染、能源消耗等方面的压力，成本越来越高，“中国制造”的低成本优势变得越来越不明显，能走多远？应该说，低成本优势在渐行渐远，而且也走不了多远了。

2005年，前商务部长薄熙来向欧盟的官员算了一笔账：中国出口8亿件衬衫，才能换回一架空中客车飞机。一席话击中“中国制造”的要害——低成本、低利润、低技术含量、缺乏自主品牌。据国家知识产权局的统计，中国99%以上的中小企业从来没有申请过专利，只有万分之三的企业拥有核心知识产权。中国企业因而成为世界性的“技术洼地”。

随着经济环境的日益严峻，技术洼地的负面效应最终会显现，中国企业一直倚重的成本利器，变得越来越钝了，尤其是对外出口企业，中国商品的低价诱惑在逐渐消失，而他们又由于无品牌、无技术，海外采购上并不接受成本上涨后的涨价，提价意味着市场萧条，不提价意味着亏损，令很多企业进退两难，因而企业倒闭被淘汰在所难免。

价值洼地使得“中国制造”在提价中相对被动，而质量问题又成为制造业的一大软肋。许多国家越来越多地对“中国制造”的质量表示担忧，不断提高产品质量监管门槛，每提高一次，总有一批企业遭淘汰。国外机构对1994年到1997年全球成长最快的200家公司的调查表明，这200家高成长公司给其投资者带来的回报平均达到45%。同时，也不得不注意到，全球成长最快的200家企业中，只有16%的公司能够保持10年以上的高速成长；我国的高科技公司在近20年间，有近90%的企业被淘汰。

“中国制造”有近200个产品产量独居世界鳌头，但其大多品牌籍籍无名或者贴上其他国家的知名商标，只能赚取微薄的加工费，却搭不上品牌价值的顺风车，产品的含金量就低了很多。

管理大师德鲁克说，当前社会不是一场技术战，也不是软件的速度的革命，而是一场观念上的革命。现在国内企业需要洗脑的地方很多，但最紧迫的是要扭转观念落后、管理粗放、执行力不强等突出问题，要在转变观念、精细管理、强化执行上狠下工夫，才能开创企业新局面。

有家药企刚刚起步，资金很不充裕，有一批价值数十万元的六味地黄丸，配料时在其中一个配料锅里发现了一块不明物体。事故发生后，不少员工认为其实只要把这一锅物料废弃，同批其他产品的质量是不会受到影响的。然而公司的领导层却作出了一个出人意料的决定——把整批产品销毁。命令下达后，全厂震惊，在销毁现场，不少人还痛心地流下了眼泪。从表面看，这家企业的做法显得过于冒险，但日后的事实证明，其良苦用心收到了奇效，从此以后，质量意识深入人心，该公司的六味地黄丸凭借上乘的质量信誉，迅速占有了全国市场的半壁江山。后来每一位员工在谈起类似几起危机事故时都面色凝重。看得出，这些事件对他们的震撼之深、影响之大。

这也给我们一个启示，只要处理得当，危机可转变为契机，关键是我们如何利用和引导，如何加强宣传教育，这也是企业经营者观念转变的一个案例。

中国30多年的改革开放，培养了一批有希望的企业，也“宠”出一批懒汉企业。就好比过惯了好日子的人，心底总认为好日子还在延续。其实，这是阻碍中国企业进步的最大的精神绊脚石，这种维持现状的观念不打破，中国企业就很难脱胎换骨，重新获得生长的力量。在笔者看来，企业一旦萌发“安生”的念头，就意味着面临生存危机。这种潜伏的危机来自企业本身，而且迟早会发生，只是中国30多年来持续增长的大好经济形势为“安生”的企业们提供了苟延残喘的平台，使企业本身潜伏的危机一直推延发生。

不可否认，转型中的很多企业正遭遇着各种不同的困难。糟糕的公司可能在抱怨中消亡，普通的公司在逆境中辛苦经营，唯有优秀的公司会在变革中成长和壮大。经济转型给企业创造了一个“打破坛坛罐罐”的机会，可以重新建立规则。从表面看，这是一场静悄悄的产业革命，从深处看，却是思想观念的深刻变革。

裁员减薪
推平小成本耸起大成本

降成本需要软实力，除了价值创新外，还得适时进行利益整合，在内部营造和谐的成本运作环境。成本运作久了必然结成千丝万缕的利益网，如果不顾全局，只就某个方面某个环节或细节降成本，势必牵一发而动全身，弄不好会挫伤员工积极性，催生新的成本。

●员工积极性与成本代价

员工积极性是企业软实力的根本，一旦受损，企业要付出更大的成本代价。

——软实力“成”语

解读成本到深处，你就会发现，为什么成本不能轻易地一砍了之。因为成本是支撑价值的根本，是质与量的统一，顾名思义成本就是“成就根本”。如果图一时的利润，毫无顾忌地砍成本，就会给企业埋下质与量的祸患。西方有民谣则更为形象地阐释了同一道理：丢失一个钉子，坏了一只蹄铁；坏了一只蹄铁，折了一匹战马；折了一匹战马，伤了一位骑士；伤了一位骑士，输了一场战斗；输了一场战斗，亡了一个帝国。现实生活中，很多企业一味地追求低成本，对员工动辄以严苛，压工资、降福利、提工时，把员工当利润机器，实际上这给企业付出更大的成本代价埋下了隐患。挫伤了员工的积极性，利润不但没上去，成本反而急剧增加，有的甚至到了难以为继的地步。

有家生产零配件的制造企业，生产一直很平稳，产品质量也过硬，而且适销对路，市场口碑也不错。令人费解的是，企业经营十年，规模不断扩大，赢利却一年不如一年，甚至出现巨额亏损。总经理一直犯嘀咕：企业严格实行低成本管理，而且每年都投入了大量的资金，适应不断扩大的市场规模，可是，资金总是不能按预期收回，这些钱都跑到哪去了呢？金融危机期间，这家企业因为资金断流，不得不宣布破产，同时被另一家企业并购。新企业进驻后，决定在保持原来生产线的基础上新建两条生产线，选址就定在紧靠生产车间旁边的那片区域，无意中抽干了旁边的小河，却发现了一个惊人的事实，很多零配件丢在里面。原来企业为了控制工人的成本，制定了严格的惩罚措施，如果谁损坏了机器设备，就罚1000块钱，职工怕受罚，就把用坏的东西悄悄扔掉。粗略一算，损失居然达千万元之多。

《第五代管理》作者查尔斯·M. 萨维奇认为，怀疑和不信任是公司真正的成本之源，它们不是生产成本，却会影响生产成本；它们不是科研成本，却会妨碍科研的进步；它们不是营销成本，却会使市场开拓成本大大增加。作为一个企业，组织成员之间的信任是“和气生财”、健康发展的前提，在组织的发展过程中，遇到的最大难题其实并不在于外在的环境，而在于内部的氛围——员工之间、员工与经理之间，经理与经理之间是“心心相印”，而不是疑神疑鬼。

企业软实力既讲整合也讲回报，回报是对合作者价值贡献的肯定和尊重。调薪原本是“做好事”，然而一旦方法不对，就会变成“做坏事”。经济不景气的时候，企业往往被迫收缩战线，减少员工工资的发放。在困难面前，企业首先要尽量顾及员工的利益，共克时艰。工资收入能不降低，就尽量不要降低，即使要减工资，也要多做说服解释工作。危难见真情，这个时候，企业对员工好一尺，将来员工就会回报企业一丈。至于员工，也应尽量体谅企业的难处，把企业的事当成自己的事来对待，积极主动出主意、想办法，和企业一起打拼，争取早点过上好日子。

在遭受金融危机冲击最艰难的时候，很多企业不以一己之难而为难，不以一己之利而唯利，公开承诺不随意裁员、不拖欠工资，切实保障员工利益，与广大员工一道同舟共济、共克时艰。这体现了作为企业公民的良好道德修养，尽管这是企业的基本社会责任，但在所谓“裁员潮”、“减薪潮”、“倒闭潮”一浪高过一浪的情势下，企业能够挺住潮汐，引领潮流，坚守道德底线对企业未来发展十分重要。

想起经济危机刚刚爆发，不少企业就将重点都放在保利润上，由此上演出一幕幕“危机裁员”的悲剧。有的企业在《劳动合同法》颁布实施前，早就动了裁员的念头，只是碍于社会责任的公理，迟迟未动手，危机来了，正好就汤下面，顺势辞工。有的员工为企业奋斗了大半辈子，只因危机当头，被无端请出。有的企业老板对于裁员之举，口口声声是出于无奈，生死关头，公司利益高于一切，多个员工就多个负担，企业都没法生存，就更没法顾全员工了。

更有甚者，有些企业老板拿了下游客户交付的定金后，“半夜逃逸”，留下一堆债务和被拖欠几个月薪水的员工。有家合资企业突然裁员1300多人，让当地政府猝不及防。像这样不顾员工生存的企业，完全是不负责任的，是把职工当“包袱”，统统甩给社会，是为社会制造负担！企业家的良知在于，在困难的时候，绝对不能牺牲国家、企业及员工利益换取效益增长，因为，每一个岗位背后都牵涉一个家庭。

减薪，对企业来说是降成本，对员工来说则是降低生活水准，要勒紧裤腰带过日子。人们都在诅咒“该死的金融危机”。说实在的，金融危机“该不该死”倒是次要的，因为经济周期是不断交替循环的，关键看企业以什么样的态度对待。如果长期以来企业好日子不断，员工薪水在顺风快车中逐年递增，观念上越来越像“温水中的青蛙”，企业借这次金融危机的“西风”，给好日子刹刹车，给员工的安乐意识降降温，注入一些危机意识，这对企业的长远发展未尝不是好事。但是，如果企业以压成本为名，不开动脑筋想其他办法，一门心思盯着工资做文章，而且过紧日子的第一刀砍的就是一线员工，就未免做过头了。

企业要生存，员工也要生存。企业一遇到外部困难或业绩不佳便打起员工的主意，甚至把员工赖以生计的那一点点应得的“奶酪”作为“节流”优先对象，这是舍本逐末，愚蠢经营。要知道，皮之不存，毛将焉附？如果员工不能存，企业又何能独存？

遇到市场不好，一些公司不仅打出促销降价来吸引消费，也在纷纷想办法减薪，员工的收入遭遇大幅度的缩水，都在艰难地生活着。有这样一家民营企业，因为减薪（注意：不止一次减），而且员工加了班也不给加班费，弄得民怨沸腾，说企业是“黑厂”。与其得不到补偿，还不如尽早把企业搞死搞残搞关门算了，员工集合在一块儿，与企业公开对抗，三天两头组织罢工，不补发工资就停产。企业无奈，只好将工资补齐。结果员工拿到钱后，感觉待在这样的企业太没意思了，希望早些跳出火坑，不但没及时复工，而且纷纷一走了之，企业至今仍无法组织生产。笔者以为，像这样对待员工的减薪态度，对企业来说真是得不偿失，钱花了，精力花了，结果戏不好看，人财两空，名声也搞臭了，今后谁还愿意到这样的企业来？真是愚蠢至极！

●上下一心，抱团降成本

上下一心，其力断金。软实力集拢人心，可形成强大的成本控制力量。

——软实力“成”语

企业之“企”字，道出了管理的精髓——以人为本。离开了人，企业就会停止，就不能走远。具体来说，企业是一群志同道合者的组合，人比较多，用一个“众”字来表达，更加形象生动。笔者一直认为，企业是个大写的“人”，一撇一捺，分别代表员工和顾客，合在一起就是一个不可分割的大写“人”。再看“众”字，三“人”组合，上面的“人”凸显企业人格，下面的两“人”，可以说是员工和顾客，也可以说是企业内部一个协同的整体团队，就是“从”。企业由“人”而

“从”至“众”，就是用企业的软实力聚合共同生长的力量。

应对危机，企业最需要软实力。胡锦涛主席在第七届亚欧首脑会议上指出，由美国次贷危机引发的金融危机对国际金融市场造成严重冲击，给世界各国经济发展和人民生活带来严重影响，引起了世界各国政府和人民的忧虑。面对这一全球性挑战，世界各国需加强政策协调、密切合作、共同应对。在此关键时刻，坚定信心比什么都重要。只有坚定信心、携手努力，我们才能共同渡过难关。应该说，这场危机彰显的企业软实力，其主题词就是信心、携手、克难。

金融危机中众多企业与员工共克时艰的几个缩影，共同的特点是员工对企业充满感情，有很强的认同感和主人翁责任感，工作上满怀激情，有干劲、有闯劲，顶住困难与企业一道“爬坡过坎”。应该说，经济危机情势下员工所表现出的积极的精神状态，是任何企业所希望的，也是任何企业在任何情况下都需要的。

2009年3月29日，当国家电网公司“节约一分钱、节约一张纸、节约一寸导线”活动启动时，辽宁省电力有限公司（以下简称“辽宁公司”）不失时机地召开了加快推进精益化管理、深入开展“三节约”活动经验交流会。2009年以来，辽宁公司面临前所未有的复杂形势和挑战。受国际金融危机影响，辽宁公司售电量急剧下降。同时，不确定性因素还有很多，及时疏导电价困难重重，经营亏损压力不容低估。要克服前进中的各种困难，必须转变思想，更新观念，突出实践特色，找出薄弱环节，解决实际问题，实施精益管理，最终以最合理的投入，取得最优的产出。

辽宁公司首先抓住提高广大员工对“三节约”活动的认识。同时，辽宁公司党政负责、工会牵头、全员参与，成立“三节约”活动各级领导小组与办公室，作出相应的具体部署。辽宁公司组织了4个形势报告团，深入基层单位，大力宣讲“三节约”活动的目的和意义，并利用报纸、电视、网站等，展开立体式宣传。

“今天，你节约了吗？”这是大连供电公司的一家分公司挂在电梯间的小条幅。温馨提示，意味深长。沈阳供电公司的一家分公司通过发动员工制定《节约公约》，让节约理念走进每一位员工的心里。鞍山供电公司高新区分公司组织员工开展“降本增效、厉行节约”签名活动，营造了“三节约”活动的浓厚氛围。这场大教育、大宣传、大讨论，带来了各个层级思想观念的大转变。

正确的决策是最大的节约——辽宁公司各级管理者一致认为：决策者的每一次拍板，都是对企业人财物的一次调配。要建设节约型企业，必须以成本效益分析为基础，从正确决策开始。这是对国有企业保值增值负责、对历史负责、对员工负责。在这种理念的指导下，辽宁公司各级决策层更加注重学习实践科学发展观，更加注重调查研究，更加注重决策的科学化、民主化和规范化，更加注重培养全局眼光和战略思维，以一项项正确的决策，推动辽宁公司可持续发展。

一次性把事情做好是最大的节约——辽宁公司各级管理层员工深刻认识到：管理层担负对上参谋、对下指导、对外协调的重要职责，是实现集约化经营、精益化管理、标准化建设的重要力量，其工作质量直接决定辽宁公司运营成本和经营成果。因此，必须以最优化的方案和经受起历史检验的标准，创造性地履行管理职责，避免由于管理原因带来工作的反复，这是降本增效、建设节约型企业的最大潜力。

养成节约习惯是最大的节约——辽宁公司广大员工在积极参与“三节约”活动中，深深体会了节约习惯的重要。广大员工处于操作层，经常与一分钱、一张纸、一寸导线打交道，手中掌控着企业成本。有了节约的习惯，形成了节约的工作方式，员工就会从点滴做起，从自身做起，从现在做起，让每一个岗位的节约小溪，汇成企业降本增效的奔腾河流，让企业的每一个细胞，成为节约型企业的重要基础。

正是这种颇具针对性、操作性、务实性、通俗性和普遍性的节约理念，从各自不同的角度，对“以最合理的投入，取得最优的产出”这道命题，作出生动的诠释。

辽宁公司有的员工说，规范化、标准化就是最大的节约。有的员工说，安全生产是最大的节约。有的员工说，人力资源的节约是最大的节约……辽宁公司以“大节约”的宏伟气势，吹响了降本增效的冲锋号。

辽宁公司把“三节约”活动贯穿企业发展全过程，实行了“三查‘短板’”：一查体制“短板”，解决影响降本增效的体制问题；二查资金管理“短板”，实现对重大项目投资的大额资金使用的全面管控；三查业务管理“短板”，建章立制，堵塞管理漏洞。辽宁公司在“三查‘短板’”的基础上，又把“三节约”活动的重点，放在电网建设、生产运行、经营管理这三个主要方面。

辽宁公司按照“三节约”实施方案，分解责任，落实考核目标。在电网建设方面，辽宁公司开展电网规划、工程前期多方案技术经济论证和综合成本分析，优化项目建设时序，提升电网投资效益，当年投产项目造价同比下降2%以上。在生产运行方面，加强技改、大修和运维管理，单项投资平均下降1%～3%；严格无功电压管理，合理安排电网运行方式，有效降低网损；强化备品备件管理，确保废旧物资回收、利用、处置规范。在经营管理方面，强化全面预算管理；提升信息化管理水平；推行供电公司财务集中核算，撤销县区级供电分公司的银行支出账户；拓展跨区跨省电力交易，有效控制购电成本；加强营销基础管理，推进台区承包，使全年低压线损率下降不低于2%；规范各项管理费支出，可控费用总额同比下降5%。

国内有家织造企业，2008年下半年的国际金融危机，给这个多年来出口大于内销的外贸型企业带来较大影响，订单越来越少，产量也随之减少，产品价格逐渐回落，公司效益也逐渐下降。在这种情况下，不少纺织企业纷纷裁人减薪保运行，而该公司却提出“不裁一名一线工人，不降一分一线工资”，立足于以人为本谋发展，大大增强了员工面对危机、与企业共克时艰的信心。

这家公司通过内部挖潜与组合，分别新成立两家子公司，一家子公司，主要负责针织布生产、销售及毛巾类产品的生产后序工作，破格起用一名有威望、有才能的车间主任担任经理；另一家子公司是主要负责针织服装类的生产与销售，起用了监事会一名有多年搏击市场经验的老员工任“一把手”。两家子公司成立后，都十分注重以人为本谋发展，允许组合进来的部分员工注入资金，积极吸纳员工资本进入企业，增强企业发展的动力源泉，调动员工“抱成团”促进企业发展的积极性。

——合作苛刻——
给紧张的产业链埋下隐患

企业能与相关利益者长期共赢地合作，凭的是软实力，“合”是源于彼此信任的良好口碑，“作”的动机是价值创造和利益共享，也就是合作共赢。如果光有合作没有共赢，或者企业强借某种“势”而独赢，这样的合作是不会长久的。

●“买得贱”与道德成本

从供应商那里“贱买”，却损害了供应商的相关利益者，这是软实力的折损。

——软实力“成”语

产业链是联结企业的纽带，整合资源的磁棒。它表明资源朝价值转换的方向，体现了一个地区的经济结构和生产力水平。产业链上分布的企业，体现了越来越细、越来越专业化的社会分工，越来越紧密协同的社会化大生产合作。产业链不光是资源链、企业链，更是信息链、价值链、创新链。不同的产业链交织在一起，就形成立体的产业网。

产业链按照对资源利用加工的顺序和程度，分为上游产业链、中游产业链和下游产业链。这是一条纵向分布的产业轴。上游产业链主要负责整个产业链的原材料生产和供应，中游产业链负责对来自上游的原材料进行第一次加工，形成产品或者半成品，供给下游产业链。下游产业链负责对来自中游的半成品进行第二次也是深度加工，形成消费者所需要的产品，产业链是联结企业的纽带，整合资源的磁棒。在产业链中，上游企业属于资源型企业，资源价值处于原始状态，有待研究开发，但是资源利润较高；中游企业属于微加工企业，使资源产生一定的利用价值，属于半资源半经营型企业，企业利润在整个产业链中处于较低位置；下游企业属于深度加工企业，也称为精细型企业，所生产的产品具有很高的技术含量和较高的产品附加值，因而获得的利润回报在整个产业链中是最高的。产业链内部各企业间的关系是相互依存、相互交换的关系。

从企业自身经营特色和核心业务能力来看，企业不可能包打天下，把生产经营的每个环节全部承揽下来，否则，既不经济也无精力，还要付出更多的成本代价。从成本和效率的角度看，企业必然要依赖来自上游的产业链——供应链，为自己分身解负，将一部分自己不擅长的业务或者非核心的业务环节委托给供应商来完成。

企业与供应商打交道，必须深入分析上游的原材料市场、加工费用的变化、市场的走势、竞争后的利润水平和客户能够接受的价格，然后分担彼此应该分担的工作，尽可能降低成本，挤出报价中的水分，扩大供应链整体的利润空间。

沃尔玛与供应商打交道，向来以苛刻著称，这与其长期的低成本战略思想分不开。沃尔玛从供应商那里“买得贱”，虽然成就了自己的低成本优势，但是，这种所谓极端的压价方式在一定程度上也导致了供应商不得不进行成本转嫁，比如增加员工工作时间，从而也使沃尔玛背上了“专横合作”的恶名。

身在美国的中国劳工观察组织（以下简称CLW）早已将视线指向沃尔玛在中国的供应商。从2009年7月份开始，CLW便开始与沃尔玛方面进行沟通，希望沃尔玛能对CLW所调查的工厂存在的问题进行督促改善。

为了观察沃尔玛供应商的用工情况，2009年4~6月CLW分别派出调查员进驻深圳两家企业进行一线调查。部分调查员是以员工的身份进入工厂“卧底”。

“为了满足沃尔玛的低价要求，供应商工厂大多都是以伤害劳工利益维持其利润的。在沃尔玛供应工厂，损害工人利益的事情非常多。”CLW对沃尔玛供应商的调查报告指出，不管是计时工资，还是计件工资，工人所得的工资大多都是要通过不停地加班来获得的。如果工人没有加班，那么就只能得到最低工资标准的酬劳——也就750元/月左右(不同地区有不同规定)。

供应商反映，沃尔玛的采购要求是，同等质量下，采购价必须最低。要成为沃尔玛的供应商，就必须在工厂设备上投入很多，在软件上也必须投入成本进行改善。沃尔玛订单的一大好处就是量大，相应的人力成本的支出就更大。在越来越低的采购价下，供应商要寻求利润，就只好压缩自身的成本。在“天天低价”的商业政策下，沃尔玛在众多供应商中竞价采购，使得供应商利润空间不断降低，只能以不断降低劳动力成本作为竞争手段，甚至可能不惜代价。

沃尔玛不断增加农超对接业务，使中间供应商的生存空间变得越来越窄。沃尔玛此举，无非是想打造符合自身低成本战略的独有产业链，以此将外来的中间供应商全部挤出去。沃尔玛通过加强自身品牌建设、培植直接采购基地、先进的信息技术和功能全面的物流系统，使其日渐形成一条成熟、畅达、低廉的产业链，从而达到独享全产业链利润的目的。

经济全球化，社会分工协作的跨区域，生产要素在全球范围内的新一轮重组，必然带来新的产业调整和价值转移，必然使广大企业越来越重视对供应链的管理。“外包”就是在这个背景下产生兴起的一种先进的商业模式，所谓“外包”，就是企业只做自己擅长的核心业务，把不擅长或者非核心、成本高、污染大的业务直接划出去，交给那些比较专业的外部企业来做，而外部企业的选择以劳动力成本低的地区为主。

“外包”对发展中国家来说，加重了劳工的负荷和环境的破坏。基于此，全球性采购的供应链管理加大了对企业履行社会责任的考察。

企业社会责任要求企业在经营过程中善待各方利益相关者，对顾客、员工、社会、社区、合作伙伴、政府、环境、投资者等各方切实承担起相应的责任。将企业社会责任作为供应链管理的首要内容，意味着企业之间的商业行为向精神层次提升，也就是，企业选择供应商，首先考察供应商履行社会责任的情况，如果供应商“履责”不佳，就绝不能将其作为自己的战略合作伙伴。供应链中的社会责任，就如同一张相互监督的网，推动广大企业自觉履行应尽的社会责任和义务，实现绿色采购，促进整个社会的共同进步。

现在很多有抱负的企业都想做“全球公司”，因为“全球公司”比跨国公司更进一步，不仅规模要大，管理企业的层次、企业自身的追求和素质都比较高。“全球公司”面临的就是在全球范围内配置生产要素，不仅跨地域、跨文化，还跨不同的法律和制度环境，这就给全球经营带来了很大的难度和风险，处置得不好，企业的负面影响也将是全球性的。

“全球公司”的生产要素组织和配置，首先取决于全球性的供应链管理，而全球性供应链的建立是否稳妥、牢靠、可持续，又取决于对全球供应商的社会责任考察。这是一个多层次的经济活动，不但要考虑企业自身的利润，还要兼顾各方、各环节的利益，也是一个公司从优秀到卓越所必须历练的。

在合作共赢的时代，供应链上企业之间的关系已经不是相互压榨、你赔我赚甚至有你没我，而是相互支撑，互惠互利。新的供应链共赢理论认为，只有在传统的以产品为导向的“推式”供应链管理体系下，链上企业之间才是简单的交易关系，供应链伙伴之间也才会为了各自的利益牺牲链上其他成员的利益，而在供应链共赢的时代里，链上企业都是战略合作伙伴，大家一荣俱荣、一损俱损，所有个体都将自觉意识到，追求单体利益的最大化并不能带来供应链整体竞争优势的最大化，相反，那样做的结果，最终只能是使单体企业自己受损。

●质量与成本谁先谁后

软实力化解经营风险，打了折扣的软实力必然给企业带来风险。

——软实力“成”语

经济全球化时代也是整合与合作的时代，凭什么进行“合”呢？这应该是影响经济全球化最关键的内容。古人云：天下熙熙，皆为利来；天下攘攘，皆为利往。这个社会从来就没有免费的午餐，从来没有天上掉馅饼的事。经济全球化谋的是资源，是利益，一个主体绝不会平白无故地拉另一个主体来“合”，如果找上门来主动与你合作，理由不外乎两个：要么你对他有合作价值，能给他带来更多的利益；要么你很有魅力，能够吸引他自愿和你走到一起。前一种理由是出于功利，更多的是逢场作戏，因利益而走到一起，利益没有了合作也就终结了，正如牛根生所言：财聚人散，财散人聚。后一种理由是以综合素养和独特气质影响人，主体的精神、品格、能力、形象、价值等无形要素，就像太阳的光芒辐射到每个角落，使众人心情愉悦地沐浴其中，可以达到招之即来挥之即去的游刃效果。后一种理由就是软实力，它就是促进整合和合作的黏合剂。

成本是企业的龙头，而来自供应商的采购成本几乎占了总成本的大头。所以企业提倡“买得贱，卖得贵，中间环节不浪费”！对中国企业来说，大部分采购金额占销售额的比例普遍在70%～80%，净利润率普遍在6%以下。优秀企业的净利润率一般在5%左右，而普通的制造业企业净利润率均在3%以下。

假如一家公司的年销售额为2000万元，采购占销售收入的70%，采购金额就是1400万元，净利润率按照3%计算，净利润就是60万元人民币。如果采购每节省6%，就是1400万元×6%＝84万元，这84万元加到原有的60万元中，就是144万元，净利润率就变为7.2%，净利润率上涨240%。由此可见，每节省6%的采购金额，净利润率就提升240%！由此看出，采购对利润支撑起着巨大作用，是企业持续增效的金矿。换言之，采购对利润的影响越大，采购就越重要。在影响利润的众多因素中采购是最重要的因素，因此，企业应该加强管理，提高采购的绩效。

如果有两家企业在价格、质量、技术、品牌、服务体系、销售、关系等方面的实力都差不多，那么如何评价它们的竞争水平呢？主要看供应链竞争。一看供应商的质量稳定，如果供应商提供的原材料以次充好，企业生产的产品必然埋下质量隐患，产品上市会给企业带来更多的麻烦；二看供应商的价格波动，如果供应商在材料价格上涨的时候，能够少涨一些，无疑消化了一定的成本压力，实际上为企业保住了一定的利润；三看供应商的合作关系，如果供应商能够在供应紧张的时候，优先保证供应，这说明企业与供应商结成了唇齿相依的合作关系，这种感情是维系双方命运的精神纽带，超出了利益需求，能够持续稳定发展；四是看原材料的转化速度，速度胜于规模，供应快，还要生产快、推向市场快、占领市场快等诸多快节奏的环节予以配合，才能释放出供应链的最大效益。换言之，供应链管理是企业竞争的优势所在。

在微利时代，尤其是处于产业链价值低端的企业，成本高低决定企业存亡。因此，如何控制成本，持续保持低成本的竞争优势成了企业制胜的关键。

成本是企业绩效的牛鼻子，成本水平是检测企业经营状况的晴雨表，成本控制反映了企业的综合管理能力。按照企业软实力理论，成本不仅是一个量的概念即成本额度，成本还是一个质的标尺即成本价值。因此，成本是由量和质组成的。成本量体现的是硬实力，成本质蕴涵着软实力。综合来讲，成本控制是一个系统工程，充满辩证法，说到深处，成本控制是一场实力博弈，表达了企业的价值取向。

从量上观，成本直接与效益挂钩，利润是成本额度的延伸，成本是试“金”石；从质上观，成本是支撑价值的根本，品质是成本价值的外显，成本是试“心”石。

成本控制并非一个简单的“降”或“砍”字所能达到。一则成本有极限，二则成本有心态。若是为了追求利润，过度降成本，很可能导致成本投入不足，伤及品质。因此，成本有条价值基准线，成本控制就是围绕基准线而展开，并演绎着成本量的上下波动。

成本量若在价值基准线之下，就说明成本不足，品质无法保证，比如以降低产品质量来降低生产成本，就可能引发一系列影响、损害甚至危及相关利益者的问题，这无疑是饮鸩止渴，这是恶性竞争所致。这个时候成本要充实要加强，这反映企业的诚信和责任，无论从合规还是道德操守来看，这是企业的生存底线。

成本量若在价值基准线之上，就说明质量过剩，资源存在浪费，比如在满足用户需求的情况下，继续无止境地提升产品质量就可能造成成本浪费。这个时候成本要节约要毫不留情地砍，这反映企业的效能和效率，关系到企业的可持续发展和永续经营。

随着高成本时代的到来，一切要素成本趋涨，竞争对手之间的价值个性也日渐趋同，企业要在窄缝中赢利，千方百计降成本是必须的也是必然的，但是，如何把握好降成本的分寸，保证成本不多不少恰到好处，这就是一场成本量与成本质的战争。

“三聚氰胺事件”引发了中国奶业的诚信危机，这种靠质上作假赢得量胜的手段，最终是搬起石头砸自己的脚，自毁信誉，自葬前程。

丰田汽车“召回门事件”暴露的不仅是简单的质量问题，而是成本合作共赢的问题。换言之，在产业链合作中，如果一味地只考虑企业自己的成本控制，忽视相关合作者合理的利润回报，也就是足额的成本合作，比如过分压低对供应商的采购成本，虽然成本量控制住了，但最终成本质的防线却失控了，让企业付出了巨大的损失代价。这就是成本竞争直接导致血腥的成本量与成本质的战争。

富士康员工“跳楼事件”，从深层次分析，这是长期以来代工薄利催发的“低成本跳楼”。代工企业一般靠贴牌生产，处于产品制造的价值低位，资源增值的空间很小，只能以廉价劳动力支撑低成本优势，从加工量上赚取利润总额。“低成本跳楼”已超出了物质形态上的成本量与成本质之争，上升到了利润与社会责任之争。

世界上没有永不枯竭的金矿，只有无形的软实力才能生生不息。成本量是硬实力，靠紧巴巴地节省成本所获得的利润，是硬利润；提升成本的价值含量是软实力，因价值创造创新而赢得的利润，是软利润。硬利润是暂时的，软利润是长期的。追求硬利润必然大开成本杀戒，不择手段，不计长远，轻则拆东墙补西墙，弄得捉襟见肘，苦力经营，重则伤筋动骨，伤及相关利益者，危及企业生存发展；追求软利润要视品质和价值为生命，工序虽繁不省人工，品位虽贵不减物力，用成本保证品质，用价值支撑成本，即使出现亏损，也阻挡不了企业持续赢利、基业长青的大势。

成本控制实际上是保证量与质的平衡。成本高压，利润紧迫，量与质的战争考验企业软实力！

竭泽而渔
付出更大的生存代价

世界上没有永不枯竭的金矿，只有无形的软实力才能生生不息。靠软实力整合资源，并善于利用，企业就能以少赢多，持续发展。靠硬实力强占或抢占资源，企业可得一时之利，却毁了自己的万世基业，当然，这类企业压根儿就没考虑万世，以逞一时之强为痛快。

●急功近利的“成本浮躁症”

蛋糕好吃，要慢慢吃。软实力的吃法，第一口垫底，第二口作为创作新蛋糕的成本。

——软实力“成”语

春秋时期，晋文公率军在城濮与楚国对峙，他问狐偃如何胜强大的楚军。狐偃献计用欺骗的办法。他又问雍季如何处理，雍季说用欺骗的办法只能是把池水弄干捉鱼，到第二年就没鱼捉了，打仗还是要靠实力。晋文公用狐偃的计策打败了楚军，但在论功行赏时雍季却在狐偃之上。他说：“我们怎么能认为一时之利要比百年大计重要呢？”

“竭泽而渔”的典故告诉我们，企业不能为了眼下的功利而破坏自己可持续发展的环境。图一时的利益，可能只要付出一点点成本，可是，一旦赖以生存的资源、环境、诚信、形象等遭到破坏，企业就要为后期的生存发展付出数倍于所获利润的代价。

美国股神巴菲特有一句名言：“只有退潮时，你才知道谁在光着身子游泳。”中国的企业似乎正是这样，经济狂潮一经消退，夕阳下的沙滩上留下的，便是曾经喧闹一时、又瞬间烟消云散的朦胧足迹，这正是浮躁给中国企业所带来的一大致命伤。

茫茫宇宙，至诚无息；芸芸众生，熙熙攘攘。世界潮流，浩浩汤汤，顺之者昌，逆之者亡。天地万物生生不息，周而复始地从过去走到现在，矢志不移地又由现在迈向未来，是什么力量在推动？那就是理念！这个理念就是宇宙万物所秉承的生命运动规则，我们称之为核心理念。核心理念的本质在于“道”。“道”者，乃规律、规则、规矩也。大海航行靠舵手，万物生长靠太阳，企业生存发展靠的是核心理念。

一般来讲，企业理念并没有“对”与“错”的说法，只有顺“道”与逆“道”的做法。理念无“道”，就是企业随心所欲，没有自己的核心理念，违背规律、规则、规矩办事，就会四处碰壁，举步维艰，长此下去，企业难逃衰败的厄运。理念有“道”，就是企业痴心不改，坚守自己的核心理念，遵循规律、规则、规矩办事，就会得心应手，游刃有余，企业就能兴旺发达，长盛不衰。

像新疆德隆、郑州亚细亚、秦池酒业、三株口服液这样的企业，一段时间内扩张发展之迅猛、成绩之斐然是令人惊叹的，而其迅速的衰亡所造成巨大的反差又是令人记忆深刻的。

这样的流星谱在全球范围内也是常见的，据统计：

20世纪70年代世界上最大的500家企业，到今天很多已消失。

1990－2000年，近一半的世界最大企业从500家排名中退出。

在日本和欧洲，所有公司的平均寿命值在12.5年；40%的公司不到10年便夭折了，即便是大型公司，也很难维持40年。

在美国，平均有62%的公司存活不到5年，寿命超过20年的公司只占公司总数的10%，只有2%的公司能存活50年以上。

为什么会有这种现象呢？其原因有很多，比如美国LAND公司曾经做过一个调查：世界上每倒闭1000家企业，可能有800家企业是决策失误造成的。而在这800家企业中又有650家是多元化所致，这说明经营理念出了问题，实际上这就是规律性。珠海的巨人集团，“脑黄金”让一部分人先聪明起来；可史玉柱环顾四周，凄然发现，身边从未有过一个所谓的“巨人集团”，而是一盘缺乏凝聚力的散沙。珠海“巨人大厦”被称为巨大的基坑。天津的大邱庄曾因经济上的暴发，被称为现代社会的“庄园”。可是禹作敏倡导“只有向钱看，才能向前看”，靠运气凭胆大，才是赚钱的高手；因为没有能力聚集文化精英，“庄园文化”最终衰落。

“三株”失败后，总裁吴炳新发表了一份数百字的《吴炳新自白书》，第一句话就是：“没有利益，就没有生存的意义。”不错，利润是企业生存发展的基础。三株虽然认识到了利润的重要，却没有看到支撑利润的价值追求，那就是不唯利润而利润，企业要通过履行社会责任、维护市场生态、保护环境、为社会创造更多的价值来获取公平合理的利润回报。可惜的是，三株错误地选择了一种竭泽而渔的实现方式，“以一个极端冷酷的、狂热的功利主义者，采取对竞争对手的无情打击和带有阴谋色彩的颠覆，在产品上的夸大无度”，结果不仅毁掉了自身，又破坏了整个保健品产业健康发展的生态环境，使企业失去了持续赢利的产业基础。

企业是有生命的，企业最终的目的是希望自己长寿，能够基业长青。企业的短期繁荣可以通过许多方式获得，而企业持续增长的力量却只能从核心理念中获得。只有那些符合社会规律和人性健康需求的核心理念，才会把企业逐步引上更加宽阔的成功之路。纵观那些优秀的百年企业，在追求自我生存和永续发展的过程中，总能够保持一贯的核心理念，所以能够适应环境变化，不断学习创新，始终保持持续的赢利增长和竞争能力。

今天企业为什么迫切需要核心理念？美国管理大师吉姆·柯林斯积

11年心血写下的两部经典著作《从优秀走向卓越》和《基业长青》给我们提供了最权威的答案：只有坚持核心理念，企业才能从优秀走向卓越；只有坚持核心理念，企业才能基业长青。当企业只是一个团、一个师时，靠阵地战、运动战、歼灭战等，就能拥有自己的攻防优势；当企业要上台阶，有很多部队的时候，要打赢规模战、持久战，就必须要有核心理念。

世界500强胜出其他公司的根本原因，就在于这些公司善于给他们的企业文化注入活力，这些一流公司的企业文化同普通公司的企业文化有着显著的不同，他们最注重四点：一是团队协作精神；二是以客户为中心；三是平等对待员工；四是激励与创新。凭着这四大支柱所形成的企业文化力，使这些一流公司保持百年不衰。在大多数企业里，实际的企业文化同公司希望形成的企业文化出入很大，但对那些杰出的公司来说，实际情况同理想的企业文化之间的关联却很强，他们对公司的核心准则、企业价值观遵循始终如一，这一理念可以说是世界最受推崇的公司得以成功的一大基石。

因为拥有并坚持自己的核心理念，通用电气公司（General Electric）、惠普公司（Hewlett－PacMrdl）、索尼公司（Sony）等企业所以能够由小到大，由弱到强，并跨越数十年、上百年而长盛不衰，最终成为翘楚中的翘楚。因为不改自己的初衷，同仁堂、全聚德等百年老店所以能够历久弥香。

因为张瑞敏、柳传志、王石等一批企业家深谙核心理念之道，所以成就了像海尔、联想、万科等一批优秀企业，在21世纪的商海横流中共领风骚。

正如管理大师德鲁克所说，验证管理有效性的标准是总体经济绩效的提升。中国企业要生存，要发展，要多向世界级的优秀企业学习，树立正确务实的经营观，摒弃浮躁，张扬韧性，多些沉静，耐得住寂寞，注重科技进步和管理水平提升，致力于营销思路的创新、产品质量和员工素质的提高、国际国内市场的有效拓展等等，在踏踏实实和埋头苦干中发展壮大。

●“三低一高”的循环经济

循序渐进折射出软实力，付出的是小成本；大乱后回头大治则要付出巨大的成本。

——软实力“成”语

1968 年，美国学者哈定在《科学》杂志上发表了一篇题为《公地的悲剧》的文章。英国曾经有这样一种土地制度——封建主在自己的领地中划出一片尚未耕种的土地作为牧场（称为“公地”），无偿向牧民开放。这本来是一件造福于民的事，但由于是无偿放牧，每个牧民都养尽可能多的牛羊。随着牛羊数量无节制地增加，公地牧场最终因“超载”而成为不毛之地，牧民的牛羊最终全部饿死。

“公地的悲剧”远超出环境和生态问题，折射出一条极不正常的生存潜规则，那就是在一个公共的生态环境中，每个人都在尽最大努力为自己谋求生存资源，每个人都在破坏共同的生态环境。古典经济学的一个基本理论假设是企业利益和社会利益并不矛盾。亚当·斯密认为，无数自私自利的“经济人”在一只无形的手的指挥下，从事着对整个社会有益的经济活动。根据人的利己主义本性和趋利避害的行为动机，他指出每个人越是追求自己的利益，就越会促进社会利益的实现。这种理论假设与现实的经济生活显然不相符，原因之一是现在的企业生存环境与亚当·斯密时期有着重大的差别，完全竞争的市场模式是极少存在的。在西方，企业经营中的一系列丑闻如贿赂、垄断、欺诈、环境污染、非法政治捐助、非法股票交易、窃取商业秘密等，引起了社会的强烈不满，要求建立企业和社会相互信任的关系。美国管理大师德鲁克指出，企业首要的社会责任是经济责任，但利润不是企业的目的而是一个限制因素，满足社会需要才是企业的永恒目的，利润不过是企业实现社会责任的回报。松下幸之助也认为，企业从社会中获得合理的利润，是企业完成了使命，对社会作出了贡献而得到的报酬。

其实，人们在寻求自己利益的时候，既有可能是个体间的相互利用、交易、竞争甚至相互欺诈、掠夺，也有可能是没有节制地利用无人所有的资源，人们出于私利为他人生产时，既包含自己承担的成本，也包含看似免费的社会成本。英国学者约翰·埃尔金顿把这种企业描述为同时追求“三重盈余”——经济盈余、社会盈余和环境盈余的企业。企业公民意识的有无，首先表现在对企业的所有权的认知。没有企业公民意识的企业，认为企业的股东仅是为企业提供资金者，企业经营的目的，就是为股东的投资带来回报并且使回报最大化。但追求三重盈余的企业认为，企业的股东至少有三个：自然环境、社会和投资人。企业经营者的真实身份是受托于这三个股东的“公民 CEO”，其经营行为是确保三个“出资人”同时受益，而不是为了一个股东利益的最大化而牺牲其他两个股东的利益。

根据“三重盈余”标准，我们可以将成长和赢利的企业置入一个坐标系中，横轴是企业自身的规模和利润的成长，即企业的影响力，受益者是作为企业出资人的股东，竖轴是企业对环境（包括社会环境和自然环境）的回报，受益者是社会和自然这两个“股东”。按高影响力和低影响力、对环境的回报和破坏，将这类企业分成四种类型：

蜜蜂型企业：影响力高且对环境的回报率高；

蝴蝶型企业：对环境有回报但自身的成长性和影响力小的企业；

毛毛虫企业：对环境有损害但自身的成长性和影响力小的企业；

蝗虫型企业：破坏环境且由于其成长性和影响力大而对社会和环境有巨大破坏性的企业。

上述四种类型的企业，蜜蜂型企业应该是中小企业成长的典范。蜜蜂为了酿蜜，就必须从各种植物中采集花蜜——这可以看做是对环境资源的索取。而它在采蜜的同时，它翅膀上沾附的花粉就会给花授粉。如果没有蜜蜂来采蜜，花也就成了不结果实之花。蜜蜂与环境之间的这种索取回报的关系——在从环境中索取资源的同时回报环境，使自己的“赢利”空间获得了可持续性和成长性。

在经济全球化趋势深入发展的条件下，我国企业正处在“战略”退出的高发期，几乎所有企业都会遇到这样的问题：你凭什么生存？你的生存方式是什么？按昨天的生存方式你还能生存多久？你凭什么参与全球经济竞争？这些问题的提出既是全球经济一体化给企业所带来的生存革命，又是全球经济面临的环境压力、资源压力等共同问题给企业所引发的战略思考。处于成长中的中小企业不容回避，而且必须以前瞻的眼光及时作出战略调整。

“循环经济”是由美国经济学家波尔丁在20世纪60年代提出的。受宇宙飞船的启发，波尔认为飞船是一个孤立无援、与世隔绝的独立系统，靠不断消耗自身资源存在，最终将因资源耗尽而毁灭，飞船延长寿命的方法是实现飞船内的资源循环。而地球经济系统就如同一艘宇宙飞船，尽管地球资源很多，地球寿命很长，但也只能通过实现对资源的循环，地球寿命才能更长，经济才能持续发展。循环经济是对特定闭环流动型经济的简称，其本质是一种生态经济，即经济活动要按生态学的规律运作，让能源和物质在经济活动中循环流动，在发展经济的同时，使资源得到最充分和最持久的利用，并将经济活动对自然环境的影响降到最低限度，传统经济是资源—产品—废物单向流动的线性运行模式，循环经济是资源—产品—再资源闭环流动的循环运行模式。

循环经济的主要特征是“三低一高”，即低开采、低消耗、低排放和高利用。按照自然资源—产品和用品—再生资源的新思维，以物质的闭路循环使用为特征，从生产到消费的各个经济活动领域倡导新的行为规划和准则，并把清洁生产、资源综合利用和可持续消费等融为一体。循环经济不仅能节约资源，减轻污染，增加经济效益，而且能从根本上协调人类和自然的关系，促进人类可持续发展。

削质充量
让企业吃不了兜着走

企业软实力分为三个层次：第一层是基本软实力，以做人为主，讲究诚信和责任；第二层是核心软实力，以做事为主，讲究效率和创新；第三层是综合软实力，将做人做事融为一体，讲究价值。从现状来看，一些企业基本软实力欠缺，成本加大，甚至付出生存代价。

●产业链就是一条诚信链

从企业软实力到产业软实力，反映了一个行业看待利润与价值的素质水平。

——软实力“成”语

哈佛大学研究结果表明：一个能生存50年以上的企业，其核心生存“秘诀”，并非人们通常所认为的产品，而是他们的企业文化。企业经营的核心在于文化，文化的核心在于价值理念。企业文化因价值理念而生，企业执行什么样的理念就有什么样的文化。真正的企业文化充分体现诚信、责任、尊重、关爱、包容、协作、开放、创新、规范等价值理念，是知行统一。如果企业偏离价值轨道，必然造成灾难性后果。正所谓“做人百年，毁誉一旦”，这恰恰是许多企业风光一时却活不长久的软肋。

在经济活动中，最浅层的软实力就是“你办事，我放心”，其支撑底线是诚信和责任。“人无信不立”，何况企业。对于企业来说，最重要的文化就是要坚守一种诚信正直的态度，只有在此基础上才能延伸出更优秀的企业制度。企业没有诚信和敢于负责的精神就不可能存活，被社会淘汰是迟早的结果。

改革开放30年来，中国经济取得了举世瞩目的成就，中国企业获得了迅猛的发展，同时也暴露出诸多问题，与国际一流企业相比，中国企业的差距不是产品、技术、规模、资本等硬实力，而是诚信和责任的缺失。从1996年的“三株口服液事件”到2008年的“三鹿奶粉事件”，都是一个“三”字，按老子的说法，“三生万物”，“万物”就是消费者，可是，三株、三鹿们的做法是让问题产品大行于市，直至出了人命才收场，这就不是“三生万物”，而是“三害万物”。企业因诚信缺失导致责任懈怠，最终的结果是产品质量出现问题，消费者遭殃。这样的企业能让其生存发展吗？不可能，人无信不立，企无信则亡。这是最基本的市场规则，也是企业最起码的伦理要求。

当前，诚信和社会责任缺失恰恰击中了中国企业软实力的软肋。反过来，软实力缺失不光制约了中国企业的成长发展，而且企业也因此付出了惨痛的代价。中国企业联合会、中国企业家协会发布的一项调查显示，中国企业诚信建设还不能完全适应社会主义市场经济体制改革和经济全球化的要求，由企业失信引发的重大事件呈多发趋势。调查显示，目前中国企业的诚信建设存在两大问题。一是经济领域中的失信现象还比较突出。企业受到多种失信行为的困扰，主要包括拖欠款、违约、侵权、虚假信息、假冒伪劣产品、质量欺诈等。据不完全统计，中国企业每年因信用缺失而导致的直接和间接经济损失高达6000亿元。二是企业重大失信事件呈多发趋势。近年来，我国每年由企业失信引发的重大事件已由1～2起增加到4～5起。

中国企业在“2008全球最佳品牌排行榜”上的“全军覆没”，因素可能是多方面的，不过，我们的所谓“免检”品牌所暴露的信任问题，肯定是一大要因，更深地讲，今后国际上对我们所谓权威的品牌评定还有多大可信度？

对中国奶业出现的质量问题，中国奶业协会顾问王怀宝表示，“这不仅仅是三鹿集团个别企业的问题，存在的范围涉及整个行业。”主要由几个方面所引起：一是中国的养牛方式十分散，没有形成规模效益，在通货膨胀的压力下，养牛利润减少，造成了奶农这种掺假行为的发生。二是中国奶业过去太注重快速发展、抢占市场份额，而忽视了奶源、产品质量的管理。三是国家相关部门的监管不到位也是重要原因。王怀宝介绍，我国对牛奶品质的检测标准还是1984年的标准，至今尚未更新，已跟不上时代发展的步伐，必须重新制定。

对企业来说，软实力的发展首先看你的价值理念，比如诚信、责任、关爱、尊重、创新都是永恒不变的精神法则，其次，在价值理念上建构自己的商业模式，就是标准和规则的制定。从整个“三鹿奶粉事件”来看，我们的企业首先是诚信缺失，然后又是标准滞后，你说，中国企业的软实力在哪里？

●不诚信是最大的“软骨病”

> 尽管危机下的软实力行动可能会给企业带来阵痛，但是，值得付出这个代价。
>
> ——软实力“成”语

对企业来说，不诚信是最大的“软骨病”。企业若不诚信，在任何时候任何场合都挺不起来，只能畏畏缩缩、偷偷摸摸。而一个讲诚信的企业，往往先做人后做事，重责任守规矩，能赢得社会的信赖和尊重，企业也因此积累了深厚的可持续发展的无形资源，这就是诚信给企业带来的软实力，所以，讲诚信实际上是为企业未来生存发展的一项特殊投资。

围绕企业做人做事，可以将企业分成四种类型：一流企业做人，二流企业做事，三流企业做样，四流企业做假。

一流企业做人，主要表现为始终如一的精神追求和高瞻远瞩的核心生存境界。做人的企业表现为一种负责任的企业公民态度，不管什么时候，企业都将诚信、责任、社会价值作为自己的核心追求，并在经营管理各个环节严格要求。这样的企业受人尊重和青睐。

二流企业做事，主要表现为脚踏实地、真抓实干的企业作风。做事的企业没有过多的“标榜”语言，实实在在地用自己的行动说话。体现在守法经营、风气淳朴、雷厉风行、善抓机会，属于激情创业，是一种充满生机与活力的企业原生态文化。

三流企业做样，主要表现为在先进企业文化上做样子。很多国有企业为了响应市场、社会和上级主管部门的号召，正在加快企业文化建设的进程。有的企业确定企业价值观和核心理念，不会找词汇，就到处寻章摘句，就捡最漂亮、最时髦、最能煽动人心的话往自己企业脸上贴，有的为了避抄袭之嫌，就改头换面，换一种说法，有的就干脆将这个任务转包给社会上的咨询公司。一夜间，就能将企业文化的种种要素完全补上来，看起来还真有那么一回事。做样的企业完全是为了吸引公众眼球，带有明显的功利广告行为，根本谈不上先进文化。

四流企业做假，主要表现为伪先进企业文化。如 2001 年美国“安然事件”使安然公司成为经理控制企业种种弊端的象征；随后，美国世通公司的假账丑闻又暴露在光天化日之下；事隔几天，另一知名大公司施乐又爆出新的丑闻——连续 5 年夸大营业收入 60 亿美元。仅 2001 年第一季度，美国证券交易委员会就调查了 64 宗会计和财务造假案。这些跨国公司长期以来吹捧以“诚信”为核心理念的企业文化，但其行为始终不诚信，显然是伪先进企业文化，这样的企业如果还不悬崖勒马，最终要葬送自己的前程。

“三聚氰胺事件”加上百年难遇的经济寒冬，直接引发了中国奶业的信誉危机和质量危机，进一步地讲，就是企业的硬实力受挫，从另一侧面也反映了企业的硬实力不足。因此，摆脱这场危机的策略不外乎两种：一种是以硬实力补硬实力。比如，通过整合，提升奶牛养殖的产业能级，扩大奶源基地规模。另一种是以软实力提升硬实力。比如，改进奶业的运作模式，完善生产经营管理体系，提升工艺控制标准，开发新的奶品，在提升奶业综合素质、实现可持续发展上下工夫。

“以硬补硬”的经营策略只能维持一时，在当下也仅仅只能维持这场经济危机气候下的大冬天，却不能摆脱企业因软实力欠缺而永远存在的小冬天；而“以软强硬”的经营策略是穿越冬天走向未来希望所在，尽管冬天里的软实力行动可能会给企业带来阵痛，并付出代价，可一旦挺过来，不仅是摆脱了目前的冬天，而且为奶制品企业铺就了永远的春天之路。

企业软实力的使命定位是实现资源整合，整合的关键是形成新的商业模式。著名管理大师彼得·德鲁克说：“当今企业之间的竞争，不是产品之间的竞争，而是商业模式之间的竞争。”商业模式是用企业软实力搭起来的一种个性化的资源整合平台，其核心是经营创意，通过整合相关资源，为消费者创造新的价值，为企业创造高附加值的利润源。

奶业正兴起的新商业模式，就是奶牛养殖牧场化运作模式，就是把分散的奶农聚合到一块儿，在统一规范的基础上实现标准化、科学化、规模化经营。奶业靠什么凝聚奶农，就是共生共赢共同发展的和谐价值观，这是确保高品质奶源可持续发展的核心。当务之急，奶品龙头企业应抓好奶源，采用国际先进饲养管理模式，加强良种繁育体系建设，采用先进原奶采集系统及标准化检测管理体系，推动国内奶业的牧场化进程。

标准国际化，是提升奶业软实力的又一着力点。标准是生产、建设及商品流通过程中共同遵守的技术依据，对一家企业或者企业联盟而言，掌握了标准就等于掌握了整个行业。对奶品生产企业来说，软实力的提升是建立在先进的硬实力装备基础上的。只有拥有一流硬实力，才能创造一流的软实力。只有软件与硬件相匹配，才能从根本上实现奶业的转型和升级。因此，在奶业生产上要舍得在硬件上投入，如果生产中的每一道工艺都采用世界上最先进的设备，再加上严格的高标准控制，奶业振兴就指日可待。

VALUE PROFIT

第二章

成本创新：

左手抓价值，右手抓利润

价值创新是企业软实力的最高形态，高成本的出路在于创新，而成本创新的实质就是价值创新。按常规，成本与利润是紧密相连的，成本有多低，利润就有多高，当成本离利润越来越远的时候，就意味成本的原有运作思路开始僵化，就要启动企业软实力为成本谋划新篇。成本创新不仅仅是刷新投入指标，还涉及成本运作的方方面面。成本创新的目的就是提升赢利水平，可以寻找、挖掘潜在利润源，也可以开辟、拓展新的利润源。这就需要我们从企业成本这张网上抓住最薄弱的环节，进行改进、变革、突破，使成本从整体上获得利润新生。

创新思维
跳出传统成本管理圈子

穷途末路身无奈，思维一转天地新。成本在企业中是一个老话题，也是一个永恒的主题。如何让这个主题常抓常新，常抓常有效，就要摆脱以往的硬思维，用一种全新的软视角，给传统成本管理注入软实力，从思想源头创新成本管理。

●挑战成本极限需要拐弯

思维创新加上新的成本价值，就是最高形态的成本软实力。

——软实力“成”语

成本是有极限的，这是成本的价值性决定的，如果降成本到了极限的地步，就说明企业必须注入异质思维，进行价值创新，从根本上开启新的降本篇章。传统成本管理的目标是降低成本，所采用的方法是限制消耗、节约开支等硬方法，追求成本的绝对下降与相关利益者（比如供应商、员工）的利益挂钩，将成本指标压得很低，弄得人人自危，甚至被“逼”得偷工减料以达到指标。

市场竞争激烈，尤其是同质产品充斥，利润日趋微薄，不少企业只能靠降低成本维持生存。而在降成本上只会做简单的减法，因为缺乏创新改进，无法从根本上化解成本压力，弄得企业走上了恶性成本竞争的怪圈。比如，同质产品多，说明市场进入成熟阶段，按道理企业的精力要放在开发新产品上，可是，有的企业为了降成本，继续加大生产投入，不断扩大生产规模，以求通过规模生产来摊薄成本，增强价格竞争力；有的企业则在产品的质与量上打起了主意，减少产品功能，降低产品性能，甚至不惜采用劣质原材料，通过牺牲质量水平来降低生产成本。如此这般，竞争到最后，这类企业因承受不了长期的降价竞争或产品形象受损而不得不关门倒闭。

彼得·德鲁克告诉我们："生产能力永远是一个决定性和限制性的因素，生产不是将工具应用于原材料，而是将逻辑应用于工作。每一种生产系统都有其自身的逻辑，并对企业和管理提出自身的要求。"任何企业都会输出产品或服务，因而任何企业都具备生产能力，而企业的生产能力取决于管理，也在一定程度上受制于企业对成本的管理。

创新思维，就是要透过成本投入看到长远更大的赢利，不要对事关未来的投资斤斤计较，普通人看到的是目前的利润，聪明人看到的是隐藏在成本中的巨大财富，这就好像海底冰山一样，普通人是很难察觉的。国外流传着这样的商业故事：雷克里是一位无利不起早的典型建筑商人，有一天，他似乎做起慈善家来，决定为一位流浪老者免费盖房子，从建筑材料到人工支出，他统统一手包办。有人不禁问：雷克里与老者是何关系？没有一点儿关系，作为商人的雷克里也不会做那种很单纯的慈善。是一次偶然的机会，他遇上了流浪老汉，老者手中持着一张很陈旧的房子效果图素描，雷克里灵感顿发、善心大发，要为老者造一所他手中描画的房子。老者感动不已，当即就把图纸交给了他。雷克里如获至宝，他知道这张素描出自毕加索之手，也就是说，他的投入要远远小于他所得到的毕加索亲手素描的价值。雷克里超值的成本思维就具有高度的创新性，初看这种成本投入与赢利没有一点关系，但其中蕴藏的价值玄机只有行家里手才懂得。

企业经营讲究投入与产出，而产出不仅仅是一种物的产出，更重要的是这种产出要转换成企业所预期的利润。因此，如何产生利润，如何获取尽可能高的利润率，是企业经营决策的第一选择。如果企业的利润率大于社会资本平均利润率，企业获得的就是超额利润，其经营水平就在行业平均水平之上。利润与成本是一对矛盾统一体，既相互作用又密切联系。没有成本就无从产生利润；同时，成本过高，利润就低或者是无利润，甚至是亏损。企业产量收益一定，成本降低，利润就上升。在绝大多数情况下，企业要获得高利润，实际就是要使一定的产出成本最低。从辩证的角度看，要有效降低成本，就需要解决成本管理中的一系列矛盾冲突，包括观念、思维和具体行为上的矛盾与冲突。

企业经营最重要的是一个方向性问题。创新，就是让我们选择正确的经营方向，不断开拓新的利润空间。在今天，经营者作为一方市场的将帅，能否成功，最关键的在于能否创新、能否突破思维的局限和个人的瓶颈，更有效地整合各种资源，为企业创造更多的利润。蒙牛集团董事长牛根生说过，资源的98%是靠整合而来的。更进一步地讲，应该是98%的资源是靠2%的创新整合出来的。一个企业能够调动多少资源，在于企业的经营眼界，而有什么样的眼界，就决定企业有什么层次的创新思维。一个封闭的企业，不管其如何开动脑筋创新，其资源的整合范围也无非就在那一亩三分地内；而具有开放胸怀、更宽眼界的企业，其拓展资源的思路总是放之四海，其创新思维就是用全球资源满足全球市场，在全球范围内消化成本，赚取全世界的利润。

创新事关企业的发展大计，创新的作用尤其是经济成效有时需要一定的时间来支持。许多创新在短期内不一定能见到实际效果，而且还会冒一定的风险，这就要求企业从长远发展来考虑，不要只图一时之利，而放弃长远战略的实施。创新有没有风险在于所选择的经营路子对不对，创新有没有利润在于整个经营决策论证是否合理充分科学。如果企业仅仅从自身利益出发，为了短时赢利而不考虑客户的利益，甚至打着创新的招牌，利用各种手段蒙骗消费者，这是“伪创新”而不是真正的创新。一旦消费者发现自己上当受骗，就要将企业推上市场审判台。

对于技术型企业来说，在提升产品性能与质量、降低产品成本的过程中，尤其重视对创新的运用。然而，现在技术发展、技术普及的程度都相当高，在一定层次上抬高了创新的门槛，使创新的难度越来越大，如果企业长期投入大量的人力物力，无法取得创新上的突破，反过来就会拖累企业，使企业步履艰难。其实，创新并不那么高不可攀，如果注意循序渐进、持续改进，创新又是非常容易的事情。因为真正的、彻底的创新并不多，现在多数的创新无非是持续改进和“合成”的结果。对于企业来说，颠覆性创新、突破性创新都是由持续改进日积月累的，只要在改进的过程中逐步把握新的事物规律，坚持将正确的路子走到底，终究会结出硕大的创新果子。

持续改进最先用于生产环节，以改善产品质量，并降低成本。过去的成本管理重点集中在生产环节变动性成本控制以及现有产品生产成本的改善和降低。比如丰田最初实施成本控制时，提出的是“过去需要由10个工人完成的工作，现在我们必须想办法让1个工人完成”，生产效率的提高，丰田并不寄希望于加大员工的强度，而是强调要通过生产作业的改进来达到目标。当时，丰田以美国通用汽车公司作为行业标杆，结合自己的实际，设定“基准成本”，通过实施标准成本，进行全方位的成本控制，成本削减确实取得了很大的成效。但新的“基准成本”推行后，成本削减的速度却大不如从前。为什么？因为在生产环节，成本的改善和降低是有一定极限范围的，随着时间的推移，成本改善和降低的投入所产生的边际收益会不断减少。这表明，传统成本管理的范围比较狭窄，必须创新成本思维，才能开拓新的更宽的成本管理之路。

●从相关因素入手控制成本

效能代表企业软实力运作的方向，成本效能不在成本本身，而在相关因素。

——软实力“成”语

企业的一切成本管理活动必须以成本效益作为指挥棒，投入的成本既要有必要性，保证生产经营管理正常运行，又要讲合理性，不能过度投入，要保持从紧开支，节约从事，确保效益的最大化。成本绩效追求“尽可能少的成本付出”。“尽可能少的成本付出”，并不是单纯地控制成本，也不是简单地节省或减少成本支出，而是运用成本效益观念来指导运营。比如设计新产品或者改进老产品，如果消费者希望在产品的原有功能基础上新增某一功能，这样改进就会使产品的市场占有率大幅度提高，那么，尽管为实现产品的新增功能会相应地增加一部分成本，只要这部分成本的增加能提高企业产品在市场的竞争力，最终为企业带来更大的经济效益，这种成本增加就是符合成本效益观念的。这是一种新的成本观念——“花钱是为了省钱”，也是成本效益观的体现。

1987年，库珀和卡普兰发表了一篇题为《成本会计怎样系统地歪曲了产品成本》的文章，首次提出“成本动因”（cost driver，成本驱动因子）的理论。成本的本质是一种动因函数，是不同因素（自变量）相互作用、合力驱动的结果。传统的成本观点认为，产量或者业务量是发生成本的唯一动因，或者说，对成本分配起决定性的制约作用，由此就产生了变动成本和固定成本的划分，形成了量本利分析、基于产量的弹性预算等成本管理方法。

库珀和卡普兰站在多重动因影响的角度，对传统的唯一动因观点提出了异议，将成本动因归纳为五类：数量动因、批次动因、产品动因、加工过程动因、工厂动因。按照库珀和卡普兰的多重动因理论，扩大了传统成本管理的因素影响和分析范围，从而为创新成本管理开辟了新的途径。比如，按照作业成本法（ABC法——Activity Based Costing）对成本动因的分析，企业成本可划分为由业务量动因驱动的短期变动成本（如直接材料、直接人工等）和由作业量动因驱动的长期变动成本（主要是各种间接费用）。基于两种因素对作业成本的影响，企业的成本控制就可以跳出传统的简单减法，可考虑通过实现扩大一定经营规模来进行单位成本的控制，用现在的话说就是做大规模，摊薄成本，因为通常较大规模比较小规模更有利于降低单位产品成本。同样，按照成本多重动因理论，采购费用支出不只受采购数量所制约，还与采购次数有关，大量采购能降低单位采购成本；营销费用支出也不只受销售数量所制约，还与销售批次有关，大量销售能降低单位产品负担的营销费用。对这类问题，若能分析出各动因（自变量）与成本（因变量）之间的关系，建立成本函数的具体模型，即可进一步运用数学方法确定最优经济规模。

按照成本多重动因理论，影响成本不仅有客观因素，还有人的主观因素，甚至在一定条件下，人的主观因素对成本驱动起决定性的作用。所以，成本函数可表示为：成本＝f（客观动因、主观动因）。为什么现在很多企业在成本管理中强调员工参与的主体性、能动性和创造性？比如推行全员成本管理、实施全员成本控制，就是基于成本主观动因的考虑。实际上按照业务流程运作所发生的成本，应该是必须的客观成本，而由于员工的价值观、做事作风、工作态度和责任感、办事能力、对成本管理的认知以及团队中的组织沟通等主观因素所形成的成本，是最难把握的，也是最难控制的，因为这类成本多属于隐性成本，在短时间内很难看出来。要控制主观成本，必须加大成本管理责任建设，落实成本控制责任，建立目标责任成本，将成本指标分解落实到岗位、班组和每个员工，建立强有力的成本指标执行和考核体系，将主观成本风险控制在严密的制度流程之中。

信息技术的发展，为企业带来了新的生产和管理手段，也使全球经济日趋一体化，全球化的采购、生产和销售，这些变化深刻地影响着企业的利润和成本。在这种背景下，企业成本管理必然出现新的发展态势，产生新的获取利润的策略。

成本新策略一，从成本的多重动因入手控制成本，而不是仅仅聚焦于产品的制造成本。因为产品的知识含量增加，产品成本的发生，有的与产品数量（生产工时）相关，有的与非产品数量相关。所以，企业就必须按与成本发生相关的其他因素去追溯计算成本。

产品的生命周期并不只限于市场的持续时间，应从产品概念的产生和产品的设计开始算起，直至企业放弃与该产品相关的一切业务活动为止的全过程。整个过程各环节都有成本发生，比如设计开发成本、制造成本、使用维护保养及废弃成本。因此，企业成本控制要跳出制造成本范畴，从产品全过程进行成本控制。

成本新策略二，成本可以控制更可以避免。所谓成本避免思想，就是不要等到成本发生了再来节省，也就是说，在成本没发生前，就采取了严密的控制和保证措施，做到精细管理、精确生产、精益创效。传统的降成本措施往往偏重于事后的改进、节省，这很难从根本上避免成本的发生。其实，生产过程除了必要的成本投入，很大一部分成本发生时由于生产组织不严密造成的，就是浪费。现在流行的精益生产，就是从避免成本、杜绝浪费的角度来组织生产作业的，比如即时生产，倡导“零库存”，就可以尽量避免所有的存货成本；全面质量控制，倡导“零缺陷”，就可以避免几乎所有的维修成本和因产品不合格带来的其他成本。

成本避免的思想体现的是一种主动的、预防性的成本控制，从管理优化的角度去探索成本降低的潜力，强调事前预防重于事后调整，避免不必要的成本发生。这种高级形态的成本降低需要企业在产品的开发、设计阶段，通过重组生产流程，来避免不必要的生产环节，达到成本控制的目的。

成本新策略三，辩证地看待时间、成本和利润三者之间的关系。在价值链的各个阶段中，时间所体现的就是效率，是影响成本发生的一个重要动因。现在是一个速度制胜的时代，凡事都讲效率，讲快速应变。在市场节奏加快，产品周期变短的情况下，企业要想实现持续赢利，就必须快速掌握商机、快速研发、快速生产、快速投放，快速占领市场，这样才能在行业中处于领先地位，并迅速捞到第一桶金。运转加快了，企业资金就能快速循环，相应的一些费用也能得到快速消化，即使有时需要投入更多的成本来推动新产品上市，但是因为及早地抓住了商机，使企业快速赢利，这一点成本付出也是值得的。

成本新策略四，将成本效益的理念渗透到企业的每一个环节。成本效益的理念是站在企业战略的高度，不仅包括生产过程中的各种有形的物料及人力的消耗，还包括企业的规模、市场开拓、企业内部结构调整等无形的成本动因。这就要求企业全员对成本效益有充分的认识和把握，将成本效益观念渗透到企业的每一个部门、每一个环节，这样才能相互协调，共同努力，合理控制成本，追求最大利润。

总之，一个合理的成本对于一个企业的获利是至关重要的，而成本优势的取得绝对不限于成本本身，应从战略的高度去看待运作成本，使企业每一项工作的代价更趋合理。

创新流程
提升运营绩效，加快资金流速

成本是硬实力，业务流程设计得合理，成本就可以变成软实力，像水一样在流程中自由顺畅地流淌。流程是企业软实力整合资源的模子，充满价值创造的业务流程能够持续整合成本，保证成本运作的效能和效率，提升成本的内在价值。

●为成本铺设快速运转的跑道

要提升成本增值的频率，就得让硬成本变软，就如让石头在水上漂起来一样。

——软实力“成”语

生产力决定生产关系，这是众所周知的政治经济学原理。纵观历史，每一次社会的进步无不是由先进的生产力推动的。信息化技术作为一种先进生产力，正日趋深入影响企业组织和管理，在信息化技术推动下引发的企业技术管理变革，最典型的就是业务流程再造（Business Process Reengineering，BPR）。在20世纪90年代，美国麻省理工学院教授迈克尔·哈默（Michael Hammer），在《企业再造》（*Reengineering the*

Corporation）一书中对“业务流程再造”是这样定义的：“从根本上重新思考并彻底重新设计业务流程，以实现在关键业绩上，如成本、质量、服务和响应速度上，取得突破性的进展。”

现代化的企业生产作业将信息技术与业务流程合二为一，业务流程是资源流动的链条，信息技术则是这个链条上的高精密润滑剂。沃尔玛高度发达的物流系统，其核心就是先进的信息技术，如果将沃尔玛以卫星定位为代表的信息系统卸掉，沃尔玛的业务流程立马就陷入瘫痪，也无法精确控制其庞大的零售帝国。过去是机器“解放”人，现在是信息技术精简人。福特公司通过运用信息技术，实施了业务流程再造，其采购人员就减少了80%。据国际信息化组织公布，目前全球有62%的公司通过引入信息技术，成功地进行了业务流程再造。根据信息技术的内在理念和运行要求，变革业务流程，对流程优化、简化或重新设计，可以使生产组织协调更加紧密、合理、精确，更经济更有效率，最终为企业带来巨大效益。

流程创新的主要作用体现在两个方面：一是贴近市场。企业业务流程再造要达到预期目的，必须根据市场来配置作业流程，在充分了解市场的前提下，反思各作业环节有哪些不适应市场的地方，然后对症下药，通过信息软件的优化来推动流程的改造，从而创造更加简洁有效的流程。二是减少成本。业务流程再造一个显著的特点，就是在全过程突出全面质量管理，从市场调研阶段开始就保持精确的成本投入，做到不多避免浪费，也做到不少保证质量；由于信息技术的无缝衔接，剔除了作业过程中无效作业环节，也就避免了不必要的投入；信息化催生了扁平化管理，减少了管理层级和管理机构，实现了资源共享、即时沟通，从而提高了工作效率，也降低了成本的投入。

流程创新是全方位的，包括生产经营过程的各个方面、每个环节，企业在全面调查研究和细致分析的基础上，重新设计和安排企业的整个生产、服务和经营过程，对其中不合理、不必要的环节进行彻底的变革，使整个运营更合理更科学更有效。流程创新，其步骤如下：

1. 分析、发现问题。按照企业现有的作业程序，精心制作周密细致的业务流程图，根据新的市场要求，对原有流程进行全面的功能和效率分析，发现其存在的问题。按照惯例，有什么样的市场需求和技术条件，就有什么样的作业程序。当市场需求、技术条件发生变化时，如果现有的作业程序难以适应就应当重新设计或改进，否则，作业效率或组织结构的效能就会降低。

2. 重新设计、改进。流程设计讲究科学、合理、经济、效率，广大员工是流程的直接作业者，他们对流程的效能、结构和存在的问题最为了解，企业要创新业务流程，少不了员工的直接参与，因此，企业要想方设法做到群策群力、集思广益、鼓励创新，给予员工参与决策的权力，对于员工提出的流程改进建议，既要进行适当的激励和及时的反馈，还要从成本、效益、技术条件和风险程度等方面进行评估，在可行的基础上将不同的建议综合成可行性强的改进方案。

3. 制定规划，完善组织。流程再造方案确定后，就要有配套的组织改进，比如按照新流程就要完善相应的组织结构、人力资源配置、业务规范、沟通渠道。深知企业文化，企业要及时跟进，制定相应的组织改进规划，与流程再造一起形成系统的企业再造方案。当然，流程再造是核心，组织改进是保证，只有二者相辅相成，才能保证企业整体再造的成功，也才能使流程从根本得到改进。

4. 系统组织，稳步实施。企业再造，实际上是对企业内部人员一次利益的调整，肯定会触及一些人的利益，有反对声音在所难免。因此，企业要慎重考虑，周密部署，稳妥进行。既要克服各种观念阻力和利益障碍，坚定改革的信心和决心，又要积极做好宣传思想工作，通过多种形式在全体员工中开展形势任务教育，讲清改革的利和不改革的弊，让员工了解改革、支持改革、参与改革，以保证企业再造各项工作的顺利推进。

生命在于运动，成本在于流动。在经济动荡、高度不确定的环境下，各企业都在暗中较劲，加快资金周转，降低成本费用。企业要化解高成本压力，必须重视业务流程的创新，在变革过程中，要注意发挥团队的力量，及时聚合员工的创意，跳出同质竞争，化解成本压力，创造新的价值。这就需要企业发挥团队精神，心往一处想，劲往一处使，形成强大的软实力。这种软实力表现为彼此借力、共同出力、群策群力，是内部与外部无缝隙对接，内部之间协同运作的结果。

对企业来说，应对成本高压，并不是储备，不是收缩，更多的是要放开，是要变革创新，是要比平时跑得更快些。企业最需要的是正向现金流，但市场萎缩，需求下降，成本又居高不下，怎么办？唯一的办法就是创新流程，强化流通，迅速将产品消费掉，而不是变成库存。即使变成库存，只要能保证原材料价值，哪怕降价少赢利，也要将它迅速处理。遵循这种快动法则，亏损的企业可迅速赢利，薄利的企业能迅速增加利润。

如果企业有资金沉淀在某个角落里发霉了，就要把它挖出来。资金是企业的血，要让它流动起来。在经济的冬天，企业最缺的是资金，最浪费的也是资金。反应慢的企业浪费最大，反应快的企业可加速资金循环，赢得更多商机。危机下的生存，赚钱要放在第一位，也不要让钱变成库存。现在所谓的冬天就是现金流不够，然后才是考虑成本问题。所以，企业要造血，要让血流动起来，要想尽办法节省成本。

在产品过剩的时代，任何一种产品都是过剩的，如果不加速周转，企业将有可能被困死。运转速度直接影响利润，只有速度快，才能利润多。

●灵活机动的成本应变力

> 速度制胜的时代，成本软实力体现在灵活应变力和快速周转力上。
>
> ——**软实力“成”语**

竞争的速度快是现在市场环境的一个最为突出的特点。速度制胜，企业如果反应慢，就要被市场淘汰；而“快”并不是萝卜快了不洗泥，要求企业不仅要反应快，更要快速准确反应。比如获取订单、执行订单与交付订单的所有环节都必须准确，如果哪个环节粗枝大叶，不够准确，将会给企业带来更多的麻烦和难以估量的损失，因为高速运转中的企业只要有一个环节不准确，都可能导致库存失控，进一步加重企业负担。

亚信近几年的电信软件业务之所以快速、稳健增长，成为这个市场的最大供应商，年销售额达到10亿元人民币，很大程度上得力于流程创新，建立快速反应机制，而且非常准确。亚信的服务团队，有员工2000多人，其中技术服务团队1400人，他们就像亚信的神经触角扎进客户，随时满足客户需求，更能敏锐地捕捉住客户和市场点滴变化，让企业从整体上随时作出响应。拿分析系统（BI）业务来说，早在2001年，亚信就清晰地看到电信市场的竞争会越来越激烈，客户对“我的用户在哪儿”、“如何让用户选择我的产品”、“用户为什么放弃我”这三个问题就开始表现出极强的个性需求。于是，亚信就迅速行动，很早就投入BI的研发。不仅帮助客户找到用户群在哪儿，还能帮助客户分析用户的特点，满足其个性化需求，成功地实现了对用户的精细化营销。

面对高成本压力，企业既要放下思想包袱，又要放下组织包袱。这既是缩减成本的需要，更是创造轻松环境、激发员工创造力的需要。其实，企业最大的成本不是直接支撑产品价值的那部分投入，而是企业管理资源、运作资源那部分的过程消耗，也就是效率成本。就像寒冷的天气，有活力的人穿得很少在户外运动一点不觉得冷，甚至在冰天雪地里冲凉，在大江大河中裸泳，朝气蓬勃，热血沸腾。为什么？就是周身的机制处于运动之中，因而能抵御严寒，这是最根本的御寒之道，也是最低成本的过冬办法。

企业应对经济危机，最根本的方法是“形散而神不散”。所谓形散，就是将企业组织缩小到最佳状态甚至虚拟，这可以减少企业庞大的管理支出和巨大的效率损耗；所谓神不散，就是说，员工虽然处于“自由”状态，但是，企业可根据需要随时整合员工的智力资源，集中精力办大事。

高成本环境下的运营，最大的风险是不怕货销不出去，就怕货积压。产品价格的整体趋势处于下降通道，即使偶尔有点上涨，也是下降通道中的上涨。这种情况下，如果手上有货，很容易产生亏损，给企业带来风险。一旦货物积压，造成的损失是连贯性的，这批货销不出去，就影响资金周转，使下批货无法及时组织，也加大了管理、营销费用，冲击着后面的利润。企业运营就好比一个螺旋式的时间链条，当前面的循环圈因某个环节不畅而停顿下来，后面的循环圈就跟不上来，前面的运转停滞越久，后面运转的次数就越少，由此整个运营就会逐渐陷入恶性循环、高成本循环。

传统经济是以标准化、规模化、效率化和层次化为主要特征的，而新经济方式追求的是差异化、个性化、网络化和速度化；生产方式及消费行为的这种变化与技术差异逐步缩小、产品日趋同质化的冲突，不仅加速全社会范围内的产品更新换代，也迫使企业在运营方面进行更多的变革。

加速运营必须始终坚持两个原则：一是零库存。存货就意味着市场给企业报警，坚持零库存理念，企业运转就没有包袱，就显得轻松自如，就有更多的精力和财力应对市场变化，因此，即使在市场萧条的时候，哪怕亏本，企业也要想方设法快速将存货处理掉。二是第一时间。对于每一笔业务，企业都应该以最短的时间、最低的成本为客户提供最大的价值，就是海尔所说的“日事日毕，速战速决”。零库存是目标，第一时间是动作，就是说，要保证零库存，必须在第一时间将货物处理掉。当然，第一时间不仅要求快，更要求准，就是要在第一时间精准把握客户需求信息，在第一时间实现精益营销，这也可避免不必要的浪费。

在国内，海尔称得上是最早推行“第一时间”理念的企业，这主要集中在其独特的“市场链”模式。“市场链”模式的核心是“人单合一”，就是人与市场的无缝隙化对接。海尔把过去的金字塔结构推倒，对所有流程进行了全面的、突破性的重新设计，使之不再“支离破碎”。再造后的组织主要不是依靠“分工”和“职权”来运作，不是“谁大听谁的”，而是根据工作流程间的“配合”和“衔接”关系来运作，并主要遵循“谁重要听谁的”原则。同时在基层设立了对流程工作全面负责的流程员和流程团队，不同的业务流程之间通过市场链咬合起来，不管是核心流程，还是支线流程，都有自己直接的“客户”，流程的工作方式是针对客户的要求“直接做”，而不是“等待向领导请示后再做”，即每一个流程都有一个市场，每一个流程都与市场零距离，每一个流程的效益都由市场支付，这样可大大提高流程的积极性和回应市场要求的速度。

企业与顾客竞争，就是要以顾客为中心，要从顾客的角度去寻找顾客最需要的是什么，根据不同顾客的需求来决定企业的营销方式与营销内容，从而成功地体现不同顾客间的差异，从而增加商机，实现企业赢利目的。其实，与顾客竞争就是企业通过正确的渠道，在正确的时间，对正确的顾客，提供正确的内容。

现在，IBM 倡导的经营理念是随需应变，其含义是：“由于信息的爆炸式增长，使得企业保证在第一时间得到精确的信息成为它们保持竞争力的关键，其中涉及三个要素：信息、人或流程以及时间，只有三者能流畅地配合，即实现了在需要的时间能立刻将正确的信息传递给需要的人，才表明企业的信息系统已相当完善，这就是 IBM 的 Information on Demand 要达到的目的。”

信息随需应变（Information On Demand，IOD）是信息化时代创造的一种全新企业应用信息的理念，是从信息化思想中提炼出来的先进流程理念，其核心要旨是在正确的时间，以最正确的方式和流程把最可靠的信息传递给需要信息的人，来帮助他们把握商业机会，确保获得核心优势。

随需应变在于贴近市场、贴近顾客，迅速反应，实现有价值的创新，满足顾客个性化需求。信息随需应变，管理将业务和信息融合成为一个统一的、密不可分的整体，业务和信息的融合创造更高的用户价值和赢利能力，这种融合为企业带来成倍的回报。信息和业务的融合，给信息赋予了业务的商业含义，而业务同时又扩展了信息的技术内涵。信息的商业价值包括两方面的含义：一是成长与创新，企业通过创新，获得充分的发展动力、持续的赢利以及良好的口碑。二是卓越的运营，通过改进业务流程、降低运营成本、提高管理效率，从而获得更多的利润。

创新业务
利用合作使价值链持续增值

利润是企业存在的根据，但是价值才是企业存在的意义，没有价值的合作就是对资源的浪费。以软实力整合资源，就是在将企业原有的产业链上升到价值链的高度，构筑行业生态圈，在共赢的前提下，创造出能长期控制、比竞争对手更擅长、具有特殊价值的关键业务。

●可持续发展的价值链成本控制

成本一旦与价值结盟，就能迅速从硬实力中解放出来，释放出巨大的软能量。

——软实力"成"语

美国战略管理学家波特认为，企业的每项生产经营活动都是其创造价值作用的经济活动，企业所有的互不相同但又相互联系的生产经营活动，构成了创造价值的一个动态过程，即价值链。

价值链从原材料采购供应开始，接着依次是零配件的生产、制造和装配、批发分销，最后是零售产品或服务到最终用户。价值链的各项业务活动彼此联系，企业价值链内部如此，企业价值链与供应商的价值链也是如此。这个链条蕴藏着一定的利润空间，因为在开展各项业务活动，在进行价值创造时，除了必需的成本投入外，还存在物资进购所承担的价格部分。价值链上的任何业务活动都有成本支出，都要耗费企业的资源，把企业的运营成本和资源耗费分摊到价值链的每一项活动中，就可以算出每项活动的成本。

价值链的重要职能就是用共同的价值创造，将企业业务流程分布的包括生产、营销、财务、人力资源等在内的各项职能环节有机地整合起来，对各个环节进行计划、协调、监督和控制，使它们结成相互关联的整体，真正按照价值链的特征运营业务流程，使得各部门各个环节既紧密关联，又能自主处理资金流、物流和信息流。

价值链的本质就是要使业务链上的资源增值，而资源增值是通过提高效率、避免浪费来体现的，这就决定企业必须按价值链的要求优化核心业务流程，降低企业组织和经营成本，提升企业的市场竞争力，最终是为企业赢得更多的利润。价值链是与业务流程相匹配的，通过价值链和信息技术，企业可建立一套与市场竞争相适应的、数字化的管理系统，从整体上降低组织成本，提高业务管理水平和经营效率，实现资源增值。

要成功实施价值链，就必须把企业的外部价值链与企业的内部价值链有机地整合起来，形成一个集成化的价值链条，环环相扣形成一个一体化的管理体系。这是因为价值链并不是一个孤立业务活动的简单集合，而是一个有机的系统，其内在活动相互依存、相互影响。

在企业内部，各种业务活动因为共同的价值创造而紧密相连，并串成一个价值链条，并不断将成本演化成不同的形式。由于各项活动都存在于一条价值链上，从企业整体运行来看，就有必要对各项活动进行优化和协调一致，以此塑造企业整体的竞争优势。所谓优化，就是各项活动要从企业整体目标的实现出发，做到顾全大局，甚至牺牲局部，这叫取舍权衡。所谓协调，就是让各环节保持一致的运作方向，或者所有资源都向最能增值的环节集中，从而凸显个性价值或降低成本。

企业与供应商之间的价值链联系，为企业改善货源配置、优化运营管道扩大了空间。一方面，供应商为企业的组织生产提供及时、便利、充足的原材料；另一方面，企业通过供应商的讨价还价，可以最大限度地降低成本，为产品的制造、投放奠定低成本基础，从而增强产品在市场上的竞争力。不过，企业与供应商的关系处理必须做到合作共赢，不要过分地压低供应商的报价，要给供应商合理的赢利空间，只有通过这样的利益共享纽带，才能与供应商长期保持稳定合作的关系。

从利润的角度看，价值链始终坚持顾客导向原则。无论是企业与供应商的价值链，还是与销售商的价值链，都以顾客需求作为价值链各项活动的决策标准，进货要讲优质低成本，才能满足顾客的低价需求，生产要讲高质量，销售要考虑为顾客提供更多附加价值的服务，这样才能不断提高顾客满意度，进而建立持久的顾客忠诚。

顾客价值需求决定价值链运作，价值链各环节的细节执行影响顾客满意度。所以，企业价值链的营运一定要做到精细严谨，做到全过程、全环节、全系统、全员的管理，出不得一点纰漏，各环节的业务衔接要做到严丝合缝。满足顾客价值需求，是全价值链的共同追求，产品能否赢得顾客青睐，要靠全员协同，共同努力。

顾客提出价值需求，员工执行价值创造。在企业内部，一切工作都靠员工来承担和执行，工作质量取决于员工的工作态度、责任心和智力的发挥，而领导是为员工高质量完成工作提供服务的，所以，企业领导者要视员工为顾客，通过提高员工满意度来提高顾客满意度。在价值链上，各环节要树立“下道工序是上道工序的顾客”的观念，强化内部服务意识。

用“全成本”观念统率价值链。所谓“全成本”观念，都是从顾客的角度考虑的，不但考虑顾客的购买成本，而且要考虑顾客的使用成本，不但要考虑内部制造成本，而且要考虑外部社会成本。企业要树立产品全周期成本观念，从产品设计研发开始直至产品报废，都要尽最大努力为顾客降低成本，通过缩小顾客对产品或服务所愿支付的价格（即顾客对价值链活动的心理效价）与价值链活动所耗成本间的差距赢得企业利润。

创新价值链接，就是通过不断完善、强化企业的内部价值创造系统，以持续、高效的价值创造能力，达到企业的利润目标，而不以广告、促销的宣传取胜。对企业来说，这是一种可持续发展战略。

科特勒曾说：“制造商希望价值链合作，该合作产生的整体价值链利润将高于各自为政的各个价值链成员的利润。”价值链的一个重要原则就是避免与各价值链成员之间的竞争，而以合作的形式促进价值链的增值。

价值链之间的战略合作，谋求的是塑造整个价值链的竞争优势，让价值链各成员都因此而受益。成本最低，向消费者提供与众不同的产品和服务，是价值链的主要竞争优势。拿成本降低来说，不仅要求生产厂家要努力降低产品成本，同时要求价值链中的每一个成员都要不断地降低成本。

厂家与商家之间的合作关系到资源能否实现增值，这个环节是价值链上最为关键的一环，也是增值潜力最大的环节。波特在《竞争战略》一书中指出，厂家面对商家的是其作为购买方的砍价实力问题，即厂家与商家之间的利益分配问题。价值链合作并不是要改变价值链的原有结构，而是将价值链成员之间由松散的、利益相对的关系变为紧密的、利益融为一体的关系，这种关系可以消除厂家与商家为追求利润而酿成的冲突，厂家与商家结成利益共同体，共同致力于追求企业的利润，由于有时互补，从而减少重复服务，增加经营利润。

科特勒指出：“当生产商进入一个新市场时，价值链的选择是一个至关重要的问题。”厂家进入新市场时，如果迟迟打不开市场，则必然会给企业利润带来不利的影响。尤其是在进入品牌和供应关系已经确立的竞争市场时，这种风险会更大。在进军新市场时，厂家应该考虑积极稳妥的销售策略，有实力的企业可以建立自己的直销系统，实力不够的企业可以利用销售商已经建立起来的价值链网络将产品迅速地铺向市场。

对于合作的厂家和商家来说，商家把握着企业价值能否实现的最为关键的环节，商家在选择产品的样式、功能以及什么样的产品上更有主动权和话语权。由于商家直接面对市场一线，了解顾客需求和市场走势，掌握的信息充分全面。如果厂家能按照商家的意见设计和生产产品，就能更好地满足消费者需求，实现双赢。当然，商家也要及时给厂家反馈市场信息，便于厂家及时为商家提供及时充足的货源。

对企业来说，价值链越长，其业务所经过的环节就越多，所花费的成本就越高，这样不利于最终价值的实现。因此，缩短价值链是价值链优化的必然趋势，尤其是厂商合作之间的价值链应倡导扁平化运作，链条越短，成本越低，效率越高，冲突越少，沟通协调越方便，更加可控。当然，价值链作为一种商业运作，也存在一定的风险，厂商合作某种意义上讲也是化解风险、共担风险。比如现在流行的预购、集中采购以及商业资本向产业资本的渗透，就是厂家与商家共同经营、共担风险的一种体现。

不同的企业，其竞争优势也不一样，各家都有自己最擅长的核心业务，反映到价值链上就是独特创造价值的能力。价值链的优化和协调，就是为了共同的价值创造，通过战略合作联盟等形式，将不同企业的核心能力聚合起来，朝着资源价值最大化的目标而各尽所能。战略联盟最大的好处就是改变了传统的“你死我活”的竞争模式，通过纵向产业链的协同与横向竞争对手的合作，共享价值链创造，大家共同受益，用共同的力量降低成本，增强彼此的竞争优势，实现增值、共赢。

●整合价值链，低成本抵御风险

软实力整合出来的价值链，危机下相互帮扶，可以不计成本，甚至不费成本。

——**软实力“成”语**

南极的企鹅群有抱团取暖的习惯。圈子中心的企鹅总是不断绕到外围，为外围的企鹅取暖。这个过程让它们之间热量循环传递，最终所有的企鹅都活了下来。在经济不景气的时候，广大企业尤其需要抱团御寒。因为价值链上各环节唇齿相依，环环相扣，大家只有相互支持，诚信联盟，形成利益共享、风险共担的利益共同体，才能共同抵御寒流。

企业抱团就是整合资源。资源整合可以加强企业抵御外部风险的能力。抱团式的资源整合就是把各种分散的资源利益主体，以经济利益为纽带，结成一个既有共同使命又有独立责任的命运共同体，形成1+1>2的效果，使各企业获得整体实力的提升，从而强实体魄，增强抵御风险的能力。抱团式的资源整合加强了价值链上各环节的联系和资源朝共同方向集结，改变了各自为战、单打独斗、相互消耗的恶性竞争局面，在一定程度上抵消了同业不正当竞争所导致的人力资源、物料供应、市场份额等相互冲突所导致的浪费，从而节省开支，集中力量共渡难关。

资源集结，抱团整合，在经济不景气的情况下最能形成，其中以并购最为典型。金融危机肆虐期间，美国市场所受到冲击最大，也加速加大了企业间并购式的资源整合。2009年第二季度AT&T就斥资9.44亿美元收购无线设备提供商（Centennial Communications），以2.75亿美元现金收购WiFi服务提供商Wayport，这种并购抱团促成AT&T一举成为全球提供WiFi服务的“巨无霸”，不但拯救了同业，也形成了抵抗风险的雄厚实力。

抱团式并购不仅风行美利坚，在世界各地市场也大行其道。在欧洲市场，全球主要的移动通信商沃达丰对南非Vodacom集团实施控股；法国电信在英语系国家开展大规模的并购活动。在亚洲市场，李嘉诚控股的和记黄埔筹划收购爱尔兰最大的电信公司Eircom的资产；日本最大的移动运营商NTTDoCoMo则有意以2600亿日元（约27亿美元）的代价买下印度塔塔电信约26%股权。

金融危机对国外企业的最大影响是利润缩水、成本增加、消费市场疲软、投资减少等。金融危机造成全球市场一片冷清，很多企业效益迅速下滑。西班牙电信Telefonica2008年第三季度的净利润同比就下降了50%。有专业人士分析，这个时候是收购企业的最佳时机，因为被购企业处于经营最为艰难的时候，一则资产大大缩水，二则企业因赢利能力减弱造成身价难以提升。这时候进行收购，虽然有点“趁火打劫”的味道，但是成本最低，对投资有利。而且在经济冬天里收购，既是救同业，也是壮大自己，增加自身实力，对布局全球或扩充实力有极大的促进作用。不在危机中爆发，就在危机中消亡。这句话是对经济危机下企业间资产重组命运的高度概括。经济萧条下的并购，又称“抄底”，就是一家企业收购另一家企业实行“一锅端”。通过“抄底”，参与收购的企业一夜之间可以变成“超级无霸”，而被购企业则可能匿迹消亡。

如果一条产业链各环节缺乏共同的价值创造而各自分散，那么，这条产业链很难进化为价值链。一条产业链也是一条资源流动链，资源能否增值，往往取决于产业链的终端环节。产业链的终端环节应该是产业链上所有资源流动的目的地，也就是说，各环节都按终端环节的指令进行资源优化整合创新，达到要求后依次送往一个环节，最后终端环节就成为所有资源的集结地。当然，终端的资源集结不是松散的资源集合，而是形成具有价值创新的整体性的产品，资源集结考验终端环节的资源整合能力，这种整合就是要将所有环节的价值创造精华有机地融合在一起，才能增强企业或产品的整体价值竞争力。从这点看，产业链的竞争不是某一个企业的竞争，而是企业整合资源能力的竞争，只有融合了产业链上的每个企业，使这些资源高效流畅地运行，才能使企业更具竞争力。

在整个产业链分工上，创维处于终端环节，也就是将产业链的资源集大成者。以前，创维与供应商的关系是简单的买卖关系，纯粹靠竞争规则维持，选择哪家供货完全是货比三家，即哪家最便宜就买哪家，这种做法对短期内降低成本无疑是有效的，但对于未来应对不确定的风险未必有利。为了企业的未来竞争，从 2003 年起，创维开始在产业链上找走得比较远的伙伴合作建立战略联盟关系。如在面板领域，创维选择的合作伙伴是 LGD。从 2005 年至今，这种产品的市场不断波动，但无论遇到何种情况，LGD 都会优先考虑创维的需求；而创维不论面对怎样的价格诱惑，也从不改合作的初衷，从未选择过其他企业的产品。

管理大师迈克尔·波特认为，在这瞬息万变的数字经济时代，企业已无法对各项事务做得面面俱到，而加强供应链上下游的整合关系与适度地将服务性事务外包，无疑将会是企业面对变化、保持领先地位的关键所在。

正当美国金融危机扩散之际，2008 年 8 月 28 日，世界最大的家居连锁品牌瑞典宜家南京店正式开业。目前，瑞典宜家的产品销往 100 多个国家，在 40 个国家建立了 243 家宜家超市，每年营业额达数百亿美元之巨。

宜家是一家资源整合型企业，尤其注重境外产业链的资源整合，先是境外采购，后来发展为国际生产外包。从产品链全程看，宜家善于从源头保证生产质量，把核心的产品设计部门放在瑞典，每年设计 1000 种不同类别的家居用品。家具制造都采用外包，供应商必须按照图纸来生产，制造商都必须保证是遵循宜家的设计和宜家的质量标准。宜家成功的核心诀窍就是实施全面的供应链管理和低成本的外包业务，通过分布在 32 个国家的 44 家贸易公司，以及分布在全球 55 个不同国家的 1300 个供应商，将外包地和销售市场在空间上实现协调一致，保证了全球业务高效、敏捷、低成本的正常运作和发展。

随着市场分工的不断细化和专业程度提升，价值链各环节得到进一步的深度分解，于是，那些具有一定竞争优势和较强专业力量的价值链环节就在市场上脱颖而出，并成为新的企业而独立运作。生产外包就是对分解后的价值链所凸显的优势专业环节重新进行整合，与原有价值链上那些具有核心实力、成本较低、技术较精的企业结成战略联盟，创造新的价值链。通过价值链重组，各企业充分发挥自己在业务环节上的专业优势，整合各种竞争资源，共同完成价值链全过程的价值创造，从而大幅度地降低成本，实现更多的利润，提高自己的核心能力。

生产外包、战略联盟等新型合作方式推动了价值链的重组，为企业从繁忙的“大而全”的业务中解脱出来，集中精力做自己最擅长的核心业务提供了契机。生产外包使企业产生了新的经营组织模式，就是虚拟经营，已成为企业甩掉沉重成本包袱的重要方式。虚拟经营改变了企业原来盲目多元化的原始经营模式，从而紧缩自己过长的业务战线，突出自己的经营特色与竞争优势，专注于做精做强，确保企业持续稳定有效发展。

耐克公司在创立后的短短10年内迅速成为美国最大的鞋业公司，之后不到几年，年营业额就超过37亿美元，占领美国超过50%的运动鞋市场，到1992年耐克公司年销售额已达到100多亿美元，成为世界鞋业市场数一数二的公司。耐克为什么能实现快速成长？耐克的成功应归于采取了虚拟生产的方式。在鞋业价值链中，耐克公司只生产其中最关键的耐克鞋的气垫系统，而其余全部业务几乎都是由外部公司制造提供。凭借生产外包和耐克独特的设计能力，耐克公司将主要精力集中于新产品的研发和市场营销上，在全球范围制造和销售耐克牌运动鞋。可以说，耐克的经营非常轻松，既获得了高价值回报，又实现了快速发展。因为，耐克抓住了价值链上最具价值的环节，按照微笑曲线，耐克主抓的是价值高的两端——研发和营销，将低价值的制造外包给低成本的制造商，这不仅节约了大量的生产基建投资、设备购置费用以及人工费用，而且充分发挥低成本区域制造企业的生产能力，因此，耐克运动鞋能以较低的价格迅速成为世界名牌。

创新模式
以更少的投入赢得更多的回报

物理学上的杠杆系统，只要有个坚实的支点，杠杆一边投入较小的力量，另一边就能撬起很大的物体。软实力的发挥就好比一个杠杆系统，就是以小的投入获得大的产出，要实现这样的目标，就必须找到杠杆的价值和智慧支点。

●充满创意的低成本模式

用你的价值创新方案去整合别人的资源，这是最高层次的成本软实力。

——软实力“成”语

越是有价值的东西，它在全局中所占的物质分量越少。企业软实力来源于企业的核心价值。核心价值是企业最具价值的关键少数，可少到浓缩成一个圆点，微乎其微，深藏于企业芸芸众生中，乃至大隐无形。评判一个企业的实力，不在于其拥有或占有多少资源，而在于企业是否拥有自己的核心价值，能随时随地随需按照自己的意愿整合资源。所以，软实力经营的特征是从“无”到有，从少到多，成本最低，效率最高，价值最新，回报最久。一个高瞻远瞩的公司的核心价值基础稳如磐石，不会随着时代的风潮变异；在某些情况下，核心价值经历百余年而一成不变。

从整体来看，虽然各家企业所拥有的资源十分有限，但是，企业整合资源的能力是无限的。企业如何有效整合内外各种分散的资源，形成新的价值创造，对企业生存发展十分关键。企业软实力在某种意义上是企业的一种特定资源和能力，那些著名企业成功的一个重要因素，就是善于用其最有价值的东西去整合其内外部资源。

企业经营的核心是如何将创造的新价值迅速在市场上实现，这涉及商业模式的运作。商业模式的运转就是围绕价值展开，就是将价值创造、价值营销和价值提供有机有效地统一起来，最终实现企业价值最大化。商业模式的运作与顾客紧密相连，商业模式的运营成败取决于企业对顾客的价值需求是否清晰精确，比如向什么顾客提供价值，向顾客提供什么样的价值，怎么样为顾客提供价值等。

商业模式是创造价值的流程，在企业软实力时钟模型中表现为“三针”，即战略时针、战术分针、执行秒针，判断其优劣的标准就应该是创造价值的效率。具备优秀商业模式的企业为社会提供一定的产品和服务，占用（消耗）的资源就较少。商业模式也是战略执行力的集中体现。如果一个企业的战略与战略执行力相脱节，其商业模式也难称得上优秀。

美国著名投资商罗伯森指出，商业模式就是一块钱在你的公司里转了一圈，最后变成了一块一，这增加的部分就是商业模式所带来的增值部分。“说到底，商业模式就是关于做什么，如何做，怎样赚钱的问题，其实质是一种创新形式”。企业软实力的最高形态是价值创新，而价值创新很大程度上是通过商业模式这个资源运作平台来实现的。因此，一个企业最根本的创新是赢利模式的创新，在赢利模式创新这个核心的基础上，必须通过技术创新、管理创新和业务流程的创新去实现。

永和大王创始人林猷澳谈起开餐饮连锁店的成功诀窍时说：“我们至今在广告上的花费几乎为零。”按常规，搞餐饮经营，不做广告是不行的，永和大王没有在广告上投入，并不等于不做广告，那么，林猷澳是采取什么样的商业模式运作的呢？林猷澳的餐饮确实有自己独到之处，他没有按常规用营销手段来打开市场，而是看到了餐饮连锁业的经营本质——规模做大才有效益，基于此，他用自己独创的以融资为主导的商业模式来经营餐饮连锁。林猷澳这个模式推出后，李嘉诚“长江集团”下属的“长江加怡风险基金”立马就参股200万美元，占1/3的股份。永和大王在融资的同时，也借到了“长江集团”的品牌形象和管理，公司很快发生变化，成了一家公众性公司，企业各项管理迈上国际化的轨道。后来，荷兰“霸菱（Baring）”风险投资又投资近1亿元人民币。就这样，永和大王既融资又借牌，靠别人的品牌做自己的广告，不仅形象树起来了，企业也越做越大，到2002年，店铺达到50家时，永和大王扭亏转盈，连锁经营的规模效益开始真正显现，各大股东也获得了丰厚的回报。

现在是商业模式竞争的时代，经营商业模式就好比经营产品，不能一成不变，也要不断创新。创新有两种类型，一种是维持型，它的思维是新来者希望提供比既有者更好的产品和服务；一种是破坏型，利用技术成熟所带来的成本下降，给市场提供质量较好、价格便宜的东西。不难看出，林猷澳的商业模式创新属于破坏型，主要是颠覆了传统的靠营销开拓市场的观念。

地图这个行当很古老，然而中国有家地图公司把它和IT结合起来，获得了广阔的市场空间。这家公司负责人认为，“我们走到今天，如果说取得了一点成功，确确实实是在赢利模式上有一点小创新。我们有没有未来也在于我们面向未来有没有新的商业模式。”以前中国的地图业都是靠政府投入，可以高枕无忧，但是，现在走向了市场，该如何经营？该企业当时想到：地图能不能作为软件，能不能被大众复制？销售对象是谁，能不能和老百姓结合起来，结合的途径是什么？

这家企业是全国第一家以公司的形式来生产地图，这本身就是经营地图的一种模式创新。在运营过程中，该企业结合IT技术，独创用B2B的方式捆绑销售地图的商业模式。正如该公司负责人所说：“在这个市场上用B2B的方式捆绑，存在着一批高端的可爱客户，他们愿意每年付钱，这就是我们的基础。当时看到这一点我们出手，走到今天我们唯一值得骄傲的也在这儿。诺基亚卖出去一个 N95，就有我的电子地图。我要求汽车厂家给我零部件号，把我的标准地图纳入到汽车零部件采购体系，由此它可以按照汽车零部件的管理方式向我支付钱，我从来不付账。”

当当网在网上做出租、销售，当当网的商业模式其实是对传统的一些办法翻新，把传统的零售业搬到互联网上，让运作效率更高、顾客群更大。当当网的商业模式创造的就是“三更”。一是给顾客更多的选择，别的地方没有的在当当网可以找到。二是给顾客更低的价格，因为他们没有传统店面的硬性成本，可以打得起折。三是给顾客更加方便，半夜买也行，什么时候买都行。

一个企业的未来在于自身的价值，评判一个企业有没有未来，就是看这个企业能不能给这个行业、给这个社会，乃至给世界带来新的价值，能够提高行业和社会的生产效率，能够给社会带来优势，能够给国家带来优势。这是一个企业未来的根本。

商业模式是企业为达到赢利目的而设计的战略和运作体系，是企业市场价值的实现模式。如果把商业模式比做一种转换器，输入的一端是经营资源，输出的一端则是企业创造的价值。所以，商业模式的运作，就是将资源转换成价值。现在，国际上很多投资者看重的不是投资项目，而是看企业有没有具有创新性的成功商业模式。

美国 W. W. Grainger 公司是一家专营 B2B 业务的企业，经营的产品从设备、零部件到办公用具和日常劳保用品，一应俱全，其客户覆盖全球 100 多万家工商企业、承包商和机构。一直以来，该公司倡导的商业模式就是如何方便客户订货，比如设在各地的分支机构、电话、传真、印刷目录等，就是这种模式经营的体现。现在推出了网上订货，使原有的商业模式得到进一步强化。随着业务的发展，该公司不断创新模式内容，将业务引向新的地域、增加客户数量、调整价格、增加产品线和服务种类等等。

美国 Teradyne 公司是全球领先的半导体测试设备供应商，它的商业模式就是不断升级产品和周到细致的服务。创新产品赢得客户，细致服务稳定客户。Teradyne公司定期向市场推出突破性产品，不仅提高了企业竞争门槛，同时给客户的印象是这家公司有源源不断的新价值，不仅产品先进，而且服务值得信赖，综合起来，客户就像吃了定心丸紧盯着企业，这就是模式创新的魅力。

在当前全球经济增长放缓的情况下，成本居高不下，不少中国企业都在选择转型，怎么转？转向哪里？无可置疑，创新商业模式就是一条转型的捷径。经济全球化的一大特征，就是纵横交错，相互影响、相互促进。在此背景下，靠那种“一招鲜，吃遍天”的单一模式求得企业发展和利润增加的时代已经不复存在了，因此，企业必须从战略的高度重视创新，尤其要结合低碳、新能源革命等新形势，要着力创新绿色经营模式和高附加值的服务模式。

从某种程度上讲，充满创新的商业模式已成为企业的核心竞争力。商业模式的创新，说到底就是运营业务的创新、运营流程的创新、资源整合的创新，核心是通过资源增值达到企业持续赢利的目的。可以说，企业价值链有多长，商业模式的创新所贯穿的过程就有多长。商业模式贯穿企业价值链各个环节，包括资源开发、研发模式、制造方式、营销体系、流通体系等。每个环节甚至一个细节哪怕一点“微创新”，都可能演化为一种新的成功的商业模式。技术创新是商业模式创新的一部分，但创新的商业模式不一定来自技术上的创新。正如PDCA循环一样，商业模式只要持续改进，坚持从细节着手，就有可能获得关键性的突破，甚至颠覆整个游戏规则。

格兰仕，这家全球的“贴牌大王”，为什么能将微波炉做到全球市场占有率第一？它就是善于在价值链中找准自己的合理定位，针对国内国外两个市场，分别采取不同的经营策略和商业模式。在国外，格兰仕放眼全球家电产业链，定位是“全球名牌家电制造中心”，为国外知名企业打工，贴牌生产微波炉，一方面学到了人家先进的技术和管理，另一方面实现了超大规模和专业化生产，极大地降低了产品成本。在国内，格兰仕以自有品牌为主，专注于研发和制造，将物流外包给专业公司，采用区域独家代理的经销商制度。正是由于格兰仕创造了“低成本设计”的商业模式，才使得它在国内国外两个市场中如鱼得水，游刃有余。

●不为我所有，但为我所用

我有红花，你有绿叶，合在一块，就是一幅充满软实力的成本价值画卷。

——软实力“成”语

IT技术正在迅速改变着商业社会的运行规则，商业模式的半衰期越来越短，企业的赢利模式必须随着市场环境和竞争格局的改变而快速地跟进。企业必须快速变化，利用技术降低成本，提高效率；利用技术强化公司的竞争优势；利用技术与合作伙伴共同形成价值链的竞争力等等。

战略合作联盟的兴起，说明竞争的趋势正由单一企业独立创造价值向企业群体合作创造价值发展，以前是彼此孤立的价值链，现在正变成由多条价值链组成的企业价值网。在价值网中，企业以共同的价值创造追求为纽带，将不同的相关利益者连在一起，通过合作供应进行创造性的资源整合，通过有效协同，形成快速、可靠、便利的运营体系，以适应快速变化的顾客需求。

思科公司的迅猛发展，正是采用了轻松借力、合作协同的“外部资源生产法”。思科公司的这种商业模式充分发挥价值链和价值网的资源整体优势，将自己置于不同价值链的共同交点上，将产品制造全程融入到合作联盟式的价值网中，实现产品委托设计、委托制造、委托销售。通过网络联系，将价值链上的设计、供应等不同环节当成自己的一个部门来统一协调。这样一来，思科就自由舒展地玩起“空手道”，根本不需要建立自己的工厂，不仅生产能力扩大，加速新产品推向市场，而且省去了人工，每年节省开支达5亿美元。

从价值创新角度看，软实力就是整合资源，企业的硬资源和软资源必须通过软实力，才能有效地结合起来创造新价值，所以软实力在企业的价值创新中起到关键的作用。

高层次的企业软实力表现为持续的企业创意，企业软实力就像一个“点子库”、“创意库”，一旦发现潜在需求，就可随“心”所“意”整合资源。

战略合作联盟，实际上就是一种借力经营模式。国际上一些著名的企业都善于借力经营，在较短时间内迅速成为世界级的品牌。如美国波音公司以制造飞机而出名，可它只做座舱和翼尖，其他都是靠世界各地的企业来完成的。

通俗地说，软实力经营就是寻求办法解决问题。找不到办法，就学会借力，借助外力，善借于力，谓之巧。巧就是智慧和创意。《兵经百篇》中云：“艰于力则借敌之力，难于诛则借敌之刃，乏于财则借敌之财，缺于物则借敌之物。”借鸡下蛋，以蛋孵鸡；善借财势，巧妙经营，同样是企业成功的一把钥匙。借力经营是当今国际化经营的一大特点，据国际权威机构公布，以服务外包为主要内容的借力经营，对经济增长的贡献是来料加工制造业的20倍，能耗却只有制造业的20%。

“好风凭借力，送我上青天”。“最大的智慧莫过于博采众人的智慧，最高的才能莫过于善借众人的才能。”借力而行，就是当自己的力量不够时，借取别人的力量，把外界的力量集中到自己身上，以壮力前行。孟子说：“上君集人之智。”意思是说高明的人善于集中众人的智慧，形成合力。韩非子也曾说：“上君集人之智，中君尽人之力，下君尽人之能。”意思是说不同层次的人有不同的借力方式，所借之物也不同。“借力”是做事的技巧、成事的桥梁、成功的捷径。

1991年，美国学者罗杰·内格尔提出了“企业联盟体”的概念，建议企业之间以战略合作联盟的形式，实施灵活的资源重组，共同应对需求急速变化、产品周期日益缩短所带来的市场挑战。这种经营方式就是一种合作共赢的软实力战略，也蕴涵了借力经营的软实力思维。

伴随着信息化革命的推动，市场需求越来越个性化和快变化。如果说成本与规模是传统市场竞争制胜的法宝，那么，灵敏与速度则是现代市场竞争成功的关键。以借力经营为主要形式的软实力经营，克服了传统企业规模经营缺乏灵活性和个性的弊病，显示出超强的生命力。

软实力经营提倡善借于力，企业应将主要精力集中放在自己最擅长的、关键性的、高附加值的核心技术和核心业务上，将那些没有竞争优势和价值含量比较低的业务通过外包来完成，从而使企业资源效用最大化。通过战略合作联盟和价值网的立体联动，协同整合产业链各环节的资源，使处于各环节的企业都做自己最擅长的、最有专业优势的业务，这样就改变了一家企业包打天下的局面，使各企业在分工协作中做精做细做深，从而实现共同受益。

软实力经营是适应市场需求个性化、快变化的发展而产生的一种动态经营模式，强调对企业内外资源的优化整合和深度开发利用，突出整体的灵活与适应性，与供应商、生产商、顾客或竞争对手等相关利益者建立动态性的战略合作联盟，对内精简机构，对外强化协作，提高产业链联动的整体运营效能，实现共同创造财富和价值的目标。

荀子曰："君子性非异也，善假于物也。"就是说，有水平的人与常人没有不一样的地方，他们做事能取得成功，是因为善于利用别人的力量。在成本居高不下的态势下，企业对竞争的最大感受莫过于用"吃紧"二字来衡量，资源的有限性造成资源吃紧，市场的个性化和快变化造成需求吃紧，这也是当下企业面临的两大难题。而解决"吃紧"问题，最根本的无非是通过创新来化解。可是，创新不是短时间内完成的，更何况现在各方面的压力都向企业袭来，企业心力显得十分憔悴，唯一有效的办法就是利用外部资源，借力经营。

借力经营的好处在于，一方面可以解决资源吃紧的问题。一个企业拥有的资源总是有限的，借助外部资源就可以弥补自身资源的不足，借他人的人力、物力、财力和智力，很多问题就可以迎刃而解；另一方面可以节省投资，消化成本，集中精力办大事。通过借力经营，把有限的资源聚焦到最关键最有价值的核心业务上去，可以形成强大的效率优势，迅速提升企业的核心实力。

更为重要的事，通过借力经营，企业可在更大范围内调动资源，联合各方的力量，把多家公司的核心资源集中起来为己所用，用最快的速度、最小的成本，实现生产能力的扩张和放大，在最短时间内对市场做出反应。还可以推动企业传统经营模式的创新，创造用户定制、柔性生产、快速响应和高效率的价值链运营模式，从而迅速满足消费者的个性化需求。

从效率和成本的角度看，资源可以租借不必拥有，人才虽不为我所有但可为我所用，这就是软实力经营模式的价值内涵。不管市场如何变化，不管遇到多大困难，事在人为，只要企业充分发挥自己的软实力，善假于物，一切问题都好解决，消化高成本自然不在话下了。

创新价格
在波动中最大限度攫取利润

软实力整合资源的原则是，一切从市场中来，一切到市场中去。企业完成价值创新后，对产品或服务赋予了一定的价值，凭借这个价值，产品能否卖个好价钱，使企业获得较高的利润回报，最后取决于市场营销和产品定价这一关键环节。

●视行情和消费者心理而定价

成本软实力遵循规律运作，对内按需求规律创新价值，对外按价值规律创新价格。

——**软实力“成”语**

产品价格的确定受三个因素影响：一是成本费用，一般来说，价格在市场供求关系影响下围绕价值而波动，但是，成本是支撑价格的基础，在一定程度上成本的高低也直接影响到价格的高低，成本与价格的差距要看利润的厚薄；二是消费者的期望，消费者往往都希望价廉物美，价格太高，消费者难以接受，价格太低，消费者又会认为“便宜没好货”，所以，定价一定要权衡消费者的需求心理；三是竞争因素的影响，尤其是现在同质杀价的倾向，价格竞争在一定层面上成了企业吸引客户、占领市场的焦点，所以，企业价格要视竞争情况而定。综合来讲，产品定价要平衡成本费用、消费者心理、竞争环境这三个因素，最终实现合理和谐定价。价格创新就是根据市场、企业等因素的变化，动态调整价格的策略，从而最大限度地攫取利润。

价格是由生产成本、商品流通费用、利润和税金四个部分组成。价格的高低直接影响了企业的利润，因为消费者必须以一定的价格购买产品，价格的适当与否直接影响着消费者的购买意愿以及购买数量。消费者在进行购买决策时，首先要考虑的是产品的价格，要分析该产品的价格是否符合产品的价值，花钱买是否值得。如果消费者认为所花的代价能够换来相应的使用价值，就会购买；反之，如果认为换不回同等价值，就会拒绝购买。所以，常常会出现这样的情况：一种产品本身价值很高，但由于不符合消费者购买心理，价格虽低，消费者也不会购买。相反，一种产品虽然本身价值不高，但由于迎合了消费者的心理需求，价格即使定得高一些，人们依然踊跃购买。

对消费者来说，价格是否合理，主要看性价比。所谓性价比，就是产品性能与产品价格的比例关系。消费者购买产品，一般都会选择性价比比较高的产品，这也是当前消费者对价格的心理倾向。PPG 的产品定价虽然在行业内处于中低价位，但是非常迎合顾客追求高性价比的心理，因此，产品深受消费者青睐。PPG 全棉短袖衬衫定价 129 元，免烫长袖衬衫 199 元，普通单色棉 T 恤定价 99 元，有些组合销售产品平均价格甚至更低。这种价格定位体现了一定的低价，但产品品质可与一般大众品牌相媲美。

定价低，因为 PPG 采取的是直销模式，无店铺销售，成本低。消费者大多只看宣传图片就决定是否购买，如果定价太高，就会引发消费者防范风险的心理，无形中就降低消费者的购买意愿。PPG 的价格营销就是抓住了消费者的性价比心理，充分展示高性价比的产品，打消消费者的后顾之忧，让消费者产生“即使产品没有说的好，也亏不到哪里去”的认知，从而将购买欲望转化成购买行为。

PPG的价格营销不仅体现在高性价比，更关键的一招是玩价格组合，引导消费者“批量采购”。比如，消费者购买衬衫加裤子，可以整体减50元，这种搭配促销让消费者感到很实惠。类似的还有打包销售，就是将几件相司款式不同色系的产品进行打包，在价格上给予折扣优惠。这种灵活优惠的价格组合，可以迅速将消费者的购买欲望转化为购买行动。

价格作为产品价值的货币表现形式，关系到企业的经济效益，已成为产品在市场上是否受欢迎的晴雨表，关系产品在市场的竞争地位。企业要想成功地开拓、发展产品市场，就必须审慎地进行定价，选择适当的价格策略。

从经营层面上讲，定价就是企业面对复杂多变的经营环境，选择定价目标，制定适当的产品价格，以实现企业利润的过程。与传统的定价方法相比，价格创新不仅要求有定价观念上的变化，还要有定价时间、定价方法以及定价决策者等方面的变化。具体来说，价格创新要求企业尽早放弃那些不能获取足够价值以收回成本的产品概念。

创新价格，价格是动态的，这种变动受生产成本参数、市场竞争状况、消费者需求强度、产品种类、产品生命周期、价格弹性等因素制约。价格是这些因素的函数，受这些因素的影响，同时又对这些因素具有反作用。

价格创新的最大特征就是动态定价，即价格升或降。市场是变化的，企业是不断发展的，所以企业只有及时调整价格，才能更好地适应市场需求，获得持久的收益。价格的调整属企业根据主观和客观条件的变化，为在竞争中争取主动权而作出的价格决策，可以分为调高价格和调低价格。

企业可以采取的主动调高价格的策略包括：由于原材料和人工费用上涨，而企业劳动生产率的提高又难以消化涨价因素，迫使企业调高价格；企业产品在市场上供不应求，提价不影响销售量；商品质量进一步提高，或增加新的款式，或改进了包装，以新面貌出现在市场上可采用提价策略；出于某种目的和策略的需要（如逆向提价）。

企业可以采取主动调低价格的策略包括：生产经营的产品供过于求，库存积压，虽采取一些促销措施，但效果不明显，企业又一时难以改进产品，此时可考虑降低价格；面对激烈的市场竞争，威胁到企业市场的占有份额，在其他企业等待观望时，可率先降价争取主动权；企业的成本费用有较大幅度下降；出于促销目的的要求。

在价格创新中，价格总是动态的，很少有固定的。企业根据市场的具体情况，巧妙调整价格，从而为企业带来最大化的利润。美国有一位叫米尔顿·雷诺兹的企业家曾经通过灵活、经典的定价获得了高额的利润。

雷诺兹在阿根廷谈生意时，忽然发现了圆珠笔。其实，圆珠笔的原始设计早在1888年就已问世，只是当时没有形成批量生产，不为世人所知罢了。雷诺兹立即敏锐地察觉到圆珠笔具有广阔的市场前景，于是，他加紧研制，很快拿出了自己的样品，并巧妙地利用当时人们原子热的情绪，取名为“原子笔”。他拿着仅有的一个样品来到纽约的金贝尔百货公司，向公司主管们展示这种笔的不凡之处：“可以在水中写字，也可以在高海拔地区写字。”这些都是雷诺兹根据圆珠笔的特点和美国人追新求异的性格，精心制定的促销策略。公司老板被这种奇妙的笔打动了，拍板订购，并同意采用雷诺兹的促销口号作为广告。

当时，这种圆珠笔的生产成本仅0.5美元，但雷诺兹认为，这种产品在美国是第一次出现，奇货可居，而且尚无竞争者，就果断地将价格定在12.5美元，零售商又以每支20多美元的价格卖给消费者。尽管价格高昂，圆珠笔却在一段时间以其新颖、奇特和高贵的形象而风靡美国，在市场上十分畅销。

后来，其他厂家发现了这个有着超额利润的市场，很多厂家开始进入。产品供不应求的局面有所缓解，并且产品成本下降到每支0.1美元。雷诺兹根据市场变化，马上将零售价调整为每支0.7美元。

在圆珠笔刚刚被带到美国时，由于完全垄断市场，所有的生产和销售都由米尔顿·雷诺兹经营和控制，他可以任意确定价格。所以，圆珠笔的价格才能纵身一跃，成为成本的25倍。跳得高，利润自然也就客观，但同时也吸引了大量的竞争者。雷诺兹面对越来越多的竞争对手，这时候将产品价格依然保持很高，已不可能了，于是价格又跳了下来，雷诺兹将圆珠笔迅速降到了0.7美元一支，使竞争者难以望其项背。

雷诺兹将商品定了高价，赚了大钱，这种定价法就叫高价定价法，也叫取脂定价法或递减定价法，即在新商品开始投放市场时把价格定得大大高于成本，使企业短期内能获得大量赢利，好像把牛奶上面的一层奶油撇出来，把钱捞到手，以后随着销售形势的发展逐步降低价格。这种定价方法目前在市场上已被广泛采用，但是细心的经营者在采用时要特别注意以下几点：

1. 高价定价法通常适用于货物奇缺，或者是新商品试制成功以后，许多人等待购买而又没有竞争者竞争的场合。

2. 采用这种定价法的最大优点是企业能尽快收回投资和获得赢利，同时，如果发现高价销售有困难时改为低价销售也比较容易。

3. 采用这种定价法也有缺点，把商品的价格定得很高，有时不利于打开市场，而且高价高利势必导致竞争的白热化，使价格下降，赢利减少。

因此，企业经营者在决定采用高价定价法时，要分析掌握商品的市场供求特点，权衡利弊，审慎选用。

●高成本背景下的价格策略

> 艺术性的产品定价，能使成本软实力迅速转化为利润硬实力。
>
> ——软实力“成”语

美国的太麦克斯公司原来是一家生产军用计时器的小企业。第二次世界大战后，单靠做军火生意的日子越来越难过，1950年太麦克斯公司开始涉足手表制造业。在当时的手表市场上，强手如林，竞争十分激烈，像太麦克斯公司这样的小企业要在激烈的竞争中杀出一条生路，开辟和扩大自己的产品市场，不是一件容易的事情。但是，太麦克斯公司采取了正确的对策，即不断以低价向市场推出自己的新产品。他们认为，手表这种商品，虽然市场竞争激烈，但其市场容量较大，受价格影响较大。如果公司能将产品以低价销售，就能较容易地进入市场，扩大销路，逐步提高知名度，为今后逐步提价创造条件。基于这样的考虑，太麦克斯公司在长达几十年的经营活动中，一直坚持对新产品采用低价定价法，即把产品的价格定得低一些来吸引消费者购买。

20世纪50年代，太麦克斯公司最初投入市场的男式手表每只定价仅7美元左右，比当时一般低档手表的价格要低得多。1963年，它首次生产出电动手表推入市场，售价30多美元，仅为当时市场上同类商品的一半。70年代初，世界上一些主要手表制造商首次生产出豪华型石英手表，定价在1000美元以上，日本、瑞士和美国其他一些手表制造商生产的石英手表也以400美元或者更高的价格向市场推出。而太麦克斯公司的石英表首次登场，售价才125美元。正确的定价方法给太麦克斯公司带来了巨大的成功。50年代，在手表制造业中，知道太麦克斯公司的人还寥寥无几，到了60年代，太麦克斯公司的产品不仅在国内站稳了脚跟，而且一个接一个地打入了国外市场，到了70年代，它已经成为世界闻名的手表制造公司，工厂遍布世界各地，年销售额达2亿美元。

太麦克斯的低价定价法与雷诺兹的高价定价法正好相反，它是在新产品上市初期，把价格定得很低，待产品销路打开以后，再酌情提高价格。低价定价法较高价定价法，有积极的竞争性。如果产品潜在市场很大，竞争者又容易进入市场时，采用低价定价法是极为有利的，这样企业能够以价格的优势使新产品顺利打入市场，而且由于价低利少使很多企业不愿意参加竞争。但要注意，采用低价定价法也有缺点。由于价格定得较低，企业往往要经过很长时间后才能收回开发生产新产品的本利，如果初期价格定得过低，以后提高价格又遇到困难时，企业甚至会赔本经营。

价格创新并不认为价格高于竞争对手就会给销量带来不利影响，因为这还取决于相对消费者该产品的边际效用。美国凯特比勒公司是生产和销售牵引机的公司，它的定价办法十分奇特。一般牵引机的价格均在40000美元的水平上，然而该公司的牵引机却报价48000美元，每台约比同类产品高出8000美元，即20%。但是，它的销路比同类产品更加畅销。有何诀窍呢？原来，凯特比勒公司有一张非常清晰的价目效用清单，让客户一看便知，多花的钱很值。

这张价目效用清单是这样列出的：

40000美元——是与竞争者同一型号的机器价格；

4000美元——是因为产品更耐用而必须多付的价格；

3000美元——是产品可靠性更好而多付的价格；

3000美元——是本公司服务更佳而多付的价格；

2000美元——是保修期更长而多付的价格；

52000美元——是上述应付价格的总和；

4000美元——是折扣；

48000美元——是最后的价格。

凯特比勒公司通过账单的详细说明，让顾客在思想上切实感觉其所付价格物有所值，同时还将公司对顾客的诚意作了巧妙的表达，可谓“一箭双雕”，使消费者心悦诚服地购买高价商品。

现在的经济情况是两头夹击，一头是成本加速飙升，一头是价格直线下滑，对企业的冲击无疑是雪上加霜。怎么办？当你的成本已降到影响产品质量的时候，就要果敢放手，调转过来，在涨价上做文章。只要你对所掌控的市场有信心，就大大方方提价吧！不过要把握好价格的涨幅，太高了会有“哄抬市场”之嫌，太低了难以消化成本压力，价格适当与否决定成败。

在产业的价值链上，成本与价格是相辅相成、一环扣一环的。当上游价格上涨，必然抬高下游原材料价格；而当下游市场萎缩，必然对中游环节造成夹击。2008年的冬天，比以往的经济寒冬更冷更酷，以往的冬天多只是经济萧条，商家厂家都把精力放在压货处理上，全力拓展销货路子，现在的冬天还增加了一个高成本时代的大背景，企业不仅要考虑销货，更多的还要降低成本。

在市场日趋同质化的竞争中，各家企业的产品品质、性能都差不多，消费者唯一能选择的可能只剩下了价格的差异，这样，消费者越来越关注价格，越来越选择更廉价的产品。在一线销售市场，低价无疑成了消费者购买决策的最后一个筹码。正是由于消费者追求优质低价，导致越来越多的企业都在降成本上花心思下工夫。

在同质竞争的时代，企业降成本不可能是一次性的，因为竞争在持续进行，价格也在持续下滑，在产品没有完全退出市场之前，企业只有持续降低成本，才能适应不断相互杀价竞争的需要。

目前，企业降成本大多集中在对资源的有效利用，通常采用范围经济、规模经济和经验经济这三种方法，实现单位成本的持续降低。

所谓范围经济，讲的是企业的生产具有高度的柔性，能够适应不同需求生产不同的产品，由于不同的产品能分摊一些公共的管理费用，生产的范围越宽，节约的成本就越多。这时，企业可将不同产品间的共享成本剔除，形成净成本，作为定价基础。范围经济的最大特点就是将共享成本最大化利用，产品的增量成本就趋于最小化，从而使产品定价更具竞争优势。这就好比到宾馆开房，假如一个标准间一天是500元，设一个床位，单个成本就是500元，设两个床位，单个成本就是250元，如果设五个床位，单个成本就只有100元了。依次类推，在共享成本一定的情况下，利用程度越高，单位成本就越低。对企业来说，在一定的资源条件下，利用率越高，单位成本就越低，由此产品在价格上就更富有竞争力。

规模经济实际上是范围经济的一种特殊类型，范围经济是做不同产品，而规模经济则是做同一种产品。在固定成本不变的情况下，由于生产率的提高，产能的扩大，即使增加一定的投入，随着产量的提升，单位产品成本也会降低。规模经济就是通过增加产量达到降低单位成本的目的。

规模经济强调当前产出规模，经验经济则强调累计产出数量。生产同样产品的一个新公司和另一个老公司可能有着同样的产能，具有相同水平的规模经济，但老公司有更多的累计产出，因而可能由于经验经济，比新公司的成本更低。实际上，经验经济是企业文化和企业产能的高度结合，在成本上比范围经济、规模经济更具优势，更具持久竞争力。

创新渠道
疏通实现价值的利润流

企业的基本价值链有两条，一条是供应链，这是整合资源、创造价值的渠道；另一条是销售链，这是整合资源、实现价值的渠道。这两条整合链以价值为纽带，构成企业软实力运作的主干链条，而产品能否快速精准地送到顾客手中，最终取决于通向市场海洋的销售渠道。

●快速消化成本的销售通道

将物流上升到价值流，将价值流转化为利润流，这是成本软实力运作的轨迹。

——**软实力“成”语**

渠道的结构、畅通性等总是影响着企业的利润。互联网已经渗透到了我们生活中的方方面面，并改写了经济社会的部分规则，也改变了企业的渠道建设。为了获取利润，企业不得不重新审视自己原有的渠道建设。市场环境的日新月异和市场的不断细化，使原有的渠道已不能适应市场的变化和厂家对市场占有率及市场覆盖率的要求。同时消费者的行为特征也发生了变化，他们的购买动机更趋于理性，方便、快捷、高性价比成为他们选购商品的判断依据。面对新的市场情况，企业要因变而变，不断创新渠道，疏导利润通道，确保价值的实现精确顺畅。

渠道，通俗地说，就是销售途径，指企业将经营对象从生产者流向消费者所经过的整个环节。这个环节一般由制造商、批发商、零售商及其他辅助机构组成，为使产品到达企业用户和最终消费者的手中，销售各环节发挥各自的职能，通力合作，有效地满足市场需求。有效协调的销售途径不仅能在合适的地点以合适的质量、数量和价格供应产品或服务来满足需求，而且还通过各环节成员的各种营销努力来促进需求。

实际上，渠道就是一条通向市场的价值链，价值链上个销售环节彼此相互依存。从利润趋向的角度看，渠道具有如下特征：

渠道是一条价值实现通道。产品价值创造在生产现场，完成生产后，产品就要进入流通渠道，与消费者相连接，通过市场交换，满足用户需求，最终实现产品的价值，为企业赢得利润。

渠道是一个利益网络系统。渠道上的生产者、运输商、广告商、批发商、零售商和消费者，按一定目标结合起来，做到利益共享，相互合作，为实现共同目标发挥各自的营销功能，产品在渠道中通过一次或多次购销转移所有权或使用权，流向消费者。购销次数的多寡，决定了渠道层次和参与渠道的组织的多少，形成或长或短的渠道，渠道的长短通常由比较利益决定。

渠道是需要持续优化创新的。渠道不仅承担着调研、购销、融资、储运等多种职能，在适当的地点，以适当的质量、数量和价格供应产品和服务，满足目标市场需求，而且通过各环节的共同努力，开拓市场，促进需求。渠道运作效率直接影响到企业的效益，根据竞争的需要，企业还要及时调节与创新渠道，进一步细化市场流通，达到更精确有效的营运。

随着竞争的加剧，市场需求的不断变化，销售模式在不断演进，使得传统渠道也在不断创新。目前市场上传统渠道的变化主要体现在：

单一产品的渠道越来越少。消费者个性需求越来越强烈，产品的市场生命周期越来越短，这种个性化、快速化的市场形势，给经营单一产品的分销商带来了极大的不确定性和风险。为保证持续稳定经营，现在分销商一般都经营多种产品，不再只代理单一性的厂家和产品，经营种类呈现多样化趋势。这种销售就是不吊死在一棵树上，尽管市场无常，因为销售商手中经营的项目很多，就可以做到“东边不亮西边亮”，从而保证收益的稳定性。但是，多样化的产品势必会分散分销商的精力，而终端市场的开拓很大程度上还必须依赖分销商人力、财力、物力的投入，由于分销产品的种类多，必定造成营销单项产品的投入减少，而投入少，销量就会萎缩，厂家的市场地位就会动摇。

单一物流的渠道越来越窄。传统的销售渠道就是“搬箱子”，产品完工经检验后直接装箱，销售商为了减轻在销售过程带来的不必要麻烦，一般都不会拆箱验货，直接将包装好的产品转移给用户，这是最简单的销售方式。随着人们消费心理的日益成熟，人们对产品本身以外的非产品部分的要求会越来越高，对产品的售后服务、产品的个性化和时尚化的需求越来越强烈，而销售商如果还停留在以往的“搬箱子”水平上，其所能提供的服务越来越难以满足顾客所想的“超值”服务需求。

产品微利使渠道越来越短。由于同质竞争，相互杀价，争蛋糕的越来越多，能分到手的蛋糕越来越少，由此产品竞争就进入微利时代。微利的市场说明产品进入市场成熟阶段，这个时候企业利润的获得很大程度上取决于对各环节成本的控制，过多的销售环节会摊薄利润，使企业的收益降低。同时，销售渠道过长，必定带来诸多问题，如信息传递速度放慢，市场反馈迟钝，低级分销商无法跟上厂家的步伐，无法及时、准确地了解产品的各种信息，不能配合厂家在更大范围内的促销活动，而厂家也无法快速对市场变化作出反应。因此，有很多企业为了减少中间环节，采取直销措施，即在充分掌握需求信息的基础上，将货物从厂家直接发给用户。

从渠道可持续运行来看，销售商应该注意以下几个方面的建设：一是网络营销。电子商务是一种高效率、低成本、低风险、直接面对客户的新型商业模式，销售商应充分发挥互联网和专业化的信息系统作用，利用先进技术手段，提高销售业绩。二是信誉度。人无信不立，企无信则亡。销售商应该注意自己的市场口碑，确立良好的信誉，既要稳住回头客，还要争取更多的顾客。三是品牌经营。品牌是企业实力和产品质量的象征，尤其是特色个性品牌，如果能在消费者心中深深扎根，就能保持产品的持续稳定销售。四是服务经营。竞争的激烈程度决定了产品越来越趋于雷同，大家都经营同一种产品，剩下的差异就取决于各家的销售服务品质。像以往“搬箱子”式的销售已越来越不合时宜，经营者更应注意消费者的心理需求。优质全面的服务，是超越同质竞争的重要法宝。

●彰显核心价值的个性优势

经营软实力的渠道，不仅是成本的消化道，更是价值的播种机。

——软实力“成”语

核心价值的表述有两层意思：一是企业长期追求的价值目标，二是企业持续赢利的能力。核心价值的内涵是动态的，用户价值是企业长期追求的目标，用户价值需求在不断变化，因此，具体的价值目标是差异性的，需要企业不断调整，随需应变；持续创造用户价值，靠企业优势支撑，最终演化为企业持续赢利的能力，但是，企业优势是在竞争中消长的，如何持续保持企业优势，这就需要企业不但时刻盯住用户个性需求的变化，而且要在适应用户需求变化的过程中，进行自我改善、自我学习、自我更新，以保持企业应对变化、持续创造价值的能力。

企业软实力在很大程度上是“势”因素在主导，这种“势”是企业潜在的长期蓄积的发展能量，具有强大的推动力。“势”的基础是按规律办事，是核心理念中蕴涵的思维潜力。“势”的动量不但能快速高效整合资源，而且能让硬实力化为软实力，让石头在水上漂起来。德鲁克说：“世界的经济与技术正面临一个不连续的年代，在技术和经济上，在产业结构和经济理论上，在统领和管理的知识上，将是一个瞬息万变的年代。”尽管变化是不变的法则，但是变化不是无端的，而是有规律的，在一定程度上是可以预测和把握的。孙子曰：“故善战人之势，如转圆石于千仞之山者，势也。”又曰：“激水之疾，至于漂石者，势也。”这个“势”就是规律。

企业优势有广义和狭义的理解，狭义的企业优势称为战术优势，就是企业竞争制胜所凭借的手段；广义的企业优势称为战略优势，是围绕核心价值所表现的核心能力，其内涵包括六个方面：

一是趋势，它说明事物由现在迈向未来的一种可以把握的发展方向或者变化轨迹；

二是态势，它说明事物由过去走到现在，所表现出来的一种确定性状态；

三是优势，它说明事物能够由过去走到现在，或者要由现在迈向未来，所依靠的是什么；

四是择势，就是企业在把握未来趋势、过去态势、现在优势的前提下，选择适应形势的生存方法；

五是定势，就是确定企业未来发展的战略目标和企业生存境界；

六是造势，着眼于企业未来发展，努力培育和塑造强势的企业文化。

企业未来发展就是在一定“势”的前提下，对所处的宏观环境和产业环境进行系统的审视和考察，以便发现机会和威胁，同时对自身拥有的资源和能力进行科学评估，以便识别优势和劣势，并在预测未来、适应变化和整合资源的基础上，使战略、环境、资源、文化四者之间达到一种动态平衡的生存状态。

对于“势”的把握，最具操作性的工具是 SWOT 分析，“SWOT”就是四个因素的字母缩写，即优势（strength）、劣势（weakness）、机会（opportunity）和威胁（threats）。用 SWOT 分析企业的“势”，就是综合和概括企业内外部条件各方面内容，分析组织的优劣势、面临的机会和威胁。其中，优劣势分析是一种比对分析，将企业自身的实力与竞争对手比较，而机会和威胁分析主要是判断各种内外影响因素将给企业带来什么结果。

比对两家企业，如果所处的市场环境相同，都有能力向同一的目标消费群体提供同一的产品和服务，只要其中一家企业运营能力更强，赢利潜力更大，那么，这家企业比另一家企业就更具竞争优势。换言之，竞争优势就是企业超越竞争对手的能力，这种能力有助于企业赢得更多的利润。

在消费者看来，只要企业或其经营的产品，比其竞争对手有更强的能力和更好的表现，就是竞争优势。比如企业品牌和信誉、生产保证、产品质量以及安全性、可靠性、适用性和设计风格、综合形象，还有服务的质量和态度等。理论上讲，竞争优势是企业比竞争对手更强的综合优势，但实际中一般都有具体的确指和表现，进行 SWOT 分析，就是要明确企业究竟在哪一个方面具有优势更有意义，只有这样，才可以扬长避短，或者以实击虚。

企业竞争优势多以潜在的优势为主，就是对手还没有觉察到的，如果对手感觉到了这方面的差距，就会拼命地追赶，最终缩短差距，拉平优势。衡量竞争优势，必须从市场的角度来考虑，比如产品是否有竞争优势，就要看产品的潜在市场有多大。企业要从整个产业链的分布，系统地评价自身存在的优势与劣势，也就是按照供应链和销售链，尤其是市场需求链的构成，从整个价值链的每个环节上与竞争对手做详细的对比，如产品是否新颖，制造工艺是否复杂，销售渠道是否畅通，以及价格是否具有竞争性等。如果企业在几个方面都强于竞争对手，则说明企业具有较强的综合竞争优势。

企业要视自己的资源和能力合理评价优势与劣势，企业具备某一方面的竞争优势，一定要注意低调，韬光养晦，暗地使劲，一定不要引起竞争对手的注意。按常规，企业经过一段时期的努力，某种竞争优势便会逐渐显现出来，这时企业处于竞争优势发挥和维持的阶段，竞争对手开始做出反应。如果竞争对手直接进攻企业的优势所在，或采取其他更为有力的策略，就会使这种优势受到削弱。

企业在市场中的地位如何，要看自己的竞争优势。而竞争优势如何，能够持续多久，这又取决于三个关键因素：建立这种优势要多长时间？能够获得的优势有多大？竞争对手作出有力反应需要多长时间？如果企业能分析清楚这三个因素，就会明确自己在建立和维持竞争优势中的地位。

对企业来说，优劣势分析主要是与竞争对手比对，而机会与威胁分析则是以整个外部大环境作为背景，结合企业状况，进行利害判断。换言之，机会与威胁分析就是环境分析。

对影响主体来说，环境发展变化无非呈两大态势，一是环境变化所带来的威胁，一是环境变化所带来的机会。环境威胁讲的是环境中一种不利的发展趋势所形成的挑战，如果不采取果断的战略行为，这种不利趋势将导致企业的竞争地位受到削弱。环境机会则是对企业经营发展富有吸引力的领域，在这一领域中，企业将拥有竞争优势。

环境是客观的，也是共同的。对环境的分析，可能不同的人有不同的看法，主要是各自看问题的角度不一样。所以，做环境分析，一定要避免片面、单一化，最先从不同的角度进行分析，然后形成一个综合全面的评价。

PEST分析是简单实用的环境分析工具，它多重角度分析环境变化对企业的影响。从政治（法律）的角度分析，所牵涉的因素有垄断法律、环境保护法、税法、对外贸易规定、劳动法、政府稳定性等；从经济的角度分析，所牵涉的因素有经济周期、GNP趋势、利率、货币供给、通货膨胀、失业率、可支配收入、能源供给、成本等；从社会文化的角度分析，所牵涉的因素有人口统比收入分配、社会稳定、生活方式的变化、教育水平、消费等；从技术的角度分析，所牵涉的因素有政府对研究的投入、政府和行业对技术的重视、新技术的发明和进展、技术传播的速度、折旧和报废速度等。

环境分析有宏观分析和微观分析，所谓宏观的环境分析，就是对与企业生产经营相关但不是受直接影响的环境要素进行分析，像上述PEST分析所涉及的政治法律、经济、社会文化、技术因素，大体应属于宏观的环境分析。而微观的环境分析，是对与企业经营活动、竞争市场联系更加紧密、影响更直接更大的因素分析，也称为企业的微观经济环境分析。比如产业潜在进入者的威胁、供货商的讨价还价能力、购买者的讨价还价能力、替代品的威胁、现有企业的竞争，等等。

微观经济环境分析比较细致，直接影响企业的竞争优势。分析产业潜在进入者的威胁，要掌握进入本行业有哪些壁垒？这些壁垒阻碍新进入者的作用有多大？企业保持自己的地位应采取的措施。分析供货商的讨价还价能力，要了解供货商的品牌或价格特色，企业在供货商战略中的地位以及与供货商之间的关系，从供货商之间转移的成本等。分析购买者的讨价还价能力，要分析企业的部件或原材料产品占买方成本的比例，各买方之间是否有联合的危险、企业与买方是否具有战略合作关系等情况。分析替代品的威胁，要了解替代品对企业的利弊，分析替代品给企业带来的是经营困难还是更高的利润或价值，掌握消费者购买替代品的转移成本，通过相关措施来降低成本或增加附加值，以降低消费者购买替代品的风险。分析现有的竞争情况，要把握行业内竞争者的均衡程度、增长速度、固定成本比例、行业产品或服务的差异化程度、退出壁垒等，这决定了一个行业内的竞争激烈程度。通过上述微观分析，对企业来说，最大的环境威胁是进入壁垒、存在替代品、由供货商或买方控制、行业内竞争激烈的产业环境。

随着经济全球化的深入推进，以及科学技术的加速发展，中国原有的低成本优势正逐步衰减，中国企业靠廉价劳动力获胜的机会将越来越少。一是跨国公司加大发挥自身优势，劳动力成本对其影响越来越小。跨国公司充分利用自身的管理创新、技术创新优势，将劳动力成本在总成本中所占比例压得越来越低。二是跨国公司进入了当地化的发展，高成本问题得到一定的化解。跨国公司利用全球体系的经营优势以及技术上的优势，在中国设立工厂和研发中心，充分利用中国廉价的工程技术人员开发世界性的产品，并大力推进人力资源的本土化。如果这些能力完全发挥，将直接冲击中国企业的传统竞争优势。

创新技术
用现场智慧推动资源精益配置

凭借低成本优势，“中国制造”一度征服了从服装、鞋帽到电视等众多市场。如今，这种“成本优势”却反伤自己，成为“中国制造”迫在眉睫的“成本危机”。能安然度过“成本危机”的，只有那些拥有成本创新能力的中国企业。成本创新正考验企业的软实力。

●螺蛳壳里的成本之道

用创新精神对成本进行精耕细作，成本硬实力就会变得更加精致和灵巧。

——软实力“成”语

中国经济兴起于低成本制造，在过去的30年，“中国制造”已形成一定的低成本优势，但是一直在“微笑曲线”的低端徘徊，能否走出价值洼地，必须对现有的成本结构和成本水平进行改造升级，这也是中国经济转型调整的关键所在。未来的竞争是高技术、高附加值的竞争，中国企业靠“人拉肩扛”原始粗放的成本模式很难达到未来竞争的要求，必须通过突破关键性的技术拉动成本创新，以一流的技术创造一流的成本水准，以应对以低碳、智能化为主导的新一轮国际竞争。

以低成本的方式进行技术创新，以技术创新的方式降低成本，将成为未来企业的竞争核心。比如，企业可在生产流程方面进行优化或缩减中间环节，组成完整的企业内部供应链，并使各环节信息共享，用创新的思维重组现有资源，最大限度地将技术与劳动力优势结合，从而创造新的成本竞争优势。有时通过创新，即使改变一些看似微不足道的细节，也能大大减少企业成本。

成本创新考验的是企业精细精益的本事，就像螺蛳壳里做道场，成本精益要有细度、深度和自主创新。瑞典山特维克公司是一家有着 150 多年历史的生产型企业，其生产的切削刀具、矿山工程机械、特殊医疗器械等不但在全球占有很大的市场份额，而且还能够满足客户不断追求生产效率改进的要求，这主要依靠其生产工人在具体操作环节的创新。比如，有员工在生产刀具过程中发现：原来需要人工修边的工艺经过细微的改变，便可以把修边这个程序直接在机器里处理掉，既能提高生产效率，又能减少人工环节，生产出来的刀具还可以更加标准化。员工立即向生产环节的创新委员会提交了这个发现。创新委员会马上立项反复测试该工艺。在确定工艺可行的基础上，成本人员根据该工艺为生产环节节约的时间计算成本的节省，并将节约的成本作为该项创新为公司带来的收益。在经过多次测试后，创新委员会基本确定该工艺可以在其他生产环节进行推广。员工因此得到了 55000 欧元的奖励，这个奖励的数额就是创新委员会测算的成本节约额度。而创新委员会在三年以后，还会重新评估该创新，如果发现该创新带来的效益更高，还会为员工补加奖金。

开发廉价替代原材料，是最根本的化解成本压力的方法。因为开发融入了创新，某种程度也体现了企业软实力，把新材料的价值传递到现有产品上，就变成了产品的新价值，因而企业能抵御市场风险，持续经营自己的产品。

拿家电产品来说，一边是原材料价格上涨带来的成本增加，另一边是市场竞争日益白热化，价格战此消彼长，家电产品不仅难以随着原材料价格上涨而一路跟进，相反还要迎合市场竞争的需要不断降低价格。在价格竞争的双重重压之下，家电业的利润越来越小。为了摆脱困境，许多企业和研究机构纷纷加快了替代材料的研制和使用步伐。

无可置疑，家电材料的替代升级势在必行。但是，不论是生产商还是消费者，大家最关心的是替代技术是否可靠可行，替代材料是否影响产品质量。这不仅直接关系到消费者对采用此技术的产品的认可程度，还关系到材料替代技术能否健康永续发展。

铜是家电材料替代最早研究的对象，主要是在空调上使用铜铝连接管替代铜管，目前这种铜铝连接管已经在海信、海尔、格力、志高、奥克斯、新科等多数空调企业的产品上批量使用，主要集中在1匹至1.5匹的小机型上。中国家电研究院检测了多个使用了铜铝连接管的空调品牌，发现质量都很可靠，证明替代技术已经日趋成熟。

从2002年开始，海信等企业着手进行新材料替代的研究工作，经过长期的可靠性研究之后，证明铜铝连接管完全具备与铜管一样的工作性能和使用寿命，在实际使用当中不存在任何问题。海信等企业于是从2006年开始将铜铝连接管用于其相关产品中，从目前市场的反应来看，还没有不良报告，也证明铜铝替代技术是一项成熟的技术。

随着替代材料技术的深入研究，近年来又出现了铜铝复合管技术，这是更为先进的铜替代技术。专家鉴定铜铝复合管技术是有史以来中国金属管材行业的第一个世界原创。后经过多家空调企业万余台空调的实际装机使用，铜铝复合管不仅成功地实现了铜铝之间的冶金结合，而且单管能效比要比原铜管高出39.2%，实际应用中能效比也提高了5%以上，同时减少了80%的铜消耗。此外，另一项空调换热器替代方案——铝制平行流换热器，已经由三花制冷集团和丹佛斯集团合资建厂生产。采用铝制平行流换热器的空调，不仅可以大大降低成本，能效也可以大大提高，唯一的缺陷是该产品无法用于制热，只能用在制冷空调上。

材料创新也是一种产品创新，是经济发展的大趋势。但是，任何创新都是要支付成本的，开发新材料不光需要足够的开发成本，新材料的应用成本更是企业回收投资、获取利润的关键。如果新材料开发成功后，在推广应用上却遇到了巨大的成本障碍，从根本上讲，这种新材料无论技术上怎么先进，都是不符合企业经济意图的。

宜家一直重视自主创新，坚持对所设计的产品拥有完全知识产权。每次新产品设计，面对同样价格的产品，100 多名设计师进行智力竞争，看“谁的设计成本更低”，甚至包括是否多用了一颗螺丝钉。一般来说，在设计新产品之前，宜家就确定了这种产品的价格必须能够真正击倒所有竞争对手。

产品开发员 Pia Eldin Lindsten 是邦格杯子的设计者，1996 年她接到设计任务时，被告知这种杯子在商场应该卖到的价钱，价格低得惊人——只有 5 瑞典克朗（相当于 5.71 元人民币）。价格确定后，宜家就开始寻找尽可能低廉并且质量可靠的原材料以及尽可能简单的工艺和尽可能低的运输成本等。于是，相关设计师和供应商们一起把杯子的颜色分别选为绿色、蓝色、黄色或者白色，因为这些颜色的色料与其他颜色（如红色）的色料相比，有成本优势。

而为了在储运、生产等方面节约成本，设计师最后把邦格杯子设计成了一种特殊的锥形，因为这种形状使邦格杯子能够在尽可能短的时间内通过机器，从而达到节省成本的效果；邦格杯子的尺寸使得生产厂家一次能在烘箱中放入杯子的数量最大，这样不仅能节省生产时间，而且节约成本。后来，宜家又对邦格杯子重新设计，与原来的杯子相比，新型杯子的高度小了，杯子把手的形状也有了改进，可以更方便地进行叠放，从而节省了杯子在运输、仓储、商场展示以及客户家中碗橱内占用的空间。宜家就是这样一环扣一环通过创新来降低产品成本的。

●“成本手术”远胜于砍成本

硬成本砍不得，但可以通过做手术来矫正成本，这把手术刀就是创新。

——软实力“成”语

创新是企业发展的动力，因此，企业要持续发展，必须做到持续创新。技术创新是企业最富内涵、最富竞争力的创新活动，就是用一种全新的技术思维重新组合生产要素，优化企业内资源配置，提高运营效率，降低生产费用，加强企业在竞争中的成本优势。

现在很多企业都面临成本压力，奥克斯空调却发展非常迅速，2001年销量仅90万台，到2007年就突破520万台。而且，国外市场的销量已占总销量的60%左右。奥克斯空调公司一位技术高管认为，空调产业技术相当成熟，因此要在竞争中领先，就必须寻求差异化。没有创新就没有差异，没有技术创新为基础，转型就是一句空话。

奥克斯空调的降成本并不是简单地直接用减法，而是将成本刀由传统的“砍刀”变成“手术刀”，通过对原有技术动手术，也就是创新，优化工艺，开发新材料，改进生产组织，强化精细管理，矫正落后的成本运作方式，最终实现成本降低。

在开发新材料方面，奥克斯空调认为铝必然要替代铜。铝可以用不同的配方来做，而且导热和强度都不错，可以满足市场的不同要求。在精益改进方面，奥克斯空调改进外机冷气片型的模具，从粗管径改成细管径，内外排的配合也做得比较好，仅此一项每台机子的平均成本就降低了70元。在改进工艺方面，通过引入先进设备，提高换热器的换热效率来提升产品性能，促使生产成本降低。在焊接技术方面，原来用氧炔液、煤气或天然气等，现在用超声波技术等，工艺改进就可减少能耗。而采用R410a绿色节能技术用在高端机型上，能节能20%～30%。另外，通过提高生产效率来降低成本。生产过程更多地运用自动化。比如，同样一条生产线，一分钟出4台与一分钟出2台，能耗差不多，但平分到单台上，能耗就降低不少。同样，总装线以往是每天8个班，8

个班一天最多做9000台，改进后7个班一天就做13000台。这样，生产效率提高了很多，能耗减少了，人力成本也降低了。

山东一家纺织企业把降低生产成本和增加效益作为技术创新的重点，组织技术骨干进行QC攻关和技术创新活动，取得明显效果。针对千米棉结高等质量问题，在清梳、并粗、细纱、筒摇车间分别采取“降低生条短绒、调整工艺参数、减少结杂产生、保证专件良好、确保通道光滑”等措施，使普C42S棉纱棉结杂由原来的400粒下降到300粒。对清花A076E单打手成卷机和清花A034六辊筒开棉机安全罩进行技术创新，不但棉卷含杂率降低了0.2个百分点、生产现场得到了改善，而且又减轻了喂花工的劳动强度。针对A186梳棉机盖板链条使用时间长，已老化，造成链条伸长，盖板起伏、顿挫，按要求应该换新链条这一技术难题，他们组织技术骨干对A186梳棉机进行技术创新，在保证产品质量、设备性能不变的情况下，使链条达到正常使用标准，仅梳棉1个工序每年可节资1.632万元。

创新市场

摆脱竞争，开创价值新天地

价值创新力是企业最高层次的软实力。现在，企业身陷苦不堪言的惨烈竞争环境，恶性竞争加剧、利润减少、市场越来越血腥，空间饱和，企业进入微利时代。对企业来说，当务之急是要跳出惨烈竞争，谋求价值创新，开创属于自己的一片新天地。

●将成本投向红海还是蓝海

在软实力的世界中，成本每天都是新的，徜徉在价值的新潮中，引领未来。

——**软实力“成”语**

所谓蓝海战略，就是把企业已拥有的市场和即将拥有的市场空间比喻成红色海洋和蓝色海洋即红海和蓝海，红海是正在运作的市场空间，而蓝海则是开创新的市场空间，创造无人竞争的市场。红海战略是要通过艰苦的努力，通过一系列措施打败对手，与别人抢蛋糕吃。而蓝海战略则是甩脱对手，自己一个人吃一块蛋糕，即开创一个无人竞争的市场环境。

在市场竞争中，谁能创新谁就能摆脱竞争对手的纠缠，谁能创新谁就能具有较大的市场占有率。蓝海在某种意义上是没有竞争、超越竞争的和谐经营，追求价值创新的个性化战略。不需要与竞争对手短兵相接进行白热化厮杀，只需要把握市场潜在的需求，先走一步开发有创意有价值的新产品。

有家豆腐店善于创意经营，逆传统思维将“白豆腐”变成“色豆腐”卖，就使一般的豆腐个性化起来，价格虽然比一般的豆腐高得多，但因其独特性而深深吸引消费者，所以卖得很旺。这家豆腐店开发“色豆腐”，并没有费多大的精力和成本，只是满足消费者的好奇心理，将产品变个花样，在豆腐中加入蔬菜和水果汁，让豆腐呈现五颜六色，从视觉上吸引消费者的购买欲望。同时注重豆腐的口感，从味觉上抓住顾客的消费心理。所有的功效都要归功于创新，创新让一家小小的豆腐店独享价值创新所带来的利润。

现在一切都在变，市场在变，竞争在变，消费者的需求也在变，而且变得越来越个性化。企业只有在不断的变化中觉察趋势，发现潜在的消费需求，把握时机创造新需求，才能赢得市场。市场是耕耘出来的，就是在一片空白地带种上你创新的种子，然后把果子推销给消费者。所以，企业经营者要想别人所未想，做别人所未做，主动出击开发新需求，引领市场从而赚取更多的利润。

市场较量，真正的价值不是体现在价格上，而是创新。你的产品或者服务价值越大，即使价格贵一点，消费者也会选择你、接纳你。价值创新就是要为客户创造出更大价值。

在经济全球化趋势、资源日益紧张的背景下，咖啡消费市场可谓短兵相接，竞争白热化程度一浪高过一浪，老牌企业像雀巢、麦氏靠几十年来积累的“成本领先”和“差异化”优势求得生存已属不易。形成鲜明对比的是，年轻的星巴克却能摆脱一路厮杀的血腥竞争，十几年来一直保持着居高不下持久的获利性增长。

星巴克的“绿色美人鱼”图标是咖啡文化的象征。星巴克之所以能成为全球成长最快的品牌，是因为它实施了蓝海战略，避开了陷入血腥红海的硬碰硬的竞争，集中精力开创“价值创新”的“第三空间”，为企业和买方都创造了价值的飞跃，使企业彻底甩掉了竞争对手，并将新的需求不断释放出来。

企业要从红海突围，面临的挑战是如何从纷繁复杂的可能性中找出商业上有信服力的蓝海机会。必须冲破那些限制企业该如何竞争的现有边界，不能受制于这些边界看问题，而是要跨越这些边界系统地看市场和开创蓝海。企业在分析市场时，需要跨越他择性产业、战略集团、卖方群体、互补性产品和服务、产业的功能与情感导向，甚至是跨越时间，这样就能使企业受到很好的启发，悟出该如何通过重新构建市场现实而开拓蓝海。

IBM 是以蓝色创新基因著称的顶尖“创新公司”。且不说它在随需应变、精确创新方面所实现的连续价值创新，单就对大趋势的把握来看，其被称为“创新公司”就当之无愧。从起步趋势来看，IBM 定位在“商用机器”，随着科学技术的不断进步，市场趋势一次又一次转折，IBM 的创新战略也在持续改进，相继走过了“计算机公司”或“服务公司”的创新历程，甚至不再是“IT 公司”，这就是“创新公司”IBM 的软实力经营魅力。据 IBM 全球企业咨询服务部中国区战略变革咨询负责人徐永华透露，该部门已经推出了针对企业产品和服务创新的解决方案，专门帮助企业实现创新难题。IBM 也就成为了在中国首家专门提供创新服务的企业。

大趋势孕育大商机，把创新大趋势作为一种业务和商机来把握，没有经年累月长期的创新软实力积淀，是无法打开智慧生意大门的。IBM 注意到，中国的客户越来越把创新当做第一要务。对此，IBM 中国公司的策略就是协助客户进行创新，成为中国客户最佳的创新伙伴。为实现这一目标，IBM 正从三方面入手，即驱动创新的高价值服务、打造支持业务创新的 IT 基础架构、充分利用世界级的研究开发资源，帮助中国企业和行业客户通过创新赢得竞争。

硬实力只能支撑创新，并不能推动创新，唯有软实力才是企业创新的不竭动力。缺乏软实力，即使是具备相当硬实力的企业，有充足的研发投入也不一定能带来成功的创新。一组数字表明，从1993年到2004年，获得美国专利最多的十家企业中，4/5企业的股东回报低于同一时期标准普尔500的指数。创新是一个很复杂的体系，从创新目标、创新整合到创新价值的实现，都需要有针对性的创新规划和具体方案。首先，它必须能够驱动企业成长；其次，它应该和商业相结合；再次，创新能够整合现有技术，而不是技术发明；最后，创新能保证企业和不断变化的市场同步。

"红雨随心翻作浪，青山着意化为桥"，企业软实力的魅力在于能不断催生企业创意，信手拈来，就可将分散的资源随"意"整合点化，变成很有价值的产品或服务，满足市场需求。创新的思路往往来自本行业之外，比如产品创新，很多时候实施之前就已经分出了胜负。毫不夸张地说，一个创新性的产品iPod，几乎撑起了半个苹果公司。如果联系到1996年、1997年，苹果公司连年亏损13亿美元，甚至可以说，是iPod拯救了苹果公司。

企业创新的形式有多种，可以不拘一格。企业业务系统中的任何一个方面、任何一个环节、任何一个细节都可以发生创新，只要细心捉摸，留心观察，到处都是创新之地，都可以开创新之花，结创新之果。

●从创新驱动到价值创新

创新和价值是成本软实力演绎的"矢"和"的"，其作用如车之两轮、鸟之双翼。

——**软实力"成"语**

创新是实现企业价值最根本的途径，创新既是理念又是行动，因此，企业最大的价值模式是由日常的企业创新行为向持续创新的企业转变，成为创新公司。大多数企业的创新只是一种简单的、孤立的、间接的创新行动，并没有把创新上升到核心价值层次，也没有把创新转化为企业软实力，因而这样的企业缺乏创新永动机，不能成为顶尖的"创新公司”。公司创新与成为“创新公司”，有本质区别，一时的创新可能是冲动，持久的创新才是企业软实力的拉动。

“创新公司”除了要具备过硬的软实力，还要有独特的创新系统。因为企业软实力的作用，可以说，创新无处不在，无所不能。如围绕产品和服务创新，向顾客提供有价值的产品和服务。以宝洁的佳洁士电动牙刷为例，这款产品是2001年推出的，2002年便成为了全球最热销的电动牙刷。简洁的设计和一次性AA电池的使用，使得这款电动牙刷非常容易使用和携带，且价格便宜。

按照构成产品组合或服务组合基础的通用组件、组装方法或技术组建创新平台。平台创新包括利用“通用性的力量”，即利用模块化设计来快速地、经济地提供不同组合的衍生服务。平台创新已经使得日产汽车公司（Nissan Motor Co.）在汽车市场再度取得了大量财富。公司通过对通用的组件进行不同的组合，生产出了具有不同风格、性能和市场定位的汽车，以及运动型多用途车。

围绕客户创新，公司可以发现新的客户细分市场或未被满足的（甚至是不明确的）客户需求。维珍移动美国公司（Virgin Mobile USA）通过专注于30岁以下的消费者这一服务不足的顾客细分市场，成功地进入了美国的移动服务市场。为吸引客户，公司提出了极具吸引力的价值主张：简化的定价、无合同约束、娱乐功能、时尚手机以及不拘礼俗的维珍品牌。维珍移动美国公司创立于2002年，在此后的3年中，它已经在竞争激烈的移动服务市场吸引了数百万的用户。

纵观世界保持领先的企业，无不靠创意而成功。而支撑他们持续创意的基础就是强大的企业软实力。随着经济全球化的深入发展，竞争的转变已经从20世纪90年代的信息时代走入21世纪的创意时代。创新一般来说是指资源的再造，比如靠新资本、新材料、新技术等生产力要素，但现在竞争光凭这些还不够，还要充满新价值的创意，创意来得快变得也快，这是市场个性需求决定的，也是头脑经济、智慧经济的重要体现。可以说，今天创意已成为最重要的经济投入，知识成为创造、制作、买卖的首要成分。

这是一个信息唾手可得的时代，知识已成为一种商品。对企业来说，最重要的，不再是你知道什么，而是你发明什么。在知识经济时代，真正的知识拥有者，真正的知识性专业人员不再是掌握特定领域资料与技能的人；真正的知识也不再是一种预先的存在，并随时可供人使用的制成品，它也不再是被记载在积满灰尘的大部头书里的理论，或已被编制成精确的规则或公式。真正的知识掌握者是能够不断地阐明未被前人所识别的问题的人，是能够不断提出创造性解决问题的办法的人。仅仅懂得旧的学术符号是完全不够的。在电脑成为普通工具的知识经济时代，事件、代码、数据、公式和法则都是唾手可得的，真正有价值的是有效和创造性地使用这些知识符号的能力。

19 世纪 20 年代，一辆汽车的生产主要靠人工制造，85% 以上的成本是付给制造现场的生产工人以及资本提供者。到了 90 年代，由于制造业自动化、信息化、标准化水平的提高，支付给生产工人和投资者的报酬在汽车成本中所占份额不到 6%，剩余部分主要给了为汽车研发、设计及相关服务的智力人员，包括设计人员、工程师、计划工作人员、战略家、金融专家、经理人员、律师、广告商和销售商等，这些职业人群从事的是一种创新工作，重点是识别新问题和解决问题。

今天，在一个半导体芯片的价格中，至多 3% 归原材料和能源的主人，5% 归拥有设备和设施的人，6% 归常规工人，85% 以上用于专门设计和工程服务，以及相关的专利和版权。

人的大脑蕴藏着无穷的智慧，既能创造一流的生产力，又能将各种难题一一化解。生产技术的高速发展，让人从繁忙的生产中逐步解放出来，但任何机器和电脑永远无法替代人所具有的创新能力。在知识创新的时代，一个企业真正的资产和财富，是其员工解决未来复杂问题的能力，这种能力又取决于他们解决今天和昨天的复杂问题的经验。

英国《经济学家》周刊 2007 年 10 月 13 日一期发表文章，题目是“阳光下的新事物——创新问题特别报道”。文章说，人们坚信，“让地球转动的不是爱，而是创新”。近几十年来，全球的经济增长以及生活水平的提高在很大程度上要归因于创新。经合组织认为，创新是“创造财富和社会福利的新产品、新的商业流程和新的组织结构调整”；高盛公司首席“学习官”理查德·莱昂斯说：“（创新是）创造价值的新想法。”

硅谷著名风险投资家维诺德·科斯拉感叹：“把危机浪费掉真是太可惜了。”科斯拉所指的危机是由汽车厂商对石油的过度依赖和随之而来的全球变暖引发的。他强调说：“能源界和汽车业许多年来一直缺乏创新精神，因为它们不曾面对真正的危机，缺乏求变的动力。”

加利福尼亚大学商务学教授亨利·切斯布拉夫出版了《开放式创新》和《开放式企业的典型》两本书。这两本书的核心观点，就是到企业之外寻找聪明才智。宝洁公司就是这方面的一个典范。以前，宝洁的产品创新过程都是封闭的，而且是以自己秘密的研发部门为中心进行的。但现在宝洁公司已经从根本上改变这种研发方式，而是与大学、供应商和外部的发明者合作创新。在不到 10 年的时间内，宝洁公司已将来自外部的新产品设想的比例从不到 1/5 提高到将近一半。宝洁公司老板拉弗利说，这提高了创新的水平，而且是公司 2001 年至 2006 年间能够以 6% 的速度增长的主要原因。

VALUE PROFIT

第三章

成本责任：

超越利润的价值追求

就相当于利润不是企业唯一追求一样，成本到底为谁服务？这是对企业软实力的溯源。按照企业软实力理论，企业软实力 = 核心价值 + 商业模式 = 合规 + 创新 + 价值，成本运作属于商业模式运作的范畴。商业模式按照企业的追求，又分为利润模式和价值模式。表面看，成本和利润的联系比较直接和紧密，但是，为利润服务的成本运作将使企业陷入难以自拔的同质竞争，其结果是利润越来越少，成本越来越硬。从深层看，成本运作只有奉行企业的价值追求，在成本领域深入践行核心价值，才能持续推动成本创新，形成持续赢利的成本软实力。

成本宗旨
实现企业综合价值最大化

企业软实力追求价值创新，以履行社会责任、遵守法律法规、遵循市场伦理为生存底线，以企业经济价值创新为主干，同时兼顾社会价值创新和环境价值创新，将产品成本与社会成本、环境成本融为一体，进而提升企业的综合价值，实现可持续的利润回报。

●从利润独“秀”到价值“三足”鼎立

社会价值创新和环境价值创新是成本软实力的新体现，也是推动成本创新的新动力。

——软实力“成”语

成本的最终目的是通过创造价值而赢得利润，价值创造是通过一定的模式整合资源来实现的。资源整合说到底就是成本整合，有什么样的模式就有什么样的成本价值创造。一般商业模式尽管为客户创造价值，但其背后是一种利润驱动，充其量是追求企业经济价值最大化，很少考量社会价值和环境价值。这种模式运作刚性太强，柔性缺乏，较难转化为企业软实力。

企业经济价值最大化，充其量就是“企业本身值多少钱”，常可以通过两种途径表现出来：一种途径是用买卖的方式，通过市场评价来确定企业的市场价值；二是通过其未来预期实现的现金流量的现在价值来表达。在资本市场有效性的假定下，它可以表达为股票价格最大化或企业市场价值最大化。关于企业经济价值的计量模式目前有多种方法，其中股票市价法和贴现现金流量法最为流行。

实现企业经济价值最大化的三大常规途径，即资金成本最小化、现金流量最大化、持续发展能力最大化。

是分内之事还是压在企业肩上的负担？是显性的成本投入还是隐性的公益营销？是对企业业绩的损耗还是为未来做准备的能量蓄水池？类似于“To be or not to be”的哈姆雷特式人生命题，成为摆在企业面前的一道管理命题。答案究竟是什么？国家电网公司提出了三重战略准则，即“底线、共赢、价值”准则，“经济价值、社会价值和环境价值”准则，“自 身、产业、社会”准则。这些准则最终指向一个战略目标：最大限度地创造经济、社会和环境综合价值，协调推进公司与社会可持续发展。可以说，国家电网对企业社会责任的判断标准、科学内涵、内容边界、管理模式和社会价值作出了逻辑自洽的系统概括，充分发挥利益相关方创造综合价值潜能，推动公司管理目标从追求利润最大化转向追求经济、社会和环境综合价值最大化，管理对象从企业内部的人、财、物拓展到内外部利益相关方的资源和潜力；管理价值从经济价值延伸到环境价值、社会价值，从股东价值延伸到利益相关方价值，从关注自身价值延伸到创造社会福利；管理机制从优化企业内部资源配置发展到促进社会资源的更优配置。

现在进入了商业模式竞争的时代，同样是创造商业模式，企业就应该用科学发展的思维创造一种利于企业更稳健、更经济、更清洁、可持续发展的核心价值模式。核心模式超越市场竞争，就是不管什么时候，企业都遵循规律运作，求得各相关利益者共识和支持，持续形成创造合力，整合资源，实现经济、社会、环境综合价值最大化。

一般商业模式都要随外部环境变化而变化，一旦融入了企业核心价值，利润模式就变成了企业坚定不移的核心价值模式，这是企业核心生存力决定的。核心生存力是企业软实力和硬实力的持续结合，用核心价值指导企业形成特有的资源整合模式，推动企业持续发展。

可持续发展是现代经济社会的一种新发展观。可持续发展的基本含义就是强调可持续发展是既要满足当代人需要，又不对后代人满足其需要的能力构成危害的发展。这种新的发展观要求我们在经济发展过程中，注意资源的合理利用和环境的科学治理。它的根本目的就是在经济增长的同时，保护好资源和环境，实现经济、社会和环境的“三赢”。

可持续发展的基本目标就是在实现经济发展的同时，提高自然资源的利用率和减轻环境污染程度，实现经济、社会和环境的“三赢”。因此，在经济发展过程中注重经济效益的同时，必须要考虑社会效益和环境效益，三方面一起抓。传统的财务会计在经济人假设的影响下，认为企业最大的目标就是实现自身的经济效益最大化，而对于社会效益、环境效益等影响到社会发展的非经济效益则不予考虑。很明显，这种只考虑经济效益的行为是不符合可持续发展要求的。

在成本中创造综合价值最大化，就是在注重经济效益的同时，也考虑社会效益和环境效益，只有实现三者的最大化，企业才有可能实现可持续发展。也就是说，成本综合价值核算的是社会总收益（社会总收益 = 经济效益 + 社会效益 + 环境效益），偏重一种而忽视其他的效益都不能称之为是可持续发展的企业。

成本综合价值需要科学计算社会总成本和社会总收益。社会总成本由与经济活动有关的物质成本、人力成本、自然资源成本和环境污染成本组成；社会总收益是由经济效益、社会效益和环境效益构成。由于技术等方面的原因，在目前的条件下无法得出具体数据。在社会总成本中，物质成本、人力成本可以沿用现行成本核算模式的计量属性，而自然资源成本虽然在传统成本核算模式中已有所涉及，但是只包括自然资源勘察成本和自然资源开发成本。而按照自然资源经济学的观点，自然资源成本不仅应包括自然资源勘察成本和自然资源开发成本，而且还应包括自然资源耗竭成本和自然资源地租，环境经济学中认为环境污染成本包括：环境补偿成本、环境污染损失成本、环境治理成本、环境维持成本和环境发展成本。

企业承担综合价值成本是可持续发展战略的客观必然要求，它与可持续发展战略之间具有良性互动的关系。因此，将企业的综合价值成本与企业的可持续发展战略结合起来考虑，重新定位企业的社会角色，加快综合价值成本相关理论和实务的研究，对促进社会经济持续发展具有非常重要的意义。

●追求价值最大化的成本创造

> 成本创新只有与利益相关者价值融在一起，才能全面体现企业软实力。
>
> **——软实力“成”语**

企业发展从“以利润为中心”到“追求综合价值最大化”是一个质的飞跃，它标志着企业在更高层次上的一种新的价值取向。追求综合价值最大化，强调企业的成本投入不仅是为了利润产出，更重要的是成本价值创造，包括对顾客的价值、对社会的价值、对投资者的价值、对环境的价值、对员工的价值等等，在所有价值体现中，员工价值是最基本的，因为员工是企业价值创造的主体，企业对所有相关利益者的价值回报都必须由员工来承担和实施，没有员工参与和创造发挥，企业就难以达成价值目标。企业的价值只有和相关利益主体结合在一起，才能超越自我，长盛不衰，基业长青。

由追求综合价值而形成的成本运作模式，称为成本价值模式。成本价值模式的价值创造至少体现在四方面：

其一，客户价值。在以顾客为导向的经营观念下，企业直接价值与顾客个性需求紧紧相连，只有认可、接受了企业价值创造，企业综合价值才有稳固的根基。所以，企业价值的第一目标就是为顾客提供一流的产品和服务，努力为顾客创造价值。

其二，投资者价值。投资者将资本交给企业，就是要获得资本的增值和理想的价值回报。企业运营好资本，为投资者提供持续、稳定、高水平的价值回报，既是对投资者的尊重，也是对投资者选择正确投资项目的高度认可。

其三，员工价值。员工在企业中有多种层次的需求，企业在满足员工基本生存和安全需求的同时，还要为员工创造良好的成长和发展空间，让员工与企业的发展共同成长。员工与企业的心理契约，就是要让员工清晰地看到自己在职业生涯中的价值意义。

其四，社会价值。社会是企业生存和发展的土壤，企业生存的根基是否稳固，能否实现可持续发展，要看企业的公信度和对社会的作为。一个企业做到诚信经营，合法赢利，不断给社会回报，为社会发展作出积极贡献，这是企业最大的价值所在。

成本价值模式时刻关注创造新的附加值。首先是文化附加值。随着经济生活的提高，文化消费需求不断上升，人们不再满足于产品的使用，更多地追求视觉的、听觉的或者其他感官的享受，这就是所谓的“体验消费”。其次是服务附加值。新的经营环境下，产品和服务相比，服务更为重要。第三是附件附加值。现在产品本身获利越来越小，而主要的赢利点在于附件。

成本价值模式以经济联盟为载体。当今科技日新月异和产品的日趋个性化、复杂化，不管企业有多大的实力，也不可能控制所有的产品和所有的技术。而传统产业中的价值链中可挖掘效益潜力越来越少，单从企业内部挖潜创效的难度越来越大。据统计，目前企业创造的价值曲线，1/3 源于企业内部，2/3 源于企业之间。新的商业模式讲究合作共创，而不是单打独干，必须以战略合作联盟为载体，发展协作经济。通过合作，聚合不同企业的核心能力，以此创造更大的价值和形成更强的群体竞争力。

应变能力是支撑成本价值模式的核心内容。达尔文说过：“能够持续生存的生命不是最强壮的物种，也不是最具智慧的物种，只有那些最能适应变化的物种才能繁衍不断。”适者生存的自然法则同样适用于企业。当今市场瞬息万变，如果企业不能迅速适应市场不断变化的需求和快速变化的产业趋势，就有可能要被淘汰。企业竞争已从过去的产品竞争进入到了商业模式竞争的时代，商业模式是动态的，同样要适应市场变化，如果企业的运营模式一成不变，就会对市场反应变得迟钝，一迟钝就可能造成资源停滞，所带来的后果就是资金困死，成本升高，最终拖垮企业。成本价值模式就在于不断把握变化的需求，用旧的资源不断创造新的价值，从而使成本不断增值，为企业带来更多的利润。

成本价值模式的应变操作，要求企业因时、因地，因竞争对手、因顾客消费心理的变化，随时作出快速调整，在变化中把握价值方向和各种商机，加快发展自己，及时跟上或引领市场需求。企业应变能力首先取决于收集商情的能力，在收集市场信息时做到及早和全面，做应变决策时要做到快速、准确，这样才能争取竞争主动，抢占市场先机。在实践中要能灵敏地掌握信息，准确作出判断、正确作出决策、快速行动并敢冒风险。

信息网络是支撑成本价值模式运作的平台。当今社会的发展，事事都离不开信息。在信息管理方面如果没有先进的技术手段，不善于运用信息网络和先进的信息工具，成本价值模式的运用功效就会大打折扣，企业也无竞争力可言。

在信息化和知识经济的背景下，企业实力与企业的信息化能力日益密切。传统企业管理只有引入先进的信息化管理模式，与先进的信息技术有机融合，通过电子手段改善和提升传统管理，进一步加强物流、资金流、人员流及信息流的集成管理，带动企业管理的全面变革，才能不断提高运行效率和应变速度，为企业的发展带来新的增长空间。电子化商务是成功实施成本价值模式的关键，如果成本价值模式的运作能够实现全过程电子化、数字化，可以大大提高运营效率，降低成本，缩短周期，增强竞争能力。

成本管理与企业战略紧密结合是成本价值模式的显著特征。企业有什么样的经营战略，就必须有与之相适应的成本价值战略，经营行动取决于成本管理，经营战略的实现最终落在成本决策上。在低成本的同质竞争战略下，企业成本价值运作的重点就是通过降低产品的生产成本，形成行业或产品的进入障碍，降低替代品的威胁，保持领先的竞争地位；在产品差别化的异质竞争战略下，成本价值运作的重点是通过注入创新思维，提高产品的附加价值，体现产品价值的差别化和个性化，甚至以高成本的代价换取对顾客的吸引力。

实施目标细分市场重点集中战略的企业，虽然能保持一定的竞争优势，获得较高的市场份额，但因所关注的市场范围比较窄，企业的市场份额总体水平较低，因而企业战略的确定应当在成本、价值、收入、利润之间进行全面的权衡和取舍。以适应低成本竞争战略的成本价值决策必须满足两个要求：一方面要具有创造性和行业领先性；另一方面还必须具有可操作性，并且能得到企业上下的认可和支持，同时要对工作流程和成本结构进行逐步分析。

成本价值模式不是一次性的过程，而是一种全方位的、通过不断循环周转以促进持续改善的动态过程，它所追求的不只是短期利润，而是以企业的可持续发展为最终目的。成本价值模式的业绩评价，必须结合企业战略的实施，以既定的目标和控制标准为依据，采用财务与非财务指标相结合的方法，对定期或不定期产生的短期成果进行业绩评价，考察其目标完成程度，及时提供反馈信息，以便对改善过程进行监控和对改善结果进行衡量，从而形成可持续的解决方案，并促进持续改善。

成本境界
追求利润又不唯利润是图

成本的魅力不在利润而在价值，直接追求利润的成本运作属于硬实力思维，先创造价值而后获得利润的成本运作属于软实力思维。硬成本厮杀，利润越来越少，软成本创新，利润源源不断。将企业的责任和价值融入成本创新，体现了成本超越利润的境界。

●企业战略决定成本之路

企业奉行的是软实力战略还是硬实力战略，从资本投入和成本运作的方向就可知晓。

——软实力“成”语

按照成本软实力理论，成本运作讲究方向、方法和方程。所谓成本运作方向，是指成本按照什么导向进行配置、运营的，体现了成本的效能；所谓成本运作方法，是指成本怎样进行整合的，体现了成本的效率；所谓成本运作方程，就是从投入产出的角度评价整个成本运作的绩效，体现了成本的效用。

战略（strategy）一词最早是军事方面的概念，意思是发现智谋的纲领。在现代，“战略”一词被引申至政治和经济领域，其含义演变为泛指统领性的、全局性的、左右胜败的谋略、方案和对策。

什么是企业战略？管理学上对“战略”的定义有不同的阐述：

商业史学家小钱德勒在其著作《战略与结构》（1962）中给出的定义：“战略可以定义为确立企业的根本长期目标并为实现目标而采取必需的行动序列和资源配置。”

亨利·明茨伯格从不同的层次和侧面对战略进行了复合定义。他采用5个在英文中以p为头一个字母的词语来为战略做出一个综合的5p定义，亦即计划（plan）：总体规划与基本准则；计谋（ploy）：可操作性较强的谋略和计策；模式（pattern）：一系列决策中形成的某种共性；定位（position）：在竞争图景中的位选择；与视角（perspective）：经久一致的思维方式。

波特在《什么是战略》（1996）一文里兼容自己早期有关战略定位的理论创建以及后来资源本位企业观的主要论点，强调战略的实质在于与众不同，在于提供独特的消费者价值。

W·钱·金和勒纳·莫博妮在《蓝海战略》（2005）中则认为，战略包括企业关于消费者价值的主张，关于企业利润的主张，以及在组织活动中关于人的主张，并着重强调创新和改变游戏规则之于战略的重要性。

通俗地讲，企业战略就是举什么“旗”走什么“路”。这“旗”就是企业的主张，企业所秉持的理念，企业对相关利益者的态度，而“路”则是旗帜的指引下，企业所选择的经营发展路径以及所要达到的目标。

企业战略反映了企业的本质，也就是，企业从哪里来到哪里去。企业本质也称为企业本原，包括三个哲学命题，即企业是什么（企业愿景），企业为什么（企业使命），企业怎么做（企业价值观）。企业本质的三个问题是支撑企业战略的核心内容。

企业愿景表达了企业的志向和理想，是企业经营发展的内在驱动力，也是企业未来生存的引擎。企业一旦确定了自己的愿景，就会为实现这一理想，在不同阶段设定不同的战略目标，并为之不懈努力。

企业使命体现了企业价值所在，就是为什么要这样做，其意义在哪里。企业使命是企业战略的灵魂，企业理想必须建立在企业使命之上。企业可根据自己的使命制定战略方针，成为指导经营全局的行动纲领和制定战略计划的基本依据。

企业价值观表明了企业做人做事的态度和行为准则。企业价值观告诉相关利益者，企业是遵循什么样的行为规范行事的。企业价值观是企业战略顺利实施、循序推进的保障，也是企业所有战略措施中的第一执行要素。

从企业本质看，完整的企业战略必须包括三方面的内容：起点、终点和过程。起点是企业使命，就是从过去到现在；终点是企业愿景，就是从现在到未来；过程就是企业价值观，是连接起点和终点，通达未来的桥梁。因此，企业战略就是探寻企业本原，谋求企业生存发展之道。

企业硬实力战略和软实力战略尽管都属于企业战略的组成部分，但二者有着本质的区别。回到企业本原上，企业使命是企业战略的源头，决定了企业战略是硬实力战略还是软实力战略。企业使命说明了企业存在的理由，就是企业为谁而存在。如果仅仅为企业自己而存在，这样的企业追求的是单一的利润，势必“唯利是图”，其所推行的战略可归结为硬实力战略；如果企业不光为自己，更多的是为他人而存在，有超越利润之上的追求，这体现了企业有益于他人的存在价值和意义，其所推行的战略是超越硬实力的软实力战略。

老子说：“天地所以能长且久者，以其不自生，故能长生。”老子认为，天地长久存在的原因，是因为它不为自己而生存，所以能长久生存。这种说法表面看来很矛盾，实际上阐明了企业生存的本质，是企业除了赚钱之外存在的根本原因。管理大师彼得·德鲁克认为：“任何机构都不是为机构本身而存在的，其机构本身的存在并非目的，任何机构都是社会机关，作为社会的一部分存在。”所谓企业的好坏，只能以社会的立场来判断。企业是为顾客而存在，企业使命不在内部而在外部。

传统的企业战略追求利润最大化，属于硬实力战略。专门研究企业的美国著名经济学家凡勃仑，在1904年出版的《企业论》中指出："企业的动机是金钱上的利益，它的方法实质上是买和卖，它的目的和通常的结果是财富的积累。"他认为企业就是要赢利，建立企业的目的就是为了挣钱，为了获取最大化的利润。

一位企业思想家说过，"一家伟大的公司不仅仅在赚钱，还有一种使命，一个远景，一个梦想。"企业犹如一个有思想、会思维、有语言的生命体。在它满足了基本生存需求后，更高层次的愿望就会随之而来。企业若想永续经营，就需要有持久不变的东西来支撑。这就是沉淀于人们内心的核心价值，这不是金钱、权力、福利等所能替代的。

●利润实现方式在于先舍后得

先给别人价值，最后得到的才是利润，这是成本软实力战略之道。

——软实力"成"语

表面上看，企业持续成长靠利润直接支撑，那么，利润又靠什么支撑呢？实际上，企业的价值创新才是企业持续成长的根本动力。只有创造价值，企业才有利润；只有持续创新价值，企业才有持续成长的利润。在全球化的背景下，企业获取利润的不确定性日益增大，企业利润要得到有益的增长，必须从自己狭小的利润圈子里跳出来，过去很多企业都是为利润而利润，而现在我们应该将它变成为价值而利润。就像我们想从别人那里得到什么，必须先给予别人什么。给别人的是价值，最后得到的才是利润。这就是软实力战略之道。

素有"世界拉链大王"之称的YKK，年营业额达25亿美元，每年生产的拉链多达84亿条，占世界拉链市场的35%。当有人追问靠100美元起家的YKK创始人吉田忠雄，他成功的秘诀是什么时，他总是笑着说："善的循环。"在他的心目中，"善的循环"就是YKK的核心理念——"所谓善的循环就是撒善种、做善事。善行必能获得回报。而这种善不是强取而是给予，借着给予，你自然也会被给予。这么一来，善就会永无止境地循环下去。”为了贯彻这个理念，身为创始人，吉田忠雄只占公司总股本的16%，其家族持股也不过24%，公司其余股份均由员工持有。对于企业利润，他与员工一起将其再投资于研发、设备和市场扩展上，以不断满足社会的新需求。在“善的循环”驱动下，YKK先逐步建立了利益共同体，而后又建起了公司与社会相连的命运共同体。此时，企业的发展才算达到了健康、良性的境地。

彼得·德鲁克指出：“企业机构不能像过去的冒险商人，做完一笔生意立刻结束，再做另一笔。企业机构必须对一切资源作长远的承诺。”为此，彼得·德鲁克关于企业有经典三问：“一、我的业务是什么？我到底是干什么的？二、我的顾客是谁？三、我为顾客提供的独特价值是什么？”这三问实际上最终问企业一个问题：企业到底能给顾客什么？就是创造价值。这是企业软实力战略的出发点和归宿。

为利润而利润，拼的是硬实力，是为自己生存而赚取利润，这样的生存决定企业长不大；为价值而利润，比的是软实力，是为他人生存而收获利润，这样的生存才能推动企业持续成长。在市场竞争阶段，绝大多数企业都把精力倾注在做“硬”方面，如技术、资本、业务、渠道、产品、规模等方面，由于市场周期越来越快，对于硬实力的更新，许多企业已感到力不从心，手忙脚乱；而具备软实力的企业，就无需考虑太多，只要按照核心价值要求，用一定的商业模式去整合资源就行了，甚至有无核心硬资源都在其次，关键的是把握商业模式因时因地因事而变化。所以，为未来生存考虑，不管什么时候，做软实力比做硬实力更合算更长久更有价值。

成本直接与效益挂钩，利润很大一部分来自成本本身的伸缩，成本处理得是否妥当关系企业绩效成败。成本是一个系统工程，影响成本的动因是多方面的，如果将降成本简单地当做一种减法，也许成本量可以得到暂时的控制，但不能解决成本超标的根本问题。企业软实力理论认为，成本之外有成本，抓不住发生成本的源头，一切降成本的举措都是徒劳的。

一则成本是支撑价值的根本，价值体现在成本中就是质，质的产生来自严密的生产组织和严格的工艺控制，同时一定的成本量投入也是对质的保证。成本是有极限的，就在于支撑价值的成本必须保证足额，如果为了降成本而短斤少两、偷工减料，就会为质量埋下隐患，企业不仅得不到利润，反而因为质量问题要付出更大的代价，更重要的是影响企业的声誉，阻碍企业持续经营。如何善待质量，考验企业价值观，这也是成本软实力非常重视的问题。

二则企业利润的拉动必须以创造价值为前提，没有价值，任何成本都没有经济意义，只是一堆毫无利润回报的资源垃圾。而要实现价值创造创新，必须投入相当的生产资源要素，也就是企业必须增加成本。如果企业只图眼前的利益，舍不得投入，就无法开展相关的经济技术活动，就难以实现价值创新创造，企业就不能获得新的利润源。换言之，要实现成本创新，不只是做减法，还要善于做加法。因为，合理的成本投入，其最终目的是通过价值创造获得更多的利润。

三则成本与业务流程紧密相关，工艺有多复杂成本就有多繁杂，一条工艺链也是一条成本链。成本是企业的牛鼻子，整个企业的生产经营管理是一张密织的网，星罗棋布，纵横交错，在这张网中，成本的影响是牵一发而动全身，一个环节一个细节的成本处理得不好就会影响到其他工序的成本发生。如果不能站在全局的角度进行系统的成本操作，只考虑局部的利益得失，就可能出现“按下葫芦浮起瓢”的成本波伏现象，降低企业成本管理的效能和效率。

从投入产出的角度看，成本的投入是为了最大限度地获取利润，是最小的代价创造最大的回报。从成本软实力的角度看，为了利润，企业必须跳出传统的“成本减法”圈子，要学会做“成本加法”，通过成本创新谋求更大的效益，这是一条更广泛的成本效益之路。成本软实力的思路不在成本而在价值，不是直接获取利润而是通过价值创造收获利润。成本软实力体现在成本运营中，就是成本质量观、成本价值观和成本全局观，综合来讲，就是为了质量、为了价值、为了全局，企业必须舍得成本投入，才能实现持续赢利。

成本保证质量，是成本软实力发挥作用的根基。质量是企业的百年大事，任何时候都马虎不得，动摇不得。成本是质与量构成的，成本量支撑产品实体的物质部分，成本质显示产品的特殊效用功能。没有质或有缺陷质的成本量，不论其经济技术水平多高，都无法参与市场竞争。质量说到深处，就是企业的诚信，人无信不立，企业无信则亡。丰田汽车为了自身利益置供应商合理利润于不顾，盲目推行所谓的低成本，导致成本量投入的不足，最终酿成刹车系统的质量事件，给丰田造成的经济损失高达50亿美元。

成本保证价值，是成本软实力创新整合的目标。成本价值不是简单的“成本+价值”，而是价值之心与成本之躯的有机结合。“有机”意味着生命力的注入，使成本有血有肉，充满生机和活力，这种力量状态就是成本软实力。成本价值分为同质和异质。成本价值不是一劳永逸的，而需要持续创新，因为市场在不断变化，顾客的价值需求越来越个性化、差异化，这就决定了企业要注意用新的价值需求不断创新成本整合，确保成本能够可持续增值。否则，企业一旦创新停步，成本价值就会沦为同质化。

成本保证全局，是成本软实力协调运作的职责。企业是一个运作有序的系统，每名员工每个部门所处的位置都是不可或缺的环节，只要一个环节不能发挥作用，就可能影响到企业的整体绩效。只有上上下下牢固树立“一盘棋”思想，充分挖掘内在潜力，激发工作活力，尊重员工的首创精神，引导员工在协同中养精蓄锐，真抓实干，才能高标准地抓好工作落实。

成本担当
将履行社会责任视为投资

成本软实力理论认为，按企业所承担的责任，成本由三部分组成：经济成本、社会成本和环境成本。经济成本直接与利润挂钩，这是经济成本的价值所在，社会成本和环境成本支撑的是公益价值。公益价值最终决定经济价值能否实现。

●利润良知与价值空白

不含社会价值和环境价值的经济成本，即使有所创新，仍然属于硬成本。

——**软实力“成”语**

企业的价值取向，是一个从强制到自主的过程。强制的是企业必须遵守法律法规，履行社会责任，做到诚信守法经营；所谓自主，就是企业必须在诚信守法经营的前提下确立自己的价值方向。企业如果强制性这关过不了，就失去立身之本，任何所谓的自主作为都是空的。

在奶业市场上，三鹿集团曾称雄一方，仅品牌的无形资产，就值上百亿元。经过多年打拼，它赢得了不少荣誉，笼罩上了层层光环。可就是这样一艘行业巨舰，却因有毒奶粉而触礁沉没，让50多年的苦心经营尽付东流，令人欷歔叹惋。这一事件，警示经营者们：谁丢掉了诚实守信、丧失了社会责任和道德良知，谁也就毁掉了企业的前程！

一些地方和单位片面追求经济发展，忽视和放松了守法诚信教育，使一些人利益观、价值观严重扭曲，进而盲目崇拜“利润至上、金钱至上”，不守法律和道德的底线，恣意妄为，并引发一系列社会问题，对群众的生命健康和财产安全造成威胁，给和谐社会的建设造成阻碍，也给企业的自身发展带来毁灭性灾难。

这是发生在2006年的一次环保事故。甘肃省徽县水阳乡群众血铅超标重大环境事件，经国家疾病预防控制中心和甘肃省临床检验中心排查，共检出铅中毒260人。在中毒者中，有儿童255人，其中轻度中毒67人、中度中毒174人、重度中毒14人。

正如许多环境等突发事件的处置结果一样，随着甘肃徽县那个冶炼厂的关闭，“铅中毒”事件似乎就此可以画上句号了。因为，早该关停的污染企业终于关了，受害的民众将获某种程度的赔偿。

企业污染环境，造成社会危害，关闭是法理上的裁决，理所当然，但不是最终的措施；关键的是，“铅中毒”事件不是企业偶然行为所致，而是企业经营价值观“中毒”造成的。从长远计，必须从精神层面上教育企业，扭转企业偏轨的价值取向，唤起企业的“利润良知”，用社会责任和环境责任填补因经济责任带来的“价值空白”，从根本上疗治企业经营理念上的“中毒”。

这个当初选址、建造和污染治理设计方面存在种种不足的企业，后来成为该县“工业强县”战略的重点发展对象。尽管冶炼厂长年冒着黑烟，但这个集铅锌矿、金矿采选冶、铁矿开发等为一体的企业集团是当地首屈一指的纳税大户，自然是县里的重点保护企业，所以每年环保部门检查都能顺利过关，而且该企业10年中还先后顺利通过了ISO9001质量体系认证、ISO14000环境体系认证。

为利润而利润，唯利是图，不负责任，这是冶炼厂的“中毒”；唯利是从，不咎责任，这是地方政府的“中毒”。由于发生了重大环境污染事件，冶炼厂粗铅的停产，使得电解铅和铅盐化工企业失去了原料；没有了铅冶炼后残存的水渣，也对水阳乡附近几家冶炼厂的运转产生了很大影响。当地有官员认为：“这次污染事件带来的经济损失不可估量。”

实践证明，以牺牲环境、耗费资源换取的繁荣只是表面的、虚弱的，是在酿造灾难。“先污染、后治理，先开发、再保护”的发展老路和“高投入、高消耗，高污染、低效益”的粗放型经济增长方式是走不通的，一些地方和企业已经为此付出了沉重的代价，环境污染和生态破坏不但造成了巨大经济损失，危害群众健康，影响社会稳定和环境安全，而且成为实现经济社会全面、协调、可持续发展的瓶颈。

在经济活动中，最浅层的软实力就是“你办事，我放心”，其支撑底线是诚信和责任。“人无信不立”，何况企业。对于企业来说，最重要的文化就是要坚守一种诚信正直的态度，只有在此基础上才能延伸出更优秀的企业制度。企业没有诚信和敢于负责的精神就不可能存活，被社会淘汰是迟早的结果。

改革开放30年来，中国经济取得了举世瞩目的成就，中国企业获得了迅猛的发展，同时也暴露出诸多问题，与国际一流企业相比，中国企业的差距不是产品、技术、规模、资本等硬实力，而是诚信和责任的缺失。从1996年的“三株口服液事件”到2008年的“三鹿奶粉事件”，企业因诚信缺失导致责任懈怠，最终的结果是产品质量出现问题，消费者遭殃。这样的企业能让其生存发展吗？不可能，人无信不立，企无信则亡。这是最基本的市场规则，也是企业最起码的伦理要求。

守法为准，诚信为本，服务社会，这是企业应该具备的基本价值。所谓企业的基本价值，就是每个企业都应该履行的基本责任，是对企业的价值要求。基本价值是所有企业的共性，核心价值是企业独特的个性。只有具备基本价值，企业才能由“他律”变成“自律”，才能更加自主地追求自己的核心价值。基本价值要求企业诚信守法经营，严格遵守劳动保障、就业等法律法规，依法规范用工行为，维护员工合法权益，依法调解处理劳动争议，构建和谐劳动关系；严格遵守安全生产相关法律法规，加强安全生产监督管理，建立健全安全生产责任制度，确保安全生产；严格遵守产品质量相关法律法规，加强质量管理，确保产品质量；严格遵守合同、世贸规则、反倾销、反不正当竞争、招标投标、禁止商业贿赂等法规，诚信经营；严格遵守知识产权法律法规，自主创新；严格遵守环境保护、污染防治、资源利用等法律法规，合理开发利用资源，节能降耗减排；严格遵守消费者权益保护法律法规等，建立完善的售后服务网络和队伍，依法维护消费者利益。

●价值缺失与成本代价

价值不健全的成本体现了企业软实力缺失，可以侥幸赢利，但会长期失利。

——软实力“成”语

中国企业联合会、中国企业家协会的一项调查显示，中国企业诚信建设还不能完全适应市场竞争和经济全球化的要求，由企业失信引发的重大事件呈多发趋势。调查显示，目前我国经济领域中的失信现象还比较突出。企业受到多种失信行为的困扰，主要包括拖欠款、违约、侵权、虚假信息、假冒伪劣产品、质量欺诈等。据不完全统计，中国企业每年因信用缺失而导致的直接和间接经济损失高达6000亿元。

经济学家亚当·斯密曾说：“商人本来最怕失信用。他总是时刻小心翼翼地按照契约履行所承担的义务……”其实，经商的法则之一就是诚信。只有诚信经营，市场经济才能正常运转，任何弄虚作假、坑蒙欺诈、假冒伪劣等不道德行为都会破坏市场经济准则。所以，诚信是市场经济的基本条件，市场经济就是诚信经济。

企业由诚信所产生的支出，也就是消费者责任成本。消费者责任成本，是指企业对现实的和潜在的使用其产品或劳务的顾客履行相应的责任和义务过程中所发生的各项耗费与支出。如对产品的使用和维护进行指导和培训的支出，产品寿命终了时协助消费者进行报废和无害化处理的支出等。

在诚信的被动成本中，不保证产品质量、不实现承诺、不召回或不维修市场上的不良产品都可以减少企业成本，符合企业追求利益的目的。但是这个分析是静态的，认为企业只交易一次，不诚信可以获得最大利润。然而没有企业只进行一次交易，因为企业需要不断地交易来维持生存。一次不诚信足以让交易者失去信任，断绝以后来往，这种损失才是巨大的、长久的、难以挽回的。从动态分析，诚信可以维持业务，带来持久收益；诚信可以扩大业务，带来巨大收益。因此，从当前看，诚信被动成本大于诚信收益；从长远看，诚信被动成本小于诚信收益。所以，只要企业继续生存，就应该恪守诚信。

企业搏击商海，拼的是实力，靠的是真诚。实践证明，只有那些牢记社会责任，“真诚到永远”者，才能纵横市场、笑傲群雄。正如温家宝总理反复强调的那样，“每个企业家都应该流着道德的血液，每个企业都应该承担起社会责任。合法经营与道德结合的企业，才是社会需要的企业。”

诚信作为基本价值观，决定企业在利润与责任面应该怎么做。企业提倡什么？反对什么？弘扬什么？抑制什么？基本商业伦理和企业精神是什么？都取决于信仰什么样的价值观。许多著名企业家都认为，一个企业的长久生存，最重要的条件不是企业的资本或管理技能，而是正确的企业价值观。企业的命运如何最终由价值观决定。

在不同的社会条件下或不同的历史时期，会存在一种被人们认为是最根本、最重要的价值，并以此作为价值判断的基础，其他价值可以通过一定的标准和方法“折算”成这种价值，这种价值被称为“本位价值”。企业的基本价值取向包括经济价值取向、社会价值取向、伦理价值取向和政治价值取向。

美国兰德公司的专家们花了 20 多年时间，跟踪了 500 多家世界大企业，最后发现其中 100 年不衰的企业的一个共同特点是：它们不再以追求利润作为唯一目标，而是有超越利润的社会目标。具体来说，它们遵循以下三条原则：

人的价值高于物的价值。卓越的企业总是把人的价值放在首位，物是第二位的。日本松下公司的老板告诫自己的员工，如果有人问："你们松下公司是生产什么的?"你应当这样回答："我们松下公司首先制造人才，兼而生产电器。"

共同价值高于个人价值。共同协作胜于独立单干，集体重于个人。卓越的企业所倡导的团队精神、协作文化就是共同价值高于个人价值的企业价值观。1998 年诺贝尔经济学奖得主、剑桥大学经济学家阿马蒂亚·森说，一个基于个人利益增进而缺乏合作价值观的社会在文化意义上是没有吸引力的，这样的社会在经济上也是缺乏效率的。以各种形式出现的狭隘的个人利益增进不会对我们的福利增加产生好处。企业的基础是个人，没有个人能力的发挥，企业就不能成为一个有机的生命体，也就不能形成活力。而共同价值是个人价值得以实现的保证，没有共同价值观，不仅不能放大企业整体利益，个人利益也会大打折扣。

社会价值高于利润价值，用户价值高于生产价值。印度尼西亚一家航空公司承诺：该公司的飞机每延误 1 分钟，即向顾客返还 1000 印尼盾。新加坡奥迪公司承诺：如果顾客购买汽车 1 年之内不满意，可以按原价退款。亚太地区的 40 家希尔顿饭店作出承诺：如果没有按照规定的条件提供食宿服务，饭店照原价退款。卓越的公司总是将社会满意和顾客满意原则作为企业价值观不可或缺的内容。

成本核心
做精做强，领先同行

有竞争力的成本，软硬兼备。硬者，支撑价值的成本其投入充足；软者，引领成本的价值全面而充满创新。成本缺乏竞争力，有两种情况：一是硬成本不精，粗制滥造；一是软成本不新，跟风趋同。缺乏核心价值，成本炮制的就是大路货。

●将成本握成“拳头”

用软实力运作成本，对外是将企业价值辐散，对内是将企业资源集约。

——软实力“成”语

成本的出路不在低，而在强，就是要看成本的内在实力，代表企业核心价值的核心业务成本任何时候都不能削弱。成本竞争乏力，不外乎两个原因：一则核心业务不突出，成本个性不鲜明；二则核心业务成本被大量无效的管理、运营费用所包围，核心价值难以彰显。成本是硬实力，单纯地拼成本，极易陷入同质竞争的泥沼，造成成本硬伤，而无力反弹。成本之“硬”并非简单的资本堆砌，需要靠软实力来整合，就是将所有成本要素向企业的核心价值集中，凸显企业独特的经营优势。

在企业中，最能化解风险的就是核心价值，这是企业软实力的根本，任何时候都不能动摇。企业遭受高成本的冲击，大抵是因为资源过于分散，使硬实力变得十分脆弱，而无法抵御变局。这个时候，企业就要着眼于软实力，用核心价值来统领资源，收缩战线，减少非主营业务的投入，将一切力量集结到核心业务上。这样既能控制成本，将有限的资金用在刀刃上，又能强化主营业务的核心价值，增强市场竞争力，更加稳妥地赢得利润。

高成本环境下的企业困局，看起来好像是企业成本升高造成的，因此，很多企业盲目地将脱困的重点放在压费用、降成本、紧开支上。毋庸置疑，这种控制成本的方法是值得肯定的，但是犯了一个根本性的方向错误，因为中国企业的成本管理较之那些老牌跨国公司，总体还处于低水平，国内企业产品竞争乏力，主要是价值含量不高，如果不从价值创新上加强，一味地进行机械式降本压费，仍然不能从根本上摆脱高成本的挤压。按照企业软实力理论，成本是支撑价值的根本，不但不能削，还要进一步加强。

俗话说：五指摊开不如一个拳头有力。五指摊开代表资源分散、价值含量低、核心价值不明显，因此竞争力有限；握紧一个拳头，是因为有明确充满个性的核心业务，所有资源都围绕核心转，则力拔山兮，势不可当。

传统的企业注重品牌效应、利润效应而维持暂时的市场立足与竞争生存，这样造成的结果是企业经营目标多，但发展方向不明，使企业资源分散、力量分散、精力分散，尽管这样企业可以在市场波动中获得"东方不亮西方亮"的利润回报，但竞争优势不明显，核心能力不明显。这种经营方式并不是源于某种理念，而是迎合市场变化所采取的随机性概率应对措施，是一种浅层次、低水平、重当前、机械式的生存方法，这种生存方法，称为"指头生存"。

"指头生存"企业对竞争的认识一般停留在"麻雀虽小五脏俱全"的层面上，靠所经营的产品或服务从种类、功能范围上宽泛于竞争对手而取胜，在市场全面需求上做文章，而不是凭借强大的核心竞争力去引导市场、主宰市场。

"指头生存"企业所经营的内容主要体现在一个"全"字，从"小而全”、“中而全”到“大而全”，“大、中、小”代表企业经营规模，“全”代表企业经营品种，就是市场需要的品种企业有，市场不需要的品种企业也有，企业经营的品种越多越好，而且不管市场是否需要，有总比没有好，可以有备无患。“指头生存”企业的成本多耗在产品储备上，靠市场机会主义实现成本价值。

因为“指头”多，也就是企业经营项目多，没有鲜明的经营发展方向，企业经营处于一种混沌状态，就像无头苍蝇到处乱碰，靠简单、原始的市场直觉或感性判断来指导企业经营。“指头生存”的特点是，战线长，资源消耗大、闲置多，效率低，对市场变化坐等观望，靠“天”吃饭，是典型的粗放经营。“指头生存”企业的优势就是品种多，如果甲产品市场不好还有乙产品应对，虽然乙产品目前利润不高，一旦市场转变，甲产品还可以赚大钱。企业即使思“危”，想的也是万一目前的品种都赚不了钱，还得有更多的品种应对，一门心思开发出更多的产品品种，在做“全”品种上下工夫，实际上其经营思想就是居“安”思“全”，“全”而无忧，“全”而永逸。

砍成本主要是砍掉那些不能增加客户价值的费用，以及与企业核心价值无关的业务。多元化一方面削弱了核心业务的竞争力，降低了核心业务的利润率；另一方面增加了管理成本即官僚主义成本，造成了成本上升。这二者造成现金流出现问题，使企业选择过度负债，过高的财务成本再加之多元化扩张造成利润降低和成本上升的加剧，导致成本的失控，最终因资金链断裂而引发企业危机。

高成本困局下的企业出路，是变“指头经济”为“拳头经济”，即由单纯追求数量多、门类齐全的“指头经济”，变成技术含量高、市场占有率高、附加值高的“拳头经济”。市场竞争中最强有力的武器是集中所有的精力于一点上。专注于某一领域，确立自己的领导地位，使自己立于不败之地。任何一个企业都会面临资金、人才、管理能力以及所获得的信息等资源约束，如果把这些有限的资源集中在某一点上，就有可能把这一点做深、做精、做透，做到极致；如果将有限的资源分散到较多的领域，其结果可能是样样都不精，样样都稀松，往往被那些善于进行市场细分，专注于某一点的竞争对手所击破。最大的聚焦往往就是最大的成功。只有注重核心经营，才能走在竞争前列。

在全球化的扁平世界里，技术进步日新月异，用户的期望值快速飙升，市场竞争急速加剧，分散企业注意力和资源从事无关经营的做法，可能使企业陷入多元化的陷阱，得不偿失。一个高度集中的经营目标能够成为一种驱动力，助使企业在相关领域内独占鳌头，击溃对手扫清路障，也只有这样的企业才会有一个光明的前景。

管理学上关于狐狸与刺猬的寓言告诉我们，狐狸同时追求很多目标，把世界当做一个复杂的整体来看待。其思维是凌乱、扩散的，在很多层次上发展，从来没有使自己的思想集中成为一个总体理论或统一观点。而刺猬则把复杂的世界简化成单个有组织的观点——一条基本原则或一个基本理念，发挥统率和指导作用。不管世界多么复杂，刺猬都会把所有的挑战和进退维谷的局面压缩成简单的刺猬理念。对于刺猬，任何与刺猬理念无关的观点都毫无意义。

在资源有限的条件下，企业要获得竞争优势，应该像刺猬一样，在简单核心理念指导下，将原有的开发、生产、营销、服务等诸多环节，重新进行设计和组合，将资源集中于特定的业务，将焦点对准核心业务，仅保留其中关键的环节，而将其他环节虚位以待，也即减少投入或放弃某些环节，通过各种方式进行整合、弥补，以最大限度利用企业有限的资源，迅速增强企业核心竞争力。

●田忌赛马与突出成本优势

你的业务优势就是你的价值所在，也是成本软实力的着力点。

——**软实力“成”语**

大家都知道田忌赛马的故事。田忌赛马最大的特点，就是如何突出自己的优势，即使在整体优势不如对方的情况下，也要将自己的优势发挥到最能起作用的地方。从成本经营的角度看，田忌的上等马和中等马是核心价值所在，而下等马只是为突出上等马和中等马的价值而付出的成本。也就是说，成本要为创造和实现价值服务，而这个价值就蕴涵在企业特长优势和核心业务之中。

企业的核心优势如果不能凸显，不论你规模如何大，品种如何全，都难以给消费者特定的印象，也难以获得市场的认同，这样的成本运作虽然可获一时之利，却不能构建长久的企业价值。一般来说，多元化经营和纷繁芜杂的产品，不利于消费者和市场的认同，更难以形成持久的竞争优势。可口可乐、万宝路、IBM、柯达等世界最具价值的品牌无不是经营核心优势的典范，这也是公司长久不衰的秘密所在。

核心是事物的出发点，也是事物的最终归宿。对企业来说，就是核心经营，专业化经营。正如十个指头不如一个拳头的力量强大，多元化经营不如专业化经营。国外专家研究表明，他们在对持续创造价值，并在10年中每年至少获得5.5%的增长率的企业进行分析后发现，大约80%的持续价值创造者都具有单一的拥有强大市场领导地位的核心业务，这些核心业务是企业盈利性增长的主要源泉。而那些高度多元化经营的企业，在持续价值创造者中，仅仅占5%。正如德鲁克所言："投入全部的资源，向一个方向冲刺，是创业家最高的策略。""向一个方向冲刺"代表企业成本收缩、资源整合后的发力目标，从长期看是持续创新的核心能力，从短期看是赢得利润的核心业务。

"向一个方向冲刺"，就是用一个箭头整合企业资源，变"指头经济"为"拳头经济"。"指头经济"把多元化经营作为发展方向，特点是力量分散，没有规模和特色。"拳头经济"专注于某一领域里，属于"偏执狂"，这类企业优势明显，核心力比较强。

与专业化经营相匹配的是集中战略，即集中企业全部或大部分的资源于自己的核心产品或核心业务，力求取得最优业绩，在市场中树立自己的品牌形象，确立自己的竞争地位。核心业务的集中战略，某种程度上也是做大核心业务，形成规模经济，加强企业在市场中的核心地位。核心规模经济有利于集中精力培育成本领先优势，提升技术和质量，如果还辅以集中的市场开拓和售后服务措施，企业就有更稳固的防线，不断拓展与核心相关的业务，争占更大的市场份额，创造更大的竞争动力。

核心优势不必大而全，但企业至少要做到某项业务高度专业化。与田忌赛马类似的是，经济学上有比较优势之说。所谓比较优势，是指一种商品相对于同种其他商品具有某种优势，这种优势一般是基于要素禀赋差异而导致的，其表现可能是在成本上，也可能是在价格上。绝对优势却是个人或组织在某一生产要素上占有明显优势，并充分利用该生产要素进行生产。亚当·斯密在《国富论》中对绝对优势原理作了生动形象的说明：在狩猎社会，某甲一开始既打猎又造弓箭，后来发现自己更擅长造弓箭，于是就专门造弓箭换猎物；某乙一开始也是既打猎又造弓箭，后来发现自己更擅长打猎，于是就专门打猎，然后用猎物交换弓箭。如此一来，两个人的“蛋糕”都因之做得更大，整个社会的“蛋糕”也因之更大。

“向一个方向冲刺”，要求企业做自己最擅长的核心业务。亚当·斯密的案例告诉我们，你的优势虽然暂时不能达到你的目标，但只要这种优势是市场需求的组成部分，你完全可以通过全力经营你所具有的独特优势来实现你的最终目标。这样既符合社会化专业分工的要求，又高度体现自己的成本价值特色。也正因为如此，大卫·李嘉图通过比较优势学说，修正了亚当·斯密的绝对利益法则，认为一国只要生产自己在成本上具有优势的产品，然后与其他国家交换即可。

围绕核心业务寻求发展，是企业成长的必由之路。从业务层次来说，由于需求对收入增长的约束增强，降低成本、提高核心业务的利润率，就成为强化核心业务的中心。彼得·德鲁克对此指出：系统地把注意力集中在生产率上的公司，几乎肯定可以取得竞争优势，并且会很快取得优势。在20世纪90年代，诸如企业再造、外包、供应链管理、战略联盟等许多以提高生产率、减少投资为核心的新的管理思想和管理工具，迅速在全球企业界流行起来，并取得了明显的成效。

引人注目的是，近20年大公司纷纷收缩业务范围，卖掉“非核心业务”，将实力集中于主业、着力创造自己的核心技术，创造了一个又一个“巨无霸”式的跨国公司，使产业集中度史无前例地上升。这些强大的跨国公司，以技术、品牌优势与市场和资本实力交互作用，通过不断地跨国并购重组，在全球范围放大自己的优势，成为全球经济的主导力量。如戴克、波音、GE等制造商，耐克、麦当劳等品牌控制商，IBM等系统解决方案提供者，博士、德尔福等次级系统供应商，微软、英特尔等关键技术和关键零部件提供者等。

成本共享
充分体现利益相关者价值

企业成本来自方方面面，来自员工的是人工成本，来自供应商的是供应成本，来自投资者的是投资成本，来自销售商的是销售成本，来自社会公众的是社会成本，这些成本称为利益相关者成本。软实力凝聚利益相关者，是用一个价值创造平台协调各方面的成本力量。

●让利益相关者获益

成本没有外力介入，就无法体现经济之外的软成本价值。

——软实力“成”语

利益相关者管理理论是弗里曼在《战略管理：利益相关者管理的分析方法》一书提出的，该理论强调企业在经营管理活动中绝不能搞股东至上主义，任何一个公司的发展都离不开各利益相关者的投入或参与，企业追求的是利益相关者的整体利益，而不仅仅是某些主体的利益。所以，企业要注意综合平衡相关利益者的利益要求，这些利益相关者包括企业的股东、债权人、员工、客户、供应商、政府部门、居民、社区、媒体等受到企业经营活动直接或间接影响的客体。这些利益相关者与企业的生存和发展密切相关，他们有的分担了企业的经营风险，有的为企业的经营活动付出了代价，有的对企业进行监督和制约，企业的经营决策必须要考虑他们的利益和要求。

企业作为营利性的商业机构，没有利益相关者的支撑，很难生存下去。企业要想获得利益相关者的持续支持，就必须本着“合作共赢、价值共享”的原则，持续对他们的成本投入给予回报，以此坚定他们合作支持的信心。企业如何协调处理与利益相关者的关系，体现了一种履行社会责任（CSR）的能力。

可持续性发展所涉及的面很宽，企业该如何选择为可持续发展作出贡献？渣打银行的做法是坚持选择在与自己企业发展战略相关的领域有所作为，为此，渣打银行明确履行可持续发展责任的3条标准：与渣打所在的市场相关；可充分运用自身能力和设施作出最大贡献；可为自己的企业和开展业务的国家增添独特价值。

渣打设立专门的行政机构——可持续性发展部，负责执行可持续性策略，并动员、协调政府机构、非政府组织以及社会咨询机构，参与渣打银行的可持续性战略推进活动。

2008年，渣打银行倡导并践行“绿色节能”的社会责任，为中国客户设立中长期贷款，鼓励中国企业改造现有的楼宇设施，以节约能源，帮助建设能效更高的“绿色建筑”。这一计划将帮助大量希望提高能源效率的能源最终用户获得资金支持，进而在中国实现20%~40%的节能。首个计划价值高达1.17亿美元，将历时9年。

渣打银行在“克林顿全球倡议大会（Clinton Global Initiative）”上承诺，在2007年至2012年这5年期间，在全球范围以亚洲、非洲及中东市场为主，引领总值80亿~100亿美元的可再生能源和清洁科技项目或公司的融资。至今，渣打已为此类项目提供37亿美元的资助，消除逾310万吨碳排放。渣打银行在可持续发展方面的丰富经验和出色表现，也为它赢得了市场先机。2010年1月27日，国家环境保护部环境经济与政策研究中心与渣打中国签署合作备忘录，进一步推动绿色信贷在中国的长期健康发展。这是第一家外资银行与中国政府部门在此领域的合作。

雀巢不但不将承担企业社会责任作为额外负担，而且作为一种价值理念，像血液一样融入到每个业务层面，成为竞争市场的核心法宝。正如雀巢大中华区集团一位高管所说："雀巢承担企业社会责任的理念就是'创造共享价值'，争取把社会责任渗透到企业业务的每个层面，使所有层面的相关者都能获益。"雀巢推行"创造共享价值"的理念，最大的受益者是云南种植咖啡的农民，许多农民通过种雀巢咖啡迅速富起来，生活条件得到相应改善。自1997年以来，东莞的雀巢咖啡生产所需的全部小粒种咖啡豆从以往的国外进口转为从云南采购，大大降低了采购成本，也使雀巢咖啡实现了快速增长。

雀巢在云南种植咖啡，主要看中了云南的气候适合咖啡种植。为了调动农民种植咖啡的积极性，雀巢组建了农业服务部，向农民传授种植技术，协助云南建立咖啡种植农场，提供资金、种苗甚至免息的农具贷款与技术方面的援助；签订购销合同，制定了对农民的保护价格，解除农民的后顾之忧。比如种植咖啡前，当地农民种玉米一般收入是每亩600元，而种植咖啡，雀巢能保证每亩至少有2500元的收入。

雀巢生产注重环境保护和低碳排放。为了减少污染，雀巢在东莞的咖啡厂专门安装了固液燃料混烧的锅炉，通过焚烧咖啡渣制造蒸汽，减少固体废物，回收利用咖啡渣中所含有的热量，减少燃油的消耗。仅此一项，东莞雀巢生产每吨产品所需耗水量减少24.32%，每年节省重油达1400吨。

产业链的成败取决于终端销售，没有合作的销售商，企业就难以跨越市场上的"惊险一跃"。雀巢很重视与经销商建立长期稳定的合作关系，经销商在与雀巢合作中不仅获得了可持续性的发展，而且增强了与国际公司合作的能力，提高了自身的竞争力。

●战略联盟下的价值共创

企业软实力的价值在于，能随时按照自己的意图去整合相关利益者的资源。

——软实力“成”语

企业资源整合决定企业发展成败，尤其与战略伙伴的合作，牵涉企业方方面面的事务。成本是资源整合的平台，如何将不同的价值主体凝聚到这个平台上，就看企业的软实力运作。企业的价值核心是为客户创造、提供优质服务，而优质服务是以强大的资源为后盾的。企业软实力理论强调，资源不在于企业占有，而在于企业能随时按照自己的意图去整合相关利益者的资源，这种整合首先通过合作来体现，通过价值纽带的连接，彼此共享价值创造的成就。因此，企业的软实力发挥和运用，最直接的是资源整合，而这种整合要从战略合作开始。

战略合作模式的整合，体现了具有当代企业特色的商业运作模式。能源环境的变革、市场的变革必将引发客户需求的变革，我们不能左右变革，但我们要走在变革的前面。企业应当换一个眼光看市场，对顾客需求的变化作出反应，了解他们的需求，从而准确预测趋势，适时调整商业模式，持续为客户创造价值。

价值链创新有两种途径，第一种是寻找价值最多的环节。将低价值的业务环节外包出去，集中优势力量从事创造价值最多的价值链环节。第二种是在原有基础上进一步做大做强。通过整合技术、管理、资金或者其他资源，按照各展所长、优势互补、利益共享、风险共担的合作原则，使原有的价值链变得更为有效，并能带来更大的价值。企业只有将自己纳入价值系统之中进行系统思考，在价值链的若干环节上比竞争对手出色，才能拥有自己的核心实力。

按照企业软实力理论，资源—整合—利润这条价值链的关键环节就是整合。企业好比是一个黑匣子：一端输入资源，另一端输出产品/服务。价值在企业内部的流动方式往往不为人知。实际上，价值内部流动也就是资源整合、价值创新、资源增值的“化合”反应，这一过程是由商业模式的运作完成的。企业创造价值的过程，可分解为一系列互不相同但又相互关联的增值活动。在一些价值增值环节上，某企业拥有优势，在另一些环节上，其他企业可能拥有优势。

在各自价值链的核心环节上展开合作，实现企业间跨部门、跨行业、跨所有制、跨功能的大联合，促使资金、设备、技术、人才等生产要素的合理集聚，促使彼此的核心专长得到互补，体现了比单一企业更大的协同效应，在整个价值链上创造更大的价值。在整合中，合作各方都把自己最核心的资源和能力加入到价值链，各自的独特优势得以融合与加强，薄弱环节得以弥补和规避。在这种情况下，还使各企业的沉没资产得到合理配置与利用，而且能完成企业单独难以完成的任务，从而实现 1 +1 >2 的价值链增值。

基于“开放、合作、共赢”的软实力经营主调，现在那些处于市场领先的企业正利用他们的专业技术、市场知识和能力，在全球各地发展供应商和战略合作伙伴，以确保创新产品取得成功。这种做法不只是将非核心工程、产品和支持服务外包给制造商，还涉及企业核心产品、核心技术的创新，就是利用全球的力量强化自己的核心业务。

利用合作开展创新，如何实现有效的控制是成功的关键。这种控制就是要将产品开发的所有参与方和相关方紧密地联系到产品研发活动中去，从而实现产品相关的流程和数据的同步。这种方式的影响是全方位的，体现在从采购到设计、工程、制造、销售和服务的各个方面，操作是按照“总—分—总”的思路展开的，就是先确定总的方案，然后按专业分工将不同职能分散到多个企业和多个地区，最后又将不同的职能整合起来，形成企业所需要的终端成果。由此，也给业务增加了更多的复杂性、不确定性和风险。比如原来能够节约的成本可能会因失去对整个产品生命周期中关键流程的失控而被抵消。如果没有有效的管理，企业的成本、质量、市场和库存就很难得到合理的保证。

根据国外商务机构研究，重视价值链创新的企业，它们的成品库存可以减少 30% 以上，及时交付率可以提高 25%，其利润比那些未进行价值链创新的企业能提高 73%。价值链的整合最终是能力的整合。在整个价值链中，无论产品开发，还是供应、需求驱动，都需要相应的能力来处理各种复杂的关系。所以，从战略的高度看，价值链上的合作并不是以降低成本为出发点的自动联系的简单组合，而是通过各种方式将参与各方、利益相关方有机地组合在一起，使企业获得更大的能力，从而更有效地创新、降低成本、提高收入并扩大市场份额。

战略合作式的整合是将产业价值链上的相关利益者联合起来，通过优势互补，创造出更大的价值。这种组织形式称之为企业间的战略联盟。具体来说，所谓战略联盟，就是企业与企业之间为了达到一定的战略预期，在一定时期内彼此协调共享价值链上的活动，融合各家在价值链不同环节上的核心专长，合作创造更大的价值。价值链上的战略合作实际上是一种资源整合，通过重新组合各成员企业的技术、信息、资金管理和市场资源，形成更大的协同竞争优势，为顾客创造更多的价值。

一般来说，现在企业间战略联盟的形式主要有三种：

第一，以品牌为龙头的产品代工式联盟。例如，格兰仕作为全球性微波炉生产基地，就是利用自己的低成本优势，为世界各国微波炉品牌代工产品，而作为代价，对方企业将自己原有的生产线甚至技术转让给格兰仕，共同开发区域市场。

第二，以共同研发为目标的新产品开发联盟。例如，美国波音公司为了与欧洲空中客车进行竞争，与相关企业结成新产品开发联盟。

第三，以价值链为支撑的市场联盟。一是销售联盟。例如，神州数码利用自己的渠道优势全面代理东芝笔记本产品就是此类联盟。二是供需联盟。企业为节约采购成本、保证稳定的货源，通过与供应商签订供需协议，建立长期、稳定的供需关系。三是市场开发联盟。在地区市场壁垒森严，外国企业难以进入时，这时企业往往采用与当地厂商合作的方式进入。

总之，战略联盟的建立，可以帮助企业按照价值链横向一体化管理的要求，整合分散的外部资源，快速强化企业的核心实力，学习新技术，打开市场，扩大市场份额，提高运营效率，化解市场风险，最终实现优势互补。

成本底线
以保证品质为根本

从实力属性看，成本与品质的关系就是硬实力与软实力的关系。硬实力追求利润，软实力追求价值。成本缺乏品质，就难以转化为软实力；品质缺乏成本，就难以“硬”起来。鱼和熊掌可以兼得，品质和成本结合起来谓之质量成本。

●质量不足与成本损失

成本投入足却出现质量不足的现象，实际上就是成本损失，是软实力缺乏造成的。

——**软实力“成”语**

成本与质量之间是合理配比的关系。成本不足必然导致质量不足，使产品价值大打折扣，甚至危及消费安全。质量不足意味着质量成本的损失，一般来说，按质量产生、形成和实现的过程，质量成本受6个因素影响：

其一，人的因素。人是生产力要素中最活跃的因素，对产品质量的影响最大。人的因素对质量的影响主要体现在观念、责任、技能和相关知识素养上，其中做事的态度和工作情绪起至关重要的作用。由于操作不到位、操作技能落后就可能导致质量缺陷，由于技术水平差就可能产生不合格品和废品，由于不按操作规程动作就可能发生质量事故。有些产品看起来品位不高，不精不细，比较粗糙，有一定的量而无一定的质，就是人的责任素质、技术素质造成的。人的因素影响又与生产环境氛围有关。环境育人，精细严谨有序规范的生产环境必然培养出精细严谨有序规范的作业人员。这就是企业文化和工作习惯对人的影响，并通过人最终影响到产品质量上。

人的因素对质量成本的影响表现在三方面：一是操作不精不细，就形成不了产品精品，产品质量等级不高甚至报废，是对成本最大的浪费。二是操作不能一次到位，必然导致返工，加大成本的重复投入，影响企业利润。三是技术水平落后，就会产生不合理的工作间隙，降低生产效率，实际上增加生产产品的时间成本。

为了确保产品质量，提高生产效率，降低生产成本，企业务必采取以下防控措施：一是营造轻松愉悦的工作环境，让员工保持良好的工作状态，充满激情地开展质量工作，把产品制造当做精美绝伦的艺术品创造。二是开展全面质量管理，引入市场化机制，将下道工序视为用户，加强工序与工序之间的质量衔接，做到不合格的质量绝不流入下道工序。三是根据工艺和工序要求，细化、量化各类操作规程，建立岗位质量责任制，加强质量业绩考核，实施质量一票否决制。四是开展质量比赛，比学赶帮超，形成人人追求质量、相互提升质量、持续改善质量的组织氛围。

其二，设备因素。机器设备是生产、保证产品质量最重要的物质载体，设备能否精确高效运行，对产品质量的形成和质量成本的利用起决定性作用。尤其在机械加工行业，设备的自动化程度、精密度、可靠度、运行性能和适应能力，直接决定产品的生产规模和质量等级。原材料进入工序后，能否得到最大化利用，取决于工序之间的配合和设备之间的传动，设备的先进性、生产组织的严密性、工艺流程的稳定性是保证产品质量经济性的基础。

设备因素对质量成本的影响表现在三方面：一是设备新度系数、自动化程度越高，生产的质量就越可靠，原材料一次合理利用率就越高。二是设备折旧越多，就说明设备老化程度越大，对质量的保证性就越弱，生产性资源耗费增大。三是设备的经济性和技术性决定了产品的成本价值，原材料的一次投入占了60%以上的成本，而设备维护保养、检修等费用则是按时间依次计入成本。

为了确保产品质量，提高生产效率，降低生产成本，企业有必要对设备实行全寿命周期管理：一是加强设备的前期管理，包括规划决策、计划、调研、设计、制造、购置，直至安装调试、试运转的全部过程。二是加强设备运行维修管理，包括防止设备性能劣化而进行的日常维护保养、检查、监测、诊断以及修理、更新等管理，其目的是保证设备在运行过程中经常处于良好技术状态，并有效地降低维修费用。三是加强设备报废及更新改造管理，企业将大量资金投入设备更新改造，追求的是扩大规模，提高质量，产生更大经济效益。更新改造后的设备要体现先进适用性、可靠性、可维修性、经济性、安全与环保、节能等性能。

其三，材料因素。传统产品成本分布，原材料占60%以上，现在由于合作生产的加强，对产品个性价值的重视，在产品成本中研发费用和市场营销费用占了总成本的70%，而原材料所占比重下降到30%。但不管怎样，产品价值最终是通过材料整合表现出来的，材料的质量从根本上决定了产品的质量，所以，企业对原材料的选购使用要慎之又慎，既要合理经济采购，严格控制采购成本，又要严格把关材料质量。

材料因素对质量成本的影响表现在三方面：一是质量差的材料投入生产后，必然生产出质量差的产品，如果不对材料质量严格把关，就会给企业带来很大的质量麻烦，企业就要付出比采购原材料更大的代价。二是材料采购要坚持货比三家，在保证材料质量的前提下做到优化采购、合理采购、经济采购，采购成本控制了，也就是从源头上控制了产品成本。三是材料的流通和储存，也会影响材料的质量和材料储运费用，所以，企业要注意按照生产需求及时准确进购和备存材料。

对于材料的管理，重在质量把关和成本控制。为此，企业要深入考察了解材料供应商，尤其要选择有相关制造资质的供应商作为合作伙伴，加强与供应商交流，在合作共赢的原则下，确定双赢的购价，对进厂材料加强质量检验，督促、帮助供应商做好质量控制和质量保证工作。

其四，技术因素。有什么样的技术就有什么样的质量，产品质量从研发阶段就与技术密切相关。有什么样的质量设计，就有什么样的技术匹配。产品设计出来后，要投放生产，必须按设计条件建设相应的生产线。如果技术水平上不来，主要技术问题得不到彻底解决，照样生产不出符合设计要求的产品质量。技术虽然是无形的，但对产品质量的影响是有形的。质量决定成败，如果技术滞后，就会成为影响质量的瓶颈因素。

技术因素对质量成本的影响表现在三方面：一是技术先进是保证质量的前提，达不到一定的技术条件，就很难生产出合格的质量；二是技术落后必然加大质量成本，比如按技术要求改善落后的生产设施和条件，就要追加生产投入，也就增加了产品成本；三是先进技术的引进和研发要注意经济合理性，如果投入过大，可能导致技术太超前，不符合眼下经济运行的要求，造成技术过剩、质量过剩、成本过剩。

对于技术管理，主要是两方面：一是加强硬技术的管理，比如设备技术、生产作业装置等等，要体现先进性、稳定性、可靠性；二是加强软技术的管理，比如工艺流程的安排、工序之间的衔接、工序加工手段的选择和工序加工的指导文件的编制，要体现连续性、经济性和产品的工艺特性。

其五，检测因素。产品质量检验是产品入库的最后一关，为了避免不合格产品进入流通渠道或者下一道工序，掌握各类生产要素的质量信息，必须对产成品、半成品或在产品进行实体质量检测和动态质量检测。所以，产品质量从作业环节上最终取决于验货关，而质量检验工作的质量又取决于检验人员的素质、检测技术、检测设备和检测手段。如果检测阶段的工作低水平，必然导致不合格品进入流通，给后续工作带来更大的麻烦，由此就要增加产品成本。

检测因素对质量成本的影响表现在三方面：一是检测工作严密、检测手段先进，可以提高检测效率，确保产品顺畅流通；二是检验人员不负责任，工作马虎，就会加大工作成本，造成重复检测；三是质量是生产出来的，不是检验出来的，但是产品必须过好检测这一关，方可保证质量万无一失。也就是说，为防止“一失”的质量缺陷，必须投入“一万”的工作，从根本得失看，这“一万”的投入是值得的。

对于检测管理，主要是两方面：一是要加强对检验人员的责任意识教育，加强检测培训，掌握先进的检测技能，提高检测水平；二是要加强对检测设备的维护保养，使检测随时处于精确、可控、可用的状态。

其六，环境因素。有很多产品对生产现场的环境有特殊的要求，现场治理达不到一定的程度，就无法保证生产的顺利进行，最终影响产品质量。

具体来说，环境对质量与成本的影响有三层意思：一是制造现场的空间环境，是否满足产品对温度、湿度、噪声干扰、振动、照明、室内净化和现场污染程度等环境要素的要求。二是制造现场的流动环境，包括物流、人流、信息流，流动环境布局是否科学合理，是否体现精益生产的要求，是否有停工待料、铺张浪费、杂物堆砌以及脏乱差现象，这些都是影响资源配置和产品质量的重要问题。三是制造现场的人文环境，主要体现在现场人员是否训练有素、操作是否有条不紊、现场管理是否达到“5S”的要求。

对于环境管理，主要有三个方面：一是要严格按照产品质量对环境条件的要求，精密科学建立生产环境，为高效高质生产提供可靠的空间保证；二是要加强对现场环境变化的动态监控，随时掌握环境变化的信息，持续保持生产环境对产品质量的适应性；三是要加强生产现场管理，科学有效定置现场的各类生产要素，确保作业顺畅流通，生产高质高量。

●寻求质量与成本之间的平衡

质量与成本的匹配，就是用软实力整合硬实力，这反映了企业的综合实力。

——软实力“成”语

“低成本”只是获取竞争优势的一个方面，但如果把它看成是唯一的，那就将成为“便宜无好货”的导火索。事实上，合理的成本将会对产品品质做出必要的保证，是买卖双方良性循环的开端。企业只有在保证产品品质的同时运用低成本，打出“组合拳”，才能在全球化不断深入的今天取得新胜利。

一般来说，高质量必须有相当的成本相匹配，但是，质量与成本常常会出现配合差异，这是质量水平与经济技术水平不相称造成的。比如，高质量由于经济技术付出的代价高，必然产生高成本，有时候高成本又因为质量水平达不到而难以生产出高质量。因此，质量成本管理就是在最佳质量与最恰当的成本之间寻求平衡。

质量管理活动本身是要花费费用的，一般称为质量成本（Quality Cost），是总体成本的一部分。所谓质量成本，就是为了达到产品或服务的质量而进行的全部工作所发生的资源消耗和费用支出。就工作与质量的一致性来看，质量成本分为两类：一类是一致成本，即一次性生产出合格产品，也就是产品质量与要求一致，所发生的费用；另一类是不一致成本，即因为生产不合格产品，也就是产品质量与要求不一致，由此而发生的一系列费用。这些工作成本一般又可以分为两种：事前成本和事后成本。事前成本是在结果发生之前，为了使项目结果与要求一致而采取行动的成本。事后成本就是在结果发生后的成本，包括评估成本和故障成本。评估成本是确定结果是否符合质量要求而进行的活动的成本。故障成本是发现结果与实际质量要求不符，而进行纠正活动的成本。

当今时代，科技迅猛发展，产品生命周期越来越短，产品更新越来越快，决定了企业对质量成本必须持续投入。客观地讲，企业的生产经营所有环节都存在质量成本。对企业来讲，质量成本的投入既是必须的又是矛盾的。因为质量成本的投入受制于两个因素，一是不断满足顾客的个性需求，二是不断提升企业利润的内在要求。在需求与效益之间，质量成本以一种矛盾的状态发展着。在低价竞争的态势下，按照质量标准要求，企业的质量成本投入绝不能超越客户的现实支付能力，只能保持最低限度的质量成本投入。在质量竞争的时代，企业必须加大质量成本投入，创新产品价值，增加产品附加价值，从而超越竞争对手，增强产品的特色竞争力。

有效的质量识别可以保证质量得到持续改善，从而减少质量问题带来的成本。在一些著名的制造企业中，员工都养成了这样一个习惯，就是都不放过任何一个已发现的质量问题，绝对不让有质量问题的加工零件进入生产线的下一道工序。这种做法有利于企业迅速发现质量问题，并找到引起质量问题的根源所在。这是必要的预防质量事件的事前成本投入，可以减少不合格品的产生，提高质量，从而降低材料报废、再加工、返工、延期交货、错发货与多发货、设备故障、库存积压等带来的成本。还可以减少售后保修费用，保持市场份额，避免由于产品或服务质量低劣而导致的人身损害、环境污染等重大事故的发生。

质量成本的控制，就是通过一系列的措施、手段和方法，达到保证质量、控制成本的预期目标，是建立在对质量成本的统计和分析基础之上的一种重要手段。质量成本控制包括质量相对稳定期质量成本控制和质量时效性变化时质量成本控制。

质量相对稳定期的质量成本控制：

当损失成本处于支配地位，即损失成本与质量总成本的比率大于70%、预防成本小于10%，此时处于质量改进区，主要通过克服缺陷的集中区去降低损失成本，确定改进方案并实施。

当鉴定成本处于支配地位，即鉴定成本大于50%、损失成本小于40%，此时处于质量改善区，主要是根据企业生产的实际情况合理安排质管人员，提高其业务水平，并对产品检验以达国标为要求，实行更有效的检验和试验程序、进行高效率抽样。

当损失成本约占一半、预防成本占10%左右时，在成本控制上已经无法找到赢利点，此时处于质量成本最佳区，能做的事情就是控制使之保持。

质量成本控制是一个动态过程，随着产品或服务内容的变换、设施的改造更新以及技术管理水平的提高，控制方式、方法和内容等都要随之变换以适应其发展，一个组织应建立一个动态的闭环控制系统，保证质量成本处于最佳的受控状态。

质量时效性变化时质量成本控制：

当产品或服务达到高质量时，顾客会对产品或服务有一个新的要求，此时的产品或服务质量对顾客来说是处于低质量时期，企业要生存就必须提高各方面的质量，所以应加大质量方面的投入来满足顾客，投入的多少根据顾客要求多少来确定。

此时主要是预防成本增加，然后是鉴定成本和损失成本也相应会增加，质量成本管理又回到了一个动态循环管理，回到了质量相对稳定期，在稳定期，质量也会从低逐步提高。

当前绝大多数理论都将质量成本定义为由质量不合格（不足）而引致的各种支出，包括：对质量不足的预防与检验成本和由于质量不足而引发的失败成本两大类。其实，质量过剩成本也应是一种质量成本。

以往，企业对质量成本管理的认识存在“三重三轻”的现象，即重管理轻经营、重质量轻成本、重不足轻过剩。所谓重管理轻经营，是指将注意力集中于生产过程，只关注产品质量成本的预防、控制等管理环节，而对于质量管理的结果是否能为企业的经营带来效益却很少关心。所谓重质量轻成本，是指在质量成本管理活动的目标和对象上存在偏差，并未真正将控制质量成本作为管理活动的目标，而错误地将目标定位在质量控制上，这使得质量成本管理与质量管理混为一谈，其结果是企业只重视产品质量的提高而不注意质量改善会给企业效益造成的影响。所谓重不足轻过剩，是指过多地将精力集中于对质量不足成本的管理，一味地对质量不足进行改进，而不关心质量是否已超过用户实际需要。过高地提升产品质量，将可能产生不良的结果。一方面质量的过度提高耗费了企业大量资源，另一方面过高的质量不为顾客所察觉或接受，就无法为企业带来经济利益。

当市场产品处于饱和状态的时候，竞争就处于相持阶段，所谓相持，就是竞争者实力相当，质量水平差不多。在这种情势下，质量竞争就转化为成本竞争，如何对成本进行有效控制成为竞争取胜的关键。一方面，为了满足顾客的需要，企业必须保证质量；另一方面，为了减少成本耗费，赢得利润，企业又不能盲目地提高质量。质量也应把握一个合理的“度”，以寻求顾客与企业双方利益的满足。

第一，要把握满足顾客需求与保持产品质量水平的平衡。一切质量只有得到顾客的认知和接受才有意义，否则就是无效质量或不必要质量。

第二，要把握产品生命周期与质量保证期的平衡。科学技术进步与日益激烈的竞争是推动产品不断创新的双引擎，尤其是产品开发周期和寿命周期日趋缩短，企业在研发方面必须使产品的质量保证期尽可能与产品更新换代的步伐保持一致，并形成动态平衡，从而可以避免由于过高质量而带来的浪费。

第三，要把握产品内在部件间的质量协调与平衡。如果一种产品的关键功能部件因达到自然寿命而发生报废，往往使整件产品退出使用，而其他部件被分解并继续使用的可能性很小。所以，关键功能部件的质量保证期就决定了整件产品的使用期。而其他部件超过该期限继续使用的功能部分，则可视为一种过剩质量。这就要求同一产品的各种不同部件达到相同或者相近的质量水平，使用寿命尽可能地趋于一致，从而减少不必要质量所耗费的成本。

成本个性
没有价值就是累赘

成本缺乏个性，就只有简单的硬实力，成本有了个性，就意味着软硬兼备，代表企业综合实力。价格竞争引发的成本拼杀，就因为成本没有价值个性，而无法摆脱同质相残的血腥局面。有价值的成本轻松进取市场，无价值的成本是压垮企业的沉重包袱。

●成本差异不在量而在质

大路货竞争，比的是成本高低，成本软实力不怕成本高，就怕价值低。

——软实力“成”语

今天的中国市场已经没有了所谓暴利的机会。特别是中小企业，面对的是细分的市场、分散的人群，着眼于直接的可观利润是现实的。面对拥挤的同质市场，企业的最佳出路是创新。同样的产品、同样的服务、同样的成本，通过新的组合产生附加值，就可使企业在同质市场中获得超越对手的高额利润。这种经营方式因为融入了企业软实力，因而成本的价值得到提升。

在同质市场中，企业往往把“成本领先”、“成本优势”放在竞争首位，比如低成本战略就是这种思想的体现。所谓同质，就是产品的价值差异不大甚至雷同。以低成本战略应对同质竞争，激烈拼杀的结果是拉平了彼此之间的成本差异，成本总有降到不能再降了的时候，更何况支撑价值的成本是相对固定的。因此，如果低成本战略确实到了尽头，利润已无再挖的潜力，企业就要考虑在提升成本价值上做文章，在与对手同等成本水平的基础上，给产品增加一点异质元素，以此提升产品的附加值，增强产品的竞争力。

在同质市场中，大家的产品成本水平差不多，能给客户带来高附加值的产品，肯定深受欢迎，企业也因此会获得高额回报；而缺乏附加值的大路货，却只能深处闺阁，因为滞销，在一定程度上使产品成本反而不断增加。比如，资金积压所造成的资金成本，库存所产生的管理成本，促销所产生的销售成本等，即使产品经过艰辛努力销售出去了，企业获取的利润也所剩无几，这样，企业的生产经营就滑向恶性循环，企业生存也越来越艰难。因此，缺乏附加值，产品成本就没有竞争力。

中国企业参与全球竞争，思维的同质化达到了惊人的程度。中国许多制造企业，生产的多是同质化产品，附加值和科技含量都很低，基本上靠量来取胜。这样很容易在一个行业造成产品过剩，最后只能打价格战。而出口产品很容易就遭到国外反倾销，于是出现了一个又一个行业的恶性循环，并且循环的周期越来越短。

那么，何谓附加值？可用公式表示：

附加值 = 客户总价值 - 客户总成本

客户总价值包括产品价值、服务价值、人员价值和形象价值，客户总成本包括货币成本、时间成本、精神成本和体力成本。

产品价值主要体现在产品的品质、功能、规格、特色、款式等因素所产生的价值上。产品价值的基础是产品品质，一旦产品品质低劣，不能正常发挥其功能和特性，就不具有任何价值，也就是对客户权益的侵犯。企业应当即时了解自己产品的质量水平，当产品质量低于目标客户的期望或低于同业竞争者已达到的水平时，就要想方设法提高产品质量。但是，产品品质并不是产品价值的唯一体现，如果产品不具有客户所要求的功能，不能满足客户的需求欲望，也就不具备区别于其他竞争性产品的特性，即使品质再好，客户也不可能购买。因此，企业不仅要保证产品品质，还要重视产品的功能、特色和款式。适当地开发和生产针对一定客户所需功能的产品，使产品功能既无过剩，又无不足。所以，企业应当合理设计产品功能，不仅满足客户需要，还能节省客户支出。如果设计一些客户并非必需的功能，就等于画蛇添足，既不能提高客户期望值，又增加了客户负担。

产品特色是产品独有而竞争者产品不具备的某些优势特征，这是客户需求个性化的必然要求，也是行业间产品竞争出奇制胜的法宝。产品特色越鲜明，就越能满足个性化需要，产品价值就越高。企业应尽力分析客户需求的细微差别，开发出来的新产品才能在保持原有基本功能的条件下寻求细微特征方面的优势，吸引某些特殊的客户群体。

服务价值是随着产品出售而向客户提供的各类附加服务所产生的价值。服务是产品销售的有机组成部分，是实现产品效用的有力保证，是全方位满足消费需求和提高产品价值的重要内容。基于不同的产品功能与产品结构，无论是在售前，还是在售中与售后的过程，服务价值都可能存在一定的差异。西方专家认为，未来竞争的关键不在于卖什么产品，而在于提供什么样的服务。正因为服务存在极具个性化的特征，才会给企业带来巨大的竞争优势。现代科学技术的发展和社会化大生产使不同品牌在“硬件”方面的差距逐渐缩小或可忽略不计，从而引导企业经营吸引客户就只能在“软件”上下工夫，即在个性化上下工夫。产品的科技含量越高，对服务的依赖性就越强。

货币成本包括客户购买以及使用产品付出的直接成本和间接成本。直接成本是指支付给产品销售单位的费用，如按产品定价支付的购买价格、包装费等；间接成本是客户为购买以及使用产品而消耗的相关费用，如信息收集成本、交通费、商品运输费、安装费、维修费等。货币成本是客户总成本的主要因素，也是客户购买产品时考虑的首要因素。

时间成本是客户为得到和使用所需产品而耗费的时间折合而成的代

价。客户为得到和使用所需产品而耗费的时间主要有：信息收集时间、路途往返时间、交易过程时间、交货等待时间、商品运输时间、售后服务时间等。产品的购买和使用所耗费的时间越长，客户付出的代价就越大，满意感就越低，所感受到的让渡价值就越低。

精力成本是客户购买和使用产品时在精神和体力方面的耗费，包括精神成本和体力成本。

从附加值公式看，增加客户总价值，降低客户总成本，都能提升附加值。

增加客户总价值。一是表面价值，就是服务产品对客户的实用性。丰富品种，可以提高表面价值；产品不断升级，则刷新客户的表面价值。二是潜在价值。就是服务产品对客户的愉悦性，是一种情感上的价值满足。提高表面价值，客户的满意度会上升；提高潜在价值，带来的可能是客户的忠诚度。比如，抽奖活动、促销活动、赠送礼品，带给客户惊喜。检查一下，细节服务是不是有缺漏，比如，购物环境是不是干净，灯光是不是适合，有没有设置休息区，服务现场有没有播放音乐，洗手间难不难找。点的相加，将产生巨大的效应。做好这些服务点，会让客户更加舒心，能够有效地提高客户的潜在价值。

降低客户总成本。一是表面成本，就是货币成本。客户购买服务产品，最想要的是价值最大化，价格最小化。最直接的方法，也就是降价。产品降价，客户的表面成本就低了。除了降价，也可用成本转移的方式。比方，为客户提供机票和酒店，把一部分成本转移到企业身上。二是潜在成本，就是除了表面成本以外的成本。包括客户接受服务付出的成本，包括时间、精力和体力等因素。怎样降低客户的这些潜在成本？比如，在沃尔玛，节假日商场购物人多，很多客户排队等候结账，商场就增加收银台；某美容院为客户指定专人顾问，设计脸部改善方案，解决美容问题；客户在批发市场购买大宗货物，市场为客户送货上门；等等。

●个性成本提升企业竞争力

成本软实力创造附加值，附加值能使产品成本相对降低。

——软实力“成”语

成本的竞争力在于产品为客户提供的附加值，而附加值则体现了同质的差异化。在差异化经营中，企业可通过形象、产品特性、产品服务、技术特点、经销网络等形式，努力形成一些在全产业范围内部具有特色的东西，使用户建立起对品牌的偏好与忠诚，企业也能获得超常收益。例如，企业可利用客户对品牌的忠诚而有效地避开价格方面的竞争；产品的特色使客户选择余地变得很小，其对价格的敏感性减弱。在面对供方压力、替代品威胁时，拥有特色的企业或者产品，往往比其他竞争对手更为有利。

按照附加值公式，只要客户的整体价值减去客户的整体成本的差额部分越多，客户所享有企业为其提供的让渡价值或利益就越大。于是，企业就为客户创造了更多的价值，在这样持续的价值创造中，企业的软实力就日渐积累，由此又影响更多的客户和其他相关的利益者，企业软实力对资源整合就进入高层次的良性循环和价值循环，企业硬实力在软实力的作用下也会随之做大做强。比如，有家知名跨国公司通过提供最完整的商品选择和最周全的商品信息，使客户的时间、精力和体力成本得到极大的节约。同时，通过商誉、人员服务等的价值提升，使客户获得了更多的整体价值。这样，一方面降低了整体成本，另一方面又增加了整体价值，客户由此享有了更多的让渡价值。

在成本的概念中，我们注意的更多的是会计成本，却经常会忽视经营管理中一些延伸的成本，尤其是和客户购买和使用产品中的麻烦、风险相联系的成本。因为这类成本主要由客户承担，我们就可能没有将它们包括在会计成本之中而忽视掉了，但这类成本的降低则是提升企业价值创造或竞争优势的重要因素。注重质量的投资才是好的投资。只有正确地增加合理的成本比如核心成本，改善延伸的成本质量，减少额外的成本损失，才能最终变成本支出为竞争优势。

产品附加值为企业带来高额利润回报，也就是超额利润，这是企业核心成本所产生的剩余价值。何谓核心成本？核心成本就是建立在企业核心能力基础上的创造支出。比如，同类型的两种产品，投入成本一样，但甲产品是大路货，乙产品却在甲产品的基础上增加了一点让消费者使用更加便利的功能。这就是说，尽管两种产品成本投入一样，但成本构成却不相同。下面以量化的形式进行识别：

甲产品成本 = 乙产品成本 = 500 元

甲产品成本 = 市场平均同质成本 = 500 元

乙产品成本 = 生产同质的成本 + 生产个性的成本 = 300 元 + 200 元

从上面看出，如果乙产品不增加个性价值，同样具有低成本竞争优势，但低成本是有限度的，要使产品更具竞争力必须有所创新，于是就投入了个性成本，这样就有效地拓展了产品的利润空间。在同质竞争中，甲产品只能卖 550 元，但乙产品因为有了个性化，可以卖到 900 元，而且是独家经营，已经超越对手。这都是个性成本的价值创新所带来的好处，这种个性成本就是企业独有的核心成本。所以说，核心成本成就附加值。

当然，核心成本是否能实现附加值，还要经过四个步骤的检验：一是买方效用——商业创意是否包含了杰出的买方效用？这是企业软实力对资源整合是否获得成功的关键。二是价格是否能让买方轻松偿付？这是企业软实力影响市场的基础。三是企业是否能达到成本目标以便在战略价格基础上获利？这考验着企业软实力对资源整合的效率和效益问题。四是企业在价值创新付诸实践的过程中会遇到哪些接受上的障碍？是否从一开始就着手解决它们？这考验企业走软实力战略之路是否坚定、执著。

TCL 钻石手机的失败就在于无法为消费者提供杰出的买方效用，对手机舍本逐末的价值重建很快就被证明是错误的。从价值延伸的角度上，手机不可能如手表一样，装饰功能高于实用功能，缀满钻石的名贵手表可以提升佩戴者的身份与品位，而同样缀满钻石但使用质量极差的手机却不可能达到同样的目的——尽管 TCL 钻石手机原先锁定的目标客户群是收入丰厚的社会精英，事实证明，最终购买者多数却是爱好炫耀的中学生，这种反差式的讽刺冥冥中已注定了钻石手机走不了多远的结局。

当一个市场陷入停滞之时，除了增长明显放缓之外，行业的竞争也会随之变得激烈起来，利润随之迅速走低。在这种情况下，企业必须将经营的重点转向自身的软实力，通过价值创新的方式重建市场边界，冲出竞争激烈、利润低薄的红海，开创一片无人争创的蓝海，这才是企业软实力经营的最高境界。

成本定律
将复杂的事情简单化

成本管理虽然是一个系统工程，但万变不离其宗，即以最少的投入、最低的耗费，创造最大的价值，赢得最佳的效益。这是成本由硬实力向软实力转化的关键。成本控制在于透过旁支侧节，把住增值环节，将复杂的事情简单化，将简单的事情认真做好。

●成本膨胀与帕金森定律

简单的事情如果复杂化，成本就会虚肿，而虚肿的硬实力是最没有力量的。

——软实力"成"语

英国历史学家诺思科特·帕金森做过专题研究，分析为何大型组织会变得大而无当、毫无生气。最后，帕金森得出了一个定律："事情增加是为了填满完成工作所剩的多余时间。"这条定律解释了为什么一个机构的组织常会超过实际需要以及个人效率降低的原因，即他们给了一个计划太多的时间。

帕金森描述过这样一件事情：一位老太太花上一整天的时间寄一张

明信片给她的侄女：花一个小时找那张明信片，一个小时找眼镜，半个小时查地址，一个半小时写明信片，20分钟则是用来想到下一条街去寄信时是不是要带把伞。一个人只需要3分钟时间就能干完的事情，却让另一个人花了一整天来犹豫不决、担心、操劳，而且疲累不堪。帕金森的结论是："一份工作所需要的资源与工作本身并没有太大的关系，一件事情被膨胀出来的重要性和复杂性，与完成这件事所花的时间成正比。"

一些企业降成本工作成效不大，很大程度上也是犯了"帕金森定律"。其实，不管成本管理方法有多少种，也不管成本管理的手段如何先进，降成本的最终目的就是要利润。正所谓条条大道通罗马，归根结底在利润。不管经济环境如何恶劣，企业只做一件事，就是降本增效。或许，有的企业为了显得自己高明，把简单的降本之道故意弄出许多复杂的程序来包装，让员工拐弯抹角地掌握种种理论和方法，可是，员工弄懂了理论却不知如何操作。与其这样，还不如把成本指标交给员工，让他们自己去实践。

企业运作不管有多少头绪，战略管理需要多少谋略，化繁为简，抓住成本就抓住了企业管理的关键。成本能得到显著降低，企业的竞争实力就得到增加，企业就能获得成功。

简单并没有什么特别的"巧"，复杂的事情简单做，简单的事情认真做，长期坚持下去，就会变得很巧。世界看起来虽然很复杂，其实是很简单的，熟能生巧，关键是抓住了事物的本质和规律，这就是简单的精髓。明白"简单"的道理很容易，但简单的事情往往最难做。所谓"知易行难"，说的就是这个意思。毛泽东说过，世界上怕就怕"认真"二字。最难的事情，只要认真去做，就变成了最容易的事情。

翻开财务报表，收入减去成本是盈余。在收入一定的情况下，成本的多少与利润成反比。成本高，盈余就少，甚至于亏损，破产。成本低，盈余就多，利润就高。俗话说："省一分就等于挣一分"，就是这个道理。挣钱，要开发市场，推广销售，要说服买家掏钱购买产品，是一个买卖双方要合拍的复杂过程。降成本、省钱就简单多了，自己将家底盘一盘，就清楚哪些要、哪些不要、哪些合并，清理一下，钱就挣出来了。

一名农村来的妇女，没有什么文化，在著名风景区卖起了胶卷，卖一个胶卷赚一毛钱，从来没有想过要多赚一点，生意却越做越大。现在她又开了一家摄影器材店，还是一个胶卷赚一毛。市场上柯达23元，她16.1元，批发量大得惊人，在那儿搞摄影的没有不知道她的。外地人的钱包丢在她那儿了，她花了很多长途电话费找到失主。有时候算错账多收了人家的钱，她也心急火燎地找到人家还钱。口碑出去了，别人都愿意到她这里进货，自然赚的钱越来越多。分析她成功的诀窍，其实没有什么高深的理论，她凭的就是诚信，用自己的质朴和热情赢得了大家的青睐。

国内有家鞋业公司，总结多年的经验，发现必须要有一个及时快速的与客户沟通的渠道，才能更好地掌握市场的动态，从而将公司的库存量保持在最低，实现利益最大化。这家公司选择了促销宝作为其与客户沟通的渠道。促销宝是为广大企业用户所提供的专业营销管理系统。它在完善企业规范业务流程，帮助企业管理者灵活管理企业的同时，辅助商家对会员进行营销管理，轻松简单就能增加营业额，提升企业知名度。实现精准的营销策略，维护长期友好的商务关系。它的显著功效就是帮助商家成功轻松地留住回头客的同时带来更多的新顾客。并且还能帮助企业实施高效的管理。

该公司通过与客户高效联系的优势，并且利用软件的进销存管理，最终实现鞋业快速的进销存管理，利用收集到的客户信息，随时调整公司的产品库存，将库存保持在最小规模，而店面上的货品却是最新最好的。这样既控制了成本，又吸引了客户，可谓一举两得。

降成本是很简单的事情，什么时候都不能复杂化。有家公司招聘一批新员工，进行面试时出了一道非常简单的算术题：十减一等于几？应聘者有的说："你想让它等于几，它就等于几。"有的人则具体分解："十减一等于九，那是消费；十减一等于十二，那是经营；十减一等于十五，那是贸易；十减一等于二十，那是金融；十减一等于一百，那是贿赂。”只有一个回答等于九。结果，这名说“九”的被录用了。

为什么会出这样一道题呢？原来，这家公司考的就是“简单”、“诚实”，一就是一，二就是二，没有那么多复杂的问题，这是提高工作绩效最需要的能力和素质。秉持的宗旨是：不要把复杂的问题看得过于简单，也不要把简单的问题看得过于复杂。十减去一分明等于九，为什么要弄出那么复杂的事情来呢？心态复杂，做事情就麻烦，付出的成本就会高，企业不喜欢这类人。

管理无技巧，越简单越好。在企业经营和组织管理上，要使之获得高效，必须崇尚简洁、简单、简约。从简切入、化繁为简、以简驭繁是企业应对复杂环境最有效的思路和方法，简化往往可以避免繁中添乱，巧妙地化解矛盾，从而起到奇效、高效。所谓简单管理，就是企业在经营管理决策中，要善于找准事物的核心问题，把握好相关要素之间的内在联系，遵循规律办事，做到去伪存真，由此及彼，由表及里。因此，简单管理要坚持四原则：一是基本原则，即立足事实，贯通表里；二是核心原则，即深入本质，把握规律；三是效率原则，即删繁就简，直截了当；四是执行原则，即把企业理念转化为实际行动。

老子说：治大国若烹小鲜。韦尔奇治理通用最简单最有效的办法是“向小公司学习”，大刀阔斧地砍掉那些毫无效率、产生不了效益的管理机构，化繁为简，优化业务流程，提高工作效率。因此，韦尔奇说：“我们不得不找到一种方式，将大公司的雄厚实力、丰富资源、巨大影响力同小公司的发展欲望、灵活性、精神和激情结合起来。”

●节俭=砍掉无用+发挥有用

成本砍刀总在有用与无用之间游离，成本软实力则将无用变成有用。

——软实力“成”语

砍成本是手段，挤利润是目的。当产品的价值空间确定之后，砍去不必要的成本后所剩下的空间就是利润。利润空间存在于生产、流通、销售到财务管理等各个环节，只要企业精细经营，便会发现，利润便可以一点一滴地挤出来。

在国际大环境不断发生变化、销售价格不可能提高的情况下，很多企业面临经营的残酷压力，纷纷提出低成本目标，但苦于没有科学的理念和正确的方法，结果是成本越控越大，企业陷入了更加艰难的境地。其实，对于成本控制，可简单地归纳为“三不”，即不懂的不做、不考核的不做、不激励的不做，这也是成本砍刀的着力处。对比同行业的国内企业和外资公司的财务报告后不难发现，国内企业的间接成本往往远远高于外资公司，其实，这些间接成本就是与经营运作不相关的成本，企业必须毫不留情地将其砍掉。

很多企业有效的成本容量并未得到积极利用，外部购入高成本、富余劳动力、负效生产装置和不科学管理抵消了相当一部分收益，形成了大量维持性被迫成本支出。因此，需要用“板块”挤压，挤干水分，释放潜力。

砍成本是第二次成本运作，是对第一次资源整合的修正和完善，其推动力仍然是效能、效率、效用三大板块的挤压和碰撞。那么，砍成本要看准哪些方面？一般来说，不赚钱的产品，不赚钱的客户，不赚钱的部门，管理不善的成本，都应该砍掉！中国成本协会推出的全面降低成本法，提出了组织降低成本有“二十砍”：砍动作，砍动因，砍作业（非增值作业），砍流程，砍库存，砍质量（质量过剩），砍功率（功率过剩），砍材料，砍包装，砍人员，砍机构，砍费用（间接费用、期间费用），砍环节，砍层次，砍设备（多余的设备），砍在制品、半成品，砍时间，砍会议，砍文件，砍应酬。

2008年12月17日，戴尔中国宣布，戴尔全球正式启动削减计算机包装材料的计划。公司计划削减约900万公斤台式机和笔记本包装材料，4年内预计可以节省开支810万美元。戴尔有关负责人还表示，公司成本降低一定会反映在相应的产品价格上，一段时间之后，消费者将从中获得产品降价的益处。

在经济不景气的时候，为了降低经营成本，提高组织运作效率，越来越多的金融机构、生产企业以及网络公司都热衷于裁减员工，一些大型跨国公司或机构也纷纷加入了裁员大军的行列。裁员已成为企业降本提效的习惯做法。

1998年，德国戴姆勒—奔驰公司以360亿美元巨资收购了美国的第三大汽车制造商克莱斯勒公司，从而组建了如今的汽车业巨头戴姆勒—克莱斯勒公司。然而，近年以来，公司的赢利状况却是“十分令人失望”，公司的股价甚至不及收购前戴姆勒—奔驰公司的股价。为了改变这种局面，戴姆勒—克莱斯勒公司实施了一项节约67亿美元开支的成本削减计划。这项计划的实施，该公司有6000个就业岗位被裁减掉。美国最大的石油公司——埃克森—美孚石油公司是1998年年底由埃克森与美孚两家石油公司合并而成的。该公司两次裁员总数累计达到19000人。

企业内部某一活动是否创造了价值，要看它是否具备了后续活动所需要的东西、是否节约了后续活动的成本、是否提高了后续活动的质量。每项活动对企业创造价值的贡献大小不等，对企业降低成本的贡献也不尽相同，每一价值活动的成本是由各种不同的驱动因素构成的。价值链的各种关联成为降低单项价值活动的成本及总成本的重要因素，而价值链各个环节的创新则是企业的竞争优势的源泉。

一位学者刚从海外回来，他讲了这么一件事：到欧洲某国进行学术访问，一下飞机就被接待员领上了一辆小汽车，接待员向他们表示欢迎之后，就热情地问他们是否口渴，正当大家认为会每人发一瓶矿泉水时，出人意料的是，只见她从小冰箱里拿出一只大瓶的矿泉水，然后给每人发一个纸杯。当时大家都认为这个国家的人真够小气的。接下来，接待员告诉他们，用过的杯子不要扔掉，路上还可以接着用，这样既节约，又环保。以后几天的行程，但凡车上饮水，每人都自觉不自觉地只用一个杯子。

一个小小的纸杯，似乎不足挂齿，却折射出许多深层次的东西来。现在，企业已经进入薄利或者无利甚至亏损的时代，我们更要“一粥一饭，当思来之不易；一丝一缕，恒念物力维艰”，对于一支笔、一张纸、一个大头针，都要将它们的功能发挥到极限。只要我们勤于动手动脑，一些看似无用的物品又能体现出另一种功能，从而使它的价值得到彰显甚至加以延伸。

德国一家机器制造厂的装配工人在生产过程中，有个不好的习惯，就是喜欢随手丢弃一些剩余的小零件，老板看在眼里痛在心里，多次劝阻也不见效。有一次，老板突然走到装配区的厂房中间，将一盒硬币抛向空中，撒落满地，然后一言不发地回到自己的办公室。工人们见状，莫名其妙，纷纷捡拾散落在地上的硬币。一小时后，老板把装配工人召集起来开会，发表了他的观点：“当你们看到有人把钱撒得满地都是时，表示疑惑，虽然只是硬币，却认为太浪费了，所以一一捡起。但平时你们却习惯把螺帽、螺栓以及其他一些零件丢在地上，从不捡起来。你们是否想过，在通货膨胀越来越严重的今天，这些硬币其实变得越来越不值钱了，而你们所忽视的零件却一天比一天有价值。”一下子，大家都明白了老板的良苦用心。从那以后，都不再乱丢零件了，而这一点一滴的节约也给公司创下了一笔不小的收益。

企业如同大海，大海是由一点一滴的水形成的，企业的费用和成本也是如此。这里节省一点，那里节省一点，加起来就会形成非常庞大的数目。只有每一名员工都能够自觉地从一点一滴做起，企业才能够最大限度地节约成本，从而获得巨大的经济效益。

VALUE PROFIT

第四章

成本文化：

在价值氛围中创造利润

从成本到成本管理到成本文化，这是一个由硬实力向软实力递进的过程。改造成本，则是用成本文化控制、引导、规范成本管理，使成本具有持续的竞争优势，这是运用软实力增强硬实力的过程。着眼于价值创造的成本管理活动，需要有与之匹配的成本价值观和成本行为准则。良好的成本管理文化会使企业成本管理的效果事半功倍；相反，如果缺乏有效的成本管理文化，即使有再好的成本管理措施也难以得到贯彻执行。塑造成本文化，关键是要用企业信奉并付诸于实践的成本价值理念引导和规范员工的成本行为。

成本观念
正确看待节约与花钱

从软实力角度看，成本就是如何使资源成为价值之本。因此，成本的第一要务就是创造价值。在成本价值观念指引下，省钱是为了赚钱，花钱也是为了赚钱，省和花全看资源的价值贡献。善待成本，不仅要“既抓大又抓小”，还要“善抓大善抓小”。

●节约就是杜绝无端的浪费

成本投入是为了实现软实力经营目标，最大的成本就是毫无价值的投入。

——软实力“成”语

何谓节约？节约的含义首先是杜绝浪费。柯达首席行政官白嘉理认为，企业内部存在着许多浪费，它们耗费了资源却没有产生价值。不消除这些浪费，就谈不上节约，也无法增加利润。为此，柯达专门组织人员设计了一套充满柔性体现效率的运营系统，这套系统能够做到：客户什么时候需要产品，柯达就什么时候提供；客户需要多少就提供多少。以客户的需求为导向，柯达要求每笔投入都有目的和价值，这样既可以避免浪费，又可以提高客户的满意度。

持续改进是丰田生产方式的核心程序，就是不断改进生产手段和优化作业流程，消除一切不必要的浪费。在丰田，价值是评价绩效的最高标准，不能提高附加价值的一切工作就是浪费，主要体现在生产过剩、库存、搬运、等待、不良品返工、多余动作等消耗时间的行为，必须通过全员努力、持续改善加以消除。

过紧日子不仅仅是节约成本，还在更大程度上体现了一种危机经营，而这种危机经营又不仅仅在危机降临的时候，关键还在于日常坚持。过紧日子也不仅仅是控制，更多的是开动脑筋想办法提高资源的利用率。困难的时候最需要的是办法，只要有从紧开支、厉行节约那根弦，方法永远比问题多；只要你想做，就没有什么办不到的。

节约不只是停留在节电、节水、节油、节约办公用品等方面上，而应重点剖析导致企业长期重大浪费的症结以及其他深层次原因，坚决杜绝决策浪费、制度浪费和管理浪费，同时采取有针对性的措施，才能切实堵塞漏洞，提高企业可支配资源的使用效能。

节约不仅要“既抓大又抓小”，还要“善抓大善抓小”。在强化全面预算管理，严格执行内控制度，使各项成本费用始终处于受控状态的同时，既要在厉行节约、降本增效、优化运作等方面采用新技术、新方法和新手段，以最小的投入（成本）来争取最优的产出（效益），还要回头反观过紧日子的历程，不断总结经验教训，指导团队及个人持续有效地过紧日子，以追求卓越的良好状态不断开创新的业绩。

2008年3月，《福布斯》杂志公布了在10亿美元以上的全球富豪排行榜，中国台湾石油化工业巨头王永庆再次进入这一行列。王永庆能登上《福布斯》，靠的是一点一滴的节约。在王永庆看来，“多争取一块钱，也许要受到外在环境的限制，但节约一块钱，可以靠自己的努力。而节约一块钱，就等于净赚了一块钱。”王永庆管理台塑集团一直坚持节约观点。比如，台塑集团总部使用的公文夹一本要1.2元，而台塑美国公司所用的公文夹，每个不到0.5元，为什么有如此大的成本差距？王永庆就以台塑美国公司为样板，查找差距，终于将公文夹的成本降到0.5元，为整个台塑集团每年节约了一笔较大的开支。

王永庆的节约观充分体现了“成本无小事”的效益观点，正如管理大师德鲁克所说：“在企业内部，只有成本。”美国克莱斯勒汽车公司前总裁李·艾柯卡强调，降低成本压低费用就是多创效，他说过：“多挣钱的方法只有两个：不是多卖，就是降低管理费。”在企业中，绩效管理就是从控制管理费用开始，也是最能产生效益的管理举措。企业效益评估不是以单方面的结果论成败，而是从投入产出的角度进行过程和综合评价，最终目的是以投入最小化实现产出最大化。如果产出很大，而耗费的各种成本也很大，效益就会被抵消掉。成本不仅是衡量企业净效益的根本尺度，也是评价企业创效水平的重要经济指标。成本是企业各项工作的龙头，抓住成本就是抓住企业经营的根本。

节约也是洛克菲勒财富增长的核心要领。洛克菲勒经常到一线了解生产运营，指导节约工作。他在视察某包装工厂后，就将原来存在巨大浪费的 40 滴焊料封 5 加仑油罐改为用 39 滴焊料封 5 加仑油罐的标准，仅此一项，就为公司节省了 10 亿美元的支出。

面对高成本压力，企业还应调整发展思路，不要总盼着国家调整政策，或者挖空心思减少员工福利。中国企业要调整自己的经营定位，不要总是担心生存，而要以更开阔的眼界着力于未来的发展，不要老替别人打工，要想方设法打造自己的特色品牌，拓展持续创效的价值空间。正如丰田所强调的，不能提高附加值就是浪费。只有提升产品附加值，才能获取更大利润。长期以来形成的粗放式管理，说明中国企业内在的效益潜力非常之大，需要不断改善内部管理，向管理要效益，向严格管理要大效益，向精细管理要更大的效益。现在我们再不能小看“浪费一点”问题了，水滴石穿，汇溪成河，这样的道理谁都懂得，关键是要迅速行动起来，发挥全体员工的智慧，打一场群众性的浪费歼灭战。

●省钱、花钱与赚钱的辩证法

刀背上花钱没有“利”，成本软实力可将刀刃磨得更“丰利”。

——软实力“成”语

俗话说：没本事的人吃老本、抠老本；有本事的人赚外快、也痛快。我们不反对过紧日子，但反对一味地过紧日子而不思进取。硬实力企业不管怎样紧自己，总有一天会坐吃山空；软实力企业不管外部怎么紧，始终做到从小处着手，提高资源利用率，将每分钱都用在刀刃上，因而亮点不断，游刃有余。成本居高不下，市场情势逼人，与其紧巴巴争微利，不如发动员工，开动脑筋，想方设法去创造更多的效益。

万科集团董事长王石说过：“要想造就一个成功的企业，其中很关键的一点就在于自上而下地确立其资金的使用方向。钱不是用来浪费的，而是用来花的，而花在什么地方能够最有效的使用，则是每一名员工需要思考的问题。”

成本效益观念是企业的一切管理活动的灵魂，传统的“节约、节省”观念尽管可以给企业带来一定的效益，但总的来说，这种观念主要是粗放式管理下形成的创效思想，对企业利润的提升非常有限。从战略的高度看成本管理，如果成本管理仅仅立足于“节约、节省”，企业降本增效工作就很难有新的突破。成本管理必须着眼于全局和长远，要用系统的观点看待降成本。比如某一项成本降低了，未必就意味着企业的利润一定会提高，而增加某一项费用的开支，反而有可能提高企业的总体经济效益。

加强产品质量检验，改进产品质量，虽然要投入一定的成本费用，却能减少废、次品的发生，虽然会使企业的近期成本有所增加，但因为产品合格率和质量得到加强和提升，产品在市场上就越发受欢迎，从而进一步推动销售收入的增加，由于收入增加幅度大于成本的增加，从整体效益看则有利于利润的增加。

对于项目研发来说，如果事先不对相关决策方案的可行性和先进合理性进行全面系统科学的论证，就难以保证决策的正确性，虽然论证过程要开销必要的费用，但能保证项目投资的正确方向，避免盲目投资或不必要的损失，也能使企业最大限度地获得效益。设备更新，引进新设备属于企业固定资产购置，虽然会增加企业的资本性支出与财务折旧费用，但因为设备新度系数高，却可减少对设备的维护保养和维修管理费用支出，同时改善产品性能，提高产品工艺质量，最终可为企业赢得更好的经济效益。

如果企业的产品在市场上供不应求，企业就不愁产品卖不出去，这时候企业经营处于正向收入阶段，就是说，企业有多大的产出就有多高的收入，产品成本能降低多少就意味着企业收益就增加多少，由于成本控制直接给企业带来经济效益，所以，企业必然将成本管理的重点放在降低产品成本上，强调节约和节省，并以成本升降作为考评业绩的重要依据。然而，现在市场的趋势往往供大于求，尤其顾客个性需求突出，市场同质产品泛滥，这时候企业经营必须以顾客为导向，强调为顾客提供更多更好的附加价值，站在成本的角度，就是以同样的成本为顾客提供更优的使用价值，以较低成本提供相同的使用价值。而开发和创新价值肯定要花钱，但从“花钱即为省钱”的观念出发，这点钱是花得有价值的，也是值得花的，它能为企业赢得更多更久的利润，这就是与传统“节约、节省”观念不同的成本效益观念。

企业中有两种人，一种是创造销售收入的人，一种是花钱的人。在花钱方面，就是要控制成本，在保证品质的基础上把原来企业花的成本降到更低，同时花出去的钱必须转化成价值。比如，买台电脑，电脑就必须是为企业创造价值，提升工作效率，为企业创造利润。这样就把成本变成了价值中心，把营销变成了创富中心。但是，在一些企业，多数人是为了图方便，才申请电脑升级，省下来的时间真的会去做其他工作吗？现存的电脑使用效率估计不会超过七成，只不过我们习惯了每人一台电脑，好像只有这样才是办公自动化。停止购买电脑及升级电脑两个月，绝不会有事，但一定会省下两个月的电脑费用。

正如业务的收缩与扩张一样，收缩非核心业务，扩张核心业务。节约成本并非单纯地降低，在经营实际中，在刀刃与刀背之间，该花的一分不能少，不该花的一分也不能浪费，这是一种成本平衡术，检验企业的成本升值能力和资源优化配置能力。

沃尔玛依靠强大的物流系统，推行天天平价的低成本战略，它的低成本来自各个环节上的节省和快速高效的运营能力。沃尔玛的成本平衡就在于抠与不抠之间，为客户能够创造价值的部分加大投入，不能直接带来价值与低成本战略相悖的则是抠。

成本准则
以更少的耗费创造更大的价值

企业软实力的本质就是实现最佳的资源整合，创造新的价值。挖掘资源潜力，也是一种资源整合，但并非完全是创造新的价值，更多的是在现有目标价值的指导下，充分提高资源的有效利用率，降低因资源浪费所产生的成本，从而为企业制造更多的目标价值。

●精细管理出最大效益

成本软实力强调，价值成本的投入要力保，非价值成本的耗费要力降。

——软实力“成”语

管理出效益，严格管理出大效益，精细管理出更大效益。精细化管理是企业为适应集约化和规模化的生产方式，建立目标细分、标准细分、任务细分、流程细分，实施精确计划、精确决策、精确控制、精确考核的一种科学管理模式。与精细化相对应的就是粗放型的管理模式。粗放型管理无法有效提高生产效率、产量和服务质量。精细化管理的根本宗旨就是改变企业粗放的经营模式，提升资源整合的效率和效益。

实际上，精细化管理仅仅是企业管理的一个开端，从管理的效能来看，管理既讲投入更重产出，也就是管理水平要用绩效来评价。从精细化管理的内涵看，精细管理又可分为三个层次：

第一个层次是基本的精细管理，重在保安全生产，杜绝各类事故，加强非计划停工管理，设备工况监测和运行维护保养，还有节能减排、环境保护等等，这个层次重在责任落实。

第二个层次是中层的精确管理，重在保产品工艺质量，杜绝各类浪费，这个层次重在准确计量，尤其是经济技术性指标的把握。比如现在开展的全员成本目标管理，说得简单点，就是如何做好预算，如何落实好预算。在企业中有些基层单位和部门，尤其是“吃”费用的，做预算的时候往往高估，这个“高”和“估”就是一种不确定性计量，不是科学预算、合理预算，存在巨大的浪费漏洞。有的预算额度全年还用不完，这也是一种浪费，当然不排除其中合理节约的成分。还有原材料储备和产品库存，如何做到科学合理库存，精确管理存货，杜绝浪费，甚至实现“零浪费”，这里面也大有效益文章可做。这就要求我们对全过程的每个环节每个细节的成本发生，不但要及时掌握，而且要做到数据准确，信息充分。

第三个层次是高层的精益管理，这是精细化管理的最高境界，就是讲投入产出，所有的工作投入都要向效益转化，以更少的耗费创造更大的价值，获得更多的回报。理论上讲，每一分钱的投入都应该有回报，甚至有更大的回报。但现实中，每个人所做的每一件事是否为公司创造了直接或间接的效益，是投入超过产出还是产出超过投入，是搞形式主义混日子还是真抓实干做出成效，用精益标准评价就一清二楚。

总之，企业推行精细管理，不是空喊口号，而是要改变以往的粗放管理模式，追求“生产管理精耕细作、现场管理精雕细刻、成本管理精打细算、技术管理精益求精”，力求达到“事事有章可循、事事有人负责、事事有据可查、事事有人监督”的管理目标，不仅要提升资源整合的效率和效益，还要营造出公司可持续创效的精细文化氛围。

从精细管理到精细成本管理，这是精细理念的运用更加注重于绩效，成本直接关系到利润，实行精细成本管理是企业创效最有利也最有力的手段。精细成本管理贯穿于企业的各个环节，包括采购、生产、销售各环节所发生的成本，这就需要运用专门的方法，分产品、订单、部分对发生的成本费用进行归集，及时为企业经营决策提供准确、详细、带有明细结构的成本信息，创造竞争优势，以达到企业有效适应外部环境持续变化的目的。

精细成本管理体现在经营管理的实际中，其要求概括为四句话：让复杂的业务简单化，让简单的业务标准化，让标准的业务流程化，让流程的业务信息化。

精细成本管理的成败在于所掌握的成本信息是否精确，而精确信息的采集、归纳、反馈又需要先进的信息化手段支撑。现代科学技术的发展，也为企业对成本信息的管理提供了现代化的工具。电子计算机技术、现代通信技术和数据处理技术的进一步发展，又推动着计算机信息处理系统的发展。精细成本管理就是通过计算机技术对成本进行精细化归集和合理分配，从而可以消除由于人为因素所产生的数据粗放现象，进一步提高数据的真实度、精确度。

精细成本管理运用到生产中，便产生了精益生产。日本汽车企业之所以能在战后短短的三十几年里实现汽车制造的跨越，甚至超过欧美的汽车制造企业在世界的汽车舞台上独占鳌头，这主要应归功于推行了精益生产方式。现在，精益生产在西方发达国家得到广泛应用，应用领域正从汽车、航空、IT 等高技术行业向机械、服装、家电等传统行业，甚至服务领域延伸。据美国《财富》称，在美国制造业中，有 63% 的企业将精益生产列为它们未来发展的首要经营战略。

●用创新持续推动成本改进

成本软实力是一个充满内生力的循环系统，能持续推动成本改进、创新。

——软实力“成”语

对企业来说，市场压力不是一时爆发的，而是日渐积累形成的；不是市场与企业唱“对台戏”，而是提醒企业要保持创新的步伐，做到与市场同步。创新是这个世界唯一不变的法则，也是企业软实力的核心内容。成本是硬实力，消化、削减成本则体现了企业的软实力，只有持续的创新才是企业最根本的削减成本之道。

与创新含义相似的做法，有改良、改进、变革、突破、颠覆，等等。市场压力的传递是持续渐进的，在一般情况下，以成本为主导的市场压力传递与企业的持续创新成反比，按照企业软实力理论，企业能持续做到价值创新，来自市场的成本压力几乎是零，因为价值创新跳出了硬实力竞争的圈子，独领市场风骚，只有收获利润没有成本顾虑。而缺乏软实力的企业，就会时时为成本压力困扰，举步维艰，惨淡经营。这样的企业，不是没创新，关键是没有一个全面、持续的创新系统；也不是不能创新，关键是仅仅为简单的竞争而创新，就是为降成本而降成本，是市场逼出来的被动创新，而不是主动的价值创新。

一旦企业感受到来自市场的成本危机，就说明这样的企业平时缺乏持续改进，因此，成本压力下的生存危机某种程度上体现了企业的“创新危机”。像英特尔、IBM、微软、杜邦这些世界顶尖企业，为什么能长期兴盛不衰？就是它们善于使企业长期处于一种危机经营状态，即使市场没有危机，它们也想方设法为自己制造危机，逼迫自己创新不懈，进步不已。正是这种主动创新意识，企业才能在市场中经受住各种风浪，即使遭遇经济冬天，也无损皮毛，稳赢利润。综观所有优秀企业，在外人看来之所以没有危机如履平地，主要是它们心中都时刻装载着一座危机定时钟，总在驱动自己以如履薄冰的态度持续改进、不断创新。

所谓成本，就是形成价值的根本。企业最大的成本不是支撑价值的那部分投入，而是在创造价值过程中所产生的有形或无形浪费，比如，资源利用不合理、资源闲置、劳动效率不高，等等。如何避免成本呆滞，关键要激活人。俗话说：只要思想不滑坡，办法总比困难多。资源潜力来自人的潜能，人的价值支撑成本的价值，人的价值在于创造力。

一个企业不在于拥有多少资源，而在于能整合多少资源。你拥有的资源再多，但不知道用创意来提升资源的价值，也是一种浪费。比如，有的企业短短几年间就实现了基础信息化建设，累积了海量的数据，这些都是企业的宝贵“财富”，如果不能有效利用，只会形成占用IT资源的信息垃圾。资源“休眠”是由于没有用它造成的，资源价值是建立在有用之上的。如何盘活资源，最大限度地提升资源的利用价值，这就需要每名员工开动脑筋，用自己的创造力来完成。正如“红雨随心翻作浪，青山着意化为桥”，雨和山是常见的资源，经过用心创意和整合，就变成具有新价值的浪和桥，这就是企业软实力。

成本契约

企业舍得为员工投入，员工自觉为企业创效

员工不是包袱，而是企业最大的财富；员工不是成本，而是企业最大的资本。企业软实力的使命是实现资源整合，员工在所有资源要素中居于首位。企业软实力挂在员工脸上，写在员工心里。企业关心员工每一分福利，员工就会为企业节约每一分钱。

●将人工成本变成创效资本

企业软实力如水，时刻润泽员工，保持员工降本增效的积极性。

——软实力“成”语

公司与员工的关系不仅是利益共享，更是利益互动。公司关爱员工，员工就会爱护公司，公司关心员工的每一分福利，员工就会为公司节约每一分钱。公司发展好了，员工的利益就会有保障。员工与企业是一个利益共同体。

在企业缩减各项开支的举措中，裁员降薪已是一种司空见惯的“杀手锏”，旨在通过缩减人员数目降低企业成本，而企业日常运作功能却不因人员缩减而有所改变。表面看起来，或许对企业降低成本确实起到立竿见影的效果，很多企业认为，人员缩减就意味着工作效率的提高，其实不然。按常规，企业一旦实施裁员降薪，就会充斥着一种焦躁、恐惧的肃杀之气，使员工彷徨度日，如履薄冰。在这种氛围中，就没有士气可言，而一旦士气涣散，必将重创企业竞争力。

面对衰退的经济环境，有的企业不仅坚持抱团过冬，尽快走出困境，还力求从抱团过冬中实现转型升级。和其他地方一样，绍兴企业受到的冲击也不小，经济下行明显。民营经济占大比重的绍兴经济，加工型、外向型特点明显，外贸依存度达到了74%左右，面对世界经济变局，绍兴的实体经济自然首当其冲受影响。尽管绍兴有一批具有一定实力的规模企业，但总体上企业的竞争力还不强。市委书记张金如说，就社会稳定来说，有许多问题都是由经济利益问题引起的，当前最重要的就是稳定和增加就业岗位，化解金融风险而引发的社会问题。我们的企业不但要抱团过冬，更要“抱团升级”。企业要切实增强社会责任感，努力做到不裁员、少裁员，不减薪、少减薪，为保增长、保就业、保稳定作出应有贡献。现在，企业要解决发展中遇到的困难，也只有通过发展、通过创新来解决。在危机面前，信心比黄金更宝贵，只要信心足，勇于创新，盯原料、盯技术、盯市场、盯金融，压力才会变成动力，才能早日走出困境。

企业务必让员工明白，每名员工都是企业不可或缺的站立桩，使公司的每个成员都能强烈地感受到自己是雄伟城墙中的一块砖，是不可缺少的一分子。在摩托罗拉，“尊重每一名员工”已经成为风气，为了贯彻这种企业文化，摩托罗拉不断改善员工的工作环境，人性化地待人，平等自由地沟通。摩托罗拉不断告诉员工：要有长远的眼光。作为摩托罗拉的员工，如果谁有创意，完全可以把想法直接提到公司的高级管理层，甚至提交给CEO。在摩托罗拉的工厂和销售部门，都通过小组的形式把员工组织起来做项目，每年还有区域或全球范围的比赛和交流，这样的工作环境，有利于员工自发地解决问题和进行团队协作。

●为员工解难就是为成本解难

成本软实力的作用是双向的，通过利益和价值的互动，实现相互依存，彼此共赢。

——软实力“成”语

企业是经济生产、员工赖以生存并实现自我价值的场所，一般来说，如果员工的自我需求在企业中得到了满足，价值创造得到充分认可，员工就会感到自己的职业生涯很有意义，并能清晰地看到自己的未来，这个时候，员工就会信心百倍、全力以赴地为企业工作。国内权威机构调查显示，新员工如果感到与企业之间的心理契约难以实现，大多在一年内选择离职，而在公司工作两年的员工中，有62%表示公司曾违背了他们的心理契约。心理契约是靠企业对员工的期许和员工对企业的默许建立起来的，这种契约一旦遭到破坏，员工就会重新考虑与企业的交换选择，如果一个企业只单纯考虑整体的经济利益，而不关心员工的成长，就不可能持续长久，有能力的员工迟早会舍企业而去。

心理契约是企业与员工之间达成的一种精神上的默契，具有双向交互性。它不同于员工对企业的承诺，承诺是单方面的，员工对企业的承诺体现的是员工对企业的感情，比如自愿参与企业各项活动。而心理契约表达的是企业与员工之间的双向关系，一方面是指员工对自己在企业中的权利、发展等方面的期望；另一方面是指企业对于员工的忠诚、责任等方面的期望。在心理契约中，企业与员工都处于主体地位，是完全平等的。心理契约的建立和保持，在于契约双方在向对方提出期望与要求时，要随时注意双向沟通，尽量去领会并满足对方对自己的期望。只有通过契约双方的相互交流、相互沟通，就企业与员工共同发展达成一致的共识，营造良好的工作环境，才能使员工与企业结成真正的命运共同体。

对于突如其来的金融危机，许多企业忙于裁员减薪，疲于“硬”应对，不但员工怨声载道，企业形象也大打折扣。企业有困难，应对危机，应该发动员工开动脑筋，一起来分担。而不该以牺牲员工的利益，甚至以牺牲质量、牺牲资源、牺牲环境、牺牲道德、牺牲公益等为代价求得暂时的生存，这是典型的急功近利做法，无异于杀鸡取卵。企业和员工是命运共同体，企业在希望就在，企业兴亡员工有责，这些都是大家懂得的道理，关键是企业要落到实处。经济不景气，企业难过，员工更难过，这个时候既不能不顾企业的生存，也不能不顾员工的生活，更不能将问题单一地转给一方，而是要聚合大家的责任和智慧，众志成城，共克时艰。一句话，企业有困难，大家来分担，一个都不能少。

为什么大雁要排成“V”字形的雁阵呢？科学家认为，在雁阵中大雁飞行的速度比单飞高出71%。处于“V”字形尖端的大雁肩负着非常艰巨的引领任务，尤其要承受来自空气的强大阻力，为了减轻领头雁的压力，使雁群能够持续进行长距离飞行，雁群的习惯是每隔几分钟轮换一次领头雁，让年幼、病弱以及衰老的大雁居于雁阵尾部，因为这个位置最轻松也最省力。雁群的团队精神还有一个具体体现，就是在飞行中群雁不停地鸣叫，这是在鼓励落后的同伴不要掉队。如果有大雁因为过于疲劳或生病掉队，雁群也不会遗弃它，它们会派出一只健康的大雁陪伴它落在地上休息，一直等到它能继续飞行。雁阵的特殊习性告诉我们，团队的力量就是相互分担，共同努力。

在金融危机下的裁员浪潮中，有家合资企业为了不让97名劳务工下岗，公司从领导到一般干部按级别以10%～30%减薪，全体员工不发奖金。公司上下众志成城共渡难关，月产量由1200台增长到7700台，员工收入平均增长了600元。员工不无感触地说：“我们的合同已经到期，在这种不景气的市场环境下，如果公司不再续约，我们肯定下岗。没想到，公司领导带头降薪，保住了我们的饭碗。我们很感谢公司，也更珍惜这个工作。”

有这样一句名言："没有一只鸟会升得太高，如果它只用自己的翅膀飞升。"微软现任CEO史蒂夫·鲍尔默也说过类似的话："一个人只是单翼天使，两个人抱在一起才能展翅高飞。"水往低处流，鸟往高处飞，人往高处走，这似乎是自然界一条铁的规律，但无论怎样，单个的力量总是有限的，集体的力量才是无穷的，群雁齐飞就是很好的例证。在企业中，如果大家能做到彼此帮衬、相互体谅、齐心协力，那么，企业的发展肯定会加快，每个员工的成长也会更加顺利、更加有劲。要明白，个体的成就往往取决于集体的成功，只要企业能够持续发展，员工的持续成长成功也就成为一件必然的事了。

成本习惯
从种瓜得豆到种豆得瓜

企业软实力构成要素中最具价值的是秉持价值理念长期积累的思想行为习惯。成本软实力在于在全员中培养一种精益运作、厉行节约的成本习惯。好习惯使企业种豆得瓜，不断走向成功；坏习惯使企业种瓜得豆，弊病百出，捉襟见肘，举步维艰。

●养成良好的成本控制习惯

遵循软实力运作规律，用习惯的力量来控制成本，既改造了物又改造了人。

——软实力“成”语

习惯代表人的内在势力，这种势力引导得好、用得好，可以变成个人独特的竞争实力。1873年，世界上第一台打字机问世，这是由美国发明家克利斯托夫发明的，键盘是按照英文字母的顺序排列的，克利斯托夫使用一段时间后，发现如果打字速度加快，就会出现卡键的问题。于是，克利斯托夫对键盘进行了不规则排列，卡键的次数果然大大减少，但同时打字速度也减慢了。在推销打字机的时候，为了赢得更多的销售量，克利斯托夫对客户换了一种说法，认为这样的排列，可以大大提高打字速度，结果所有人都相信了他的说法。直到现在，我们仍然沿用这种键盘布局，而且习惯认为这的确能提高打字速度。不过现代科学研究表明，目前的键盘排列是最笨拙的一种，凭借目前的技术，已经解决了卡键的问题。可现在人们都习惯了这种键盘排列，要改变实在太难了，除非将目前的这种习惯性键盘全部退市，强制使用新研制的键盘，这样的话所付出的成本代价肯定要比新键盘的研制成本高几十倍甚至几百倍。可以这么讲，在强大的习惯面前，我们所有的改变都显得十分微弱。

企业习惯是企业软实力的全息缩影，而“习惯”集过去、现在、未来于一身，与企业软实力的特性完全吻合。研究企业未来生存，主要贯穿了一条时间主轴，即从过去看现在，又从现在看未来，读一读企业的“习惯”就可略知一二。正如一位美国作家所说，播种行为，收获习惯；播种习惯，收获性格；播种性格，收获命运。

按照企业软实力 = 核心价值 + 商业模式，商业模式处于“时刻变动”中，而价值理念是处于“核心不变”，核心不变，时刻在变，因此，企业软实力构成要素中最具价值的是秉持价值理念长期积累的思想行为习惯。习惯是可以养成的，这种养成经过相当长时间的积累，最后就形成了企业所特有的文化习性。

企业软实力的培育，实际上是一种特殊的未来投资，正如企业价值的现值评估，未来的期望值是一种愿景，愿景要实现，变成现在的战略、战术和执行，这个折现率就是企业软实力。习惯的投入和坚持，最后都有相应的回报。俗话说：种瓜得瓜，种豆得豆。这种一对一的投入产出，属于正常的经营管理；非正常的经营管理是一种不对称式的整合行为，即“种瓜得豆”甚至毫无所获。而软实力状态下的经营管理，通过创意激活资源整合，就能实现“种豆得瓜”的指数级经营成果。总之，好习惯使企业发展壮大，不断走向成功；坏习惯使企业弊病百出，捉襟见肘，举步维艰。好习惯使企业种豆得瓜，坏习惯使企业种瓜得豆。

有个故事：一个穷人，很穷，一个富人见他很可怜，就起了善心，想帮助他致富，于是就送给他一头牛，嘱咐他好好开荒，等到春天来了撒上种子，秋天就可以远离那个穷字了。穷人满怀希望开始奋斗，可是没有几天，牛要吃草，人要吃饭，日子比过去过得还难，穷人就想，不如把牛卖了，买几只羊，先杀一只吃，剩下的还可以生小羊，长大了拿去卖，可以赚很多钱。穷人的计划如愿以偿，只是吃了一只羊之后，小羊迟迟没有生下来，日子又艰难了，忍不住又吃了一只，穷人想，这样下去不得了，不如把羊卖了买成鸡，鸡生蛋的速度要快一些，鸡蛋立刻可以赚钱，日子立刻可以好转。穷人的计划又如愿以偿了，但是日子并没有改变，又艰难了，又忍不住杀鸡，终于杀到剩下一只鸡时，穷人的理想彻底崩溃，他想致富是无望了，还不如把鸡卖了，打一壶酒，三杯下肚，万事不愁。很快，春天来了，发善心的富人兴致勃勃送来了种子，赫然发现穷人正就着咸菜喝酒，牛早就没了，房子里依然一贫如洗。富人转身走了，穷人当然还一直穷着。很多穷人都有过梦想，甚至有过机遇，有过行动，但要坚持到底却很难。

从这个故事来看，习惯决定了一个人的终身命运。穷人为什么穷？不是缺少财富和物质条件，而是缺乏吃苦耐劳的奋斗精神，养成了懒惰的习惯，即使有再多的外力相助，如果个人不努力的话，终究摆脱不了贫困。好的习惯能使一个人的事业由小到大、由弱到强，最终肯定会赢得好的命运。

习惯对人如此，对企业亦不例外。世界上许多著名的公司都有一种非常重视节约和有效利用资源的习惯。丰田公司尤其重视对办公用品的节约使用，比如一张非常普通的便签要求反复使用4次，第一次使用铅笔，第二次使用水笔，第三次在反面使用铅笔，第四次在反面使用水笔。如果丰田当初没有养成自己的节约习惯，在不够强大的时候去一味地模仿与学习欧美领先的世界汽车巨头的话，那么，丰田也许就不是今天的丰田，更不会有“精益生产方式”的丰田模式。由此可见，真正锻造丰田竞争力的，其实不是模式，而是一种在发展过程中形成与积累的文化习惯。再好的模式，再好的方法，再好的制度与措施，如果没有相适应的文化习惯来配合与衔接，最终的结果无非是种瓜得豆。其实，每一个卓越企业的成长都伴随着某种习惯的形成，由于习惯的形成跟企业的成长同步，于是在这样的一个相当长的时期里，这个企业就形成了相适应的文化习性。

从个人收益的角度想，也许有人会对为企业节约不太理解？并提出一连串的问题：我为什么要节约？替企业节约对我有什么好处？节约了又不给奖金，操那份闲心干什么？的确，节约成本开支是企业的事，但是，企业的节约必须依靠每个员工自觉地节约，如果大家都没有节约意识和节约行动，企业的成本怎么能得到控制？可以说，在企业中，每个员工的行动都直接影响到企业的绩效。作为企业的一分子，每个员工都应该注重节约，养成良好的节约习惯，从一丁点儿节约做起，众人拾柴火焰高，就耸起利润的大厦。

"越来越多的证据显示，企业今天发挥作用的方式很大程度上是受过去事件的影响。这对理解企业随事件而发展的各阶段尤其重要，如以前的战略决策、关键领导人的行为、过去的危机和企业对其的反应以及企业核心价值观和规范的演化等，这一切都对企业的现实行为产生着影响。"纳德诺的这段论述在此可以理解为：企业的历史影响着企业现在的文化，在企业文化变迁中实际上也存在着"路径依赖"（PathDapendence）。"路径依赖"的概念是由经济学家保罗·大卫于1985年提出的，作为分析制度变迁的机制，用以描述制度变迁一旦走上了某一条路径，它的既定方向会在以后的发展中得到自我强化，也就是诺思所说的，人们过去作出的选择决定了他们现在可能的选择。

通俗地说，路径依赖类似于物理学中的"惯性"，一旦进入某一路径（无论是"好"的还是"坏"的），就可能对这种路径产生依赖。企业文化正是依靠这种"惯性"来影响企业中人的行为，而惯性又是以惯例为基础，通过惯例来体现。

纳尔逊与温特将"惯例"（Routine）界定为"企业固定的做事方式"，惯例使企业具有惯性，它使我们可以预期企业在未来将按照它们过去使用过的惯例行事；同时，也可以预期企业在未来的行事方式可能与其过去的方式不完全一样。企业软实力正是通过惯例来影响企业的现在和将来的做事方式及行为。

●将成本持续改进固化为做事方式

成本自控一旦定格为企业习惯，就成为企业长期受益的软实力。

——软实力“成”语

企业软实力是企业通过长期积累，并能在未来为企业生存发展持续发挥整合作用的能力和习惯。能力可学，就是掌握新的方法和技巧，但是，习惯学不来，得靠自己坚持下去。由是观之，企业软实力不是一时的效果，而是长期的习惯。

为什么丰田能从一个岛国的小企业发展壮大成世界级的汽车巨擘，并以其业绩让世界汽车界侧目？可能大家会把所有的理由归结为丰田所创造的丰田模式。其实，模式只是一种表现形式，而且模式可以随时改变，而丰田的成功应取决于本质的东西，并不取决于模式，更深入地说，是源于丰田骨子里独有的精益价值习惯，这种习惯是任何企业仿不了、偷不来、买不到的真正的核心竞争力。

2008 年 2 月 18 日，日本丰田汽车公司第 13 代高端皇冠轿车正式下线，这台改良版的皇冠轿车，是丰田公司运用“成本节约计划”生产的首辆轿车。如果按照计划实施下去，将每年为丰田公司节约成本 28 亿美元。

丰田公司计划从设计、生产、采购和固定费用四方面大规模压缩成本，对 180 个关键零部件的价格从供应商那里削减了 30%，仅此一项就为丰田节约 100 亿美元，也使得丰田公司在北美的零部件采购成本，比美国通用、福特、克莱斯勒三大汽车公司还低 8%。

“成本节约计划”的实施，给丰田带来了经济和技术多方面的改进，效益大大提升。一是大幅度控制和节约了生产成本；二是进一步加大了产品性能与生产工艺的研发、改进；三是提高了供应商的让渡价值和客户满意度，赢得了全面的竞争优势。丰田“成本节约计划”最有力的地方，不是单方面或者局部行动，而是从多方面入手，多管齐下，在保证降低成本的基础上提高产业链上、下游合作企业的积极性；最大的亮点是把市场作为自己最重要的终极目标，深度关注顾客，持续不断地改进产品功能、生产流程，提升管理效率。

丰田公司的成功为企业界竖起了一座低成本的里程碑，也成为广大企业纷纷学习借鉴的典范，“丰田旋风”早已从汽车业延续到其他制造产业。丰田低成本的精髓在于低耗高效，也就是精益生产，讲究资源的最佳配置和合理投入，以最小的成本支出赢得最大的效益回报。这一点，对中国企业来说，尤其值得好好学习。当前，我国正处于结构调整、经济转型的关键时期，企业管理正从粗放向精细转型，以丰田作为榜样，将丰田之道融入企业经营管理之中，努力提高各项经济技术水平，从而推动我国企业又好又快发展。

其实，企业学习丰田模式，并不在于追求一时的效果，而是要通过学习，在实践中悟出丰田模式的精髓——价值理念，就是持续改进，记住，并非一次改进就完事了，丰田的软实力之所以难以复制，是因为改进成了能力和习惯的综合，改进是能力，而持续改进就将能力变成了习惯，这是企业的遗传基因，也决定了企业软实力是不可复制的。

企业学习别人的软实力，关键是形成新的习惯，转化为企业的成长基因。环境变化了，企业旧习惯可能适应不了变化的形势，需要补充与时俱进的新习惯，也就是注入活力因子，这个变革过程也是企业软实力持续积累的一个重要环节。如果企业学习别人成功的管理模式，取得了实效，但没有保持下去，甚至不了了之，软实力还是得不到增强。

这说明，企业的遗传基因有问题，养成了过于追求形式、求一时之效的坏习惯，并不能把学到的先进内容用于从根本上改造自我，长期坚持下去，所以结局总是失败的。对于这种坏习惯现象，可形象地描述为“种瓜得豆”，就是费了很大的工夫学习先进的东西，最后收效不大，这是坏习惯造成的。

在《领导变革》（*Leading Change*）一书中，变革管理专家 John P. Kotter 归纳了 8 种阻碍变革的因素：过于满足现状，未能组成强有力的领导集体，低估了远景的威力，在传播远景方面只作了 1/10（甚至 1/100 或 1/1000）的努力，未能排除阻碍实现新远景的障碍，未能创造短期的小成功，过早宣布大功告成，忽视了将变革结果牢牢固化在企业文化之中。

企业软实力理论指出，不变的是核心价值，变化的是企业文化。要将管理变革结果牢牢固化在企业文化之中，关键是要建立适应保持管理变革结果的新的企业文化。改掉一些不好的习惯，是管理变革的重点，而习惯的改变就不能仅仅凭道理，在强大的习惯面前，道理是苍白的，重要的是行动。

让一些行动经常发生，久而久之就能形成新的习惯，坚持一些简单的行为让它长期发生，这是改掉旧习惯，形成新习惯的必然之路，也是塑造新的企业文化的根本做法。

如果以改良土壤来比喻习惯和文化的改变的话，那么，最好的改良土壤的方式不是把土壤全部换掉，而是渗透入某些微量元素，或播种上某些植物，这些植物不一定用来收获，而是变成废物，融入土，成为肥料，成为土壤的一部分。这就如同我们在管理变革中的很多形式化工作，尽管这些工作本身并没有直接提升企业效益的价值，但却能改变和培养人们的习惯，只有坚持这样的形式化工作，这些习惯才能成为一种新的企业文化，才会为新的管理动作的实施提供一个新的土壤，才会有新的果实的收获。

变革之后形成的新管理制度，这实际上就是新的企业文化的形成。一个良好的企业文化如果能内化于员工的心中，就会自然地外化于企业员工的每一个行为中，这时，制度也就成为一种摆设了。管理变革能否成功，关键看全体员工能否真正从内心认同企业新的企业文化，这也是企业成长基因形成的关键。

成本潜力
只要精神不滑坡，方法总比成本多

如何避免成本呆滞，关键要激活人。企业软实力就是让员工产生一股持续迸发的价值冲动和创造热情。成本高压，企业如果不抓紧时机激发活力，加快运转，很快就会被拖死。人动起来，可舒筋活血，企业动起来，可增强企业自我造血和应对危机的能力。

●让员工远离“惰性成本”

企业实力在经营中交替作用，成本出现危机，必须靠软实力来改善和提升。

——**软实力“成”语**

在企业中，很多资源的浪费和闲置是由于员工“懒”造成的。比如边角余料，无心的员工总是随意裁切，或怎么顺手就怎么切，肯定是大块的材料裁起来更遂自己的意，当然，这样的后果必然是留下大量的边角余料，造成材料浪费、成本上升。有心的员工会精心裁切每一块材料，尺寸大小、裁切方法都会想得周全，不仅边角余料少，而且还会将边角余料收集起来作别的用途。

从另一面看，资源“休眠”是由于没有用它造成的，资源价值是建立在有用之上的。如何盘活资源，最大限度地提升资源的利用价值，这就需要每名员工开动脑筋，用自己的创造力来完成。为了落实 OEC 的管理，张瑞敏推出了海尔人非常认同的斜坡球理论。

海尔斜坡球理论：对企业而言，企业在市场上的地位犹如斜坡上的小球，随时都会滑下来。要使小球不下滑，需要两个力：一个是止动力，也就是企业的基础管理；一个是上升力，也就是创新，使其不断向上发展。该理论认为，企业发展的加速度，与企业发展动力和阻力的差成正比，与企业的规模成反比：

A＝（F动－F阻）/M

当企业发展动力大于阻力时，企业稳步向前发展；当企业发展动力小于或等于阻力时，企业会停滞不前或下滑。

斜坡球理论就是告诉海尔员工，什么是对的，什么是错的。斜坡球理论认为，一个企业在外部市场上所处的位置，就如同一个球在斜坡上会自然下滑。企业受到内部员工的惰性以及外部市场的压力会让它下滑，要让企业在市场上保持竞争力，能够在斜坡上继续向上走，第一，要克服内部员工的惰性；第二，要研发最好的产品。克服内部员工惰性的最好的方法就是日事日毕、日清日高。

成本高压的趋势将持续多久，谁也无法确切预料，但有一点是可确定的，那就是尽量让企业内的每个细胞动起来。让员工动起来，不是被动地驱使，而是让员工们在工作中感到心情愉快，工作着并快乐着，让员工觉得干工作跟娱乐一样，这样一来，其工作效率、工作质量将会大大提高，员工的执行力也会大大加强。尽管企业的经营环境越来越艰难，但只要精神不滑坡，办法总比困难多。精神不滑坡，强调的是一种积极向上、勇于进取的乐观主义，就像《游击队之歌》所唱的：“没有吃、没有穿，自有敌人送上前，没有枪、没有炮，自有那敌人给我们造”，我们需要的就是这种逆境中的乐观心态。

员工是企业发展的最大财富和宝贵资源，其中蕴藏着巨大的创新能力，应当加以发挥和利用。人的能量如同光能。普通灯泡所发出的光，只能用作一般照明。但是同样的一股能量如果像激光束那样对准一个方向，就可以穿越任何障碍。在企业中，每个员工能投入多少力量，就看如何引导他们朝着一个共同的目标努力。

企业软实力的使命是整合资源，实现价值创新。在经济全球化的大背景下，企业硬实力普遍受挫，表面看，企业缺资金、缺市场、缺技术，成本上升，亏损加大，其实，企业什么都不缺，只要将人的潜能释放出来，所有的问题都会迎刃而解。没有“休眠”的资源，只有“休眠”的员工，资源的闲置、浪费甚至紧张，很大程度上是由于员工不作为造成的。当务之急，企业必须迅速摆脱经济紧缩所带来的萧条、沉闷气息，在整合资源前首先整合人力资源，激发员工创造力。员工不是企业随意裁减的“包袱”，员工代表企业的未来，员工的活力、快乐、激情就是企业生存发展的信心。

企业实力在经营中交替作用，硬实力出现危机，必须靠软实力来改善和提升。随着市场竞争加剧，资源紧张的矛盾更加凸显。环境代价加大、劳动力成本增加，造成企业固定成本绝对上升；市场萎缩，产品价格下跌，同质竞争日趋激烈，迫使企业成本相对上升；环境变数、不确定性越来越高，把握的难度越来越大，随时都在挑战企业，使企业的风险成本也越来越高。企业要化解高风险高成本，必须推进软实力行动，围绕资源增值，加大工艺改进、技术升级、管理变革、价值创新的力度。挖掘资源潜力，就是激活员工创造力，使资源在增值跑道上迅速集结。

资源能否增值，取决于员工是否有所作为。人在企业资源要素中居第一位，要最大限度地提升资源价值，首先必须激活人的潜在创造力。管理粗放、资源利用不合理、资源闲置、劳动效率不高、消耗居高不下、费用控制不住，这些往往是员工不作为造成的，而通过精细严格管理、内涵挖潜、优化工艺、改进流程、创新产品来控制成本，将各种损耗和消耗降到最低，从而实现资源价值的最大化，则体现了员工的责任心和创造力。

成本是企业竞争力的直接体现，属于硬实力；成本又是支撑产品和服务价值的根本，是资源整合的量化指标，如何有效削减成本，实现成本价值最大化，则取决于企业的软实力，即对资源的整合力、创造力。成本是硬实力，削减成本是软实力，创新成本是削减成本的最高形态。

以提高劳动效率、节省各种支出等传统的“加减法”来削减成本，只是对粗放管理的一个约束，虽有潜力，但空间有限，“挤”出的收益也越来越少。成本是支撑价值的根本，而最根本的削减成本的方法是注入创意，尽管这是个难点，但只要有所突破，就会取得长期、显著的效果，赢得至少3~5年的发展机会。

●员工潜能决定成本潜力

员工是硬实力，员工的创造力才是软实力，成本挖潜取决于人的潜能。

——**软实力“成”语**

企业最大的成本不是支撑价值的那部分投入，而是在创造价值过程中所产生的有形或无形浪费。经济紧缩，一切进入萧条状态，如何避免资源呆滞，关键要激活人。俗话说：只要思想不滑坡，办法总比困难多。资源潜力来自人的潜能，人的价值提升资源的价值，人的价值在于创造力。

企业创造力开发的原点和支点，就是充分发掘员工的创新潜能，进而培养出企业所需要的创新型人才。李政道说：“培养人才最重要的是创新能力。”微软公司的核心理念用一句话概括就是“激发每一个员工的潜能”。微软在招聘新员工时首先强调的不是人现在的能力，而是人的潜能。因为微软认为，你可以不懂计算机的软件、硬件的知识，因为你的潜能会让你掌握这些知识。它强调的是人的激情，让你的能力全部发挥并且做到更好。在微软公司，企业管理的关键就是创造一个氛围，而这就是所谓的激情领导，像SAP公司、IBM公司、柯达公司等公司所做的那样。在这些公司看来，管理就是激发员工的潜能，而激发员工潜能的本质就是激发员工的激情。

企业创造力来自员工。就制造业来说，离不开三个资源要素，即原材料、设备和员工。原材料和设备会逐渐老化、贬值，只有员工才是企业唯一可升值的资产。经济危机的好处是逼迫企业激发内部的智慧和创造力。比如，一般上班族工作，容易陷入安于现状、抗拒改变的心理状态，企业就要设法激发员工释放潜力，应付各方面的竞争。心理学家认为，一般人员大约只发挥1/10的潜力，因为容易自满、安于现状、拒绝改变是人类的共同特性。在过去低增长、低竞争的时代，员工轻松应付的工作态度，也许还有生存空间，但在全球经济不景气的情况下，必须以“拧干毛巾”的精神，要求员工尽到最大努力。

20世纪70年代末，石油危机造成世界范围内的航空业不景气，瑞典的北欧航空公司也不例外，每年亏损2000万美元，公司濒于倒闭。在这个危机时刻，杨·卡尔松临危受命，担任了北欧航空公司的总裁。卡尔松利用3个月时间，在仔细研究了公司的状况后向所有员工宣布，为了使SAS公司扭转目前的亏损局面，公司必须要实行一种新的管理方法。他给它起名字叫“PyramidUpsideDown”，简称“倒金字塔”管理法。

当时卡尔松把传统管理层级金字塔结构颠倒过来，卡尔松处在这个“倒金字塔”的最下面，他给自己命名为政策的监督者，他认为公司的总目标一旦制定下来之后，总经理的任务是监督、执行政策，达到这个目标。那么中层管理人员不变，最上面这一层是一线工作人员，卡尔松称他们为现场决策者。

“倒金字塔”管理法改变了传统的上令下行的管理方式，其核心就是人人都要承担责任，可以对分内的事情做出决定，不必事事上报。而总裁只负责对政策的执行进行观察、监督、推进。其目的是让每个员工可以在这个由公司管理者搭建的“V”形无限空间里，自由发挥，释放自己的工作热情。而员工一旦受到信任与重视，就会为企业发展提出好建议，就会使自己甚至是整个企业的工作效率大大提高。卡尔松总裁对此的解释是：“人人都想知道并感觉到他是别人需要的人。”“人人都希望被作为个体来对待。”“给予一些人以承担责任的自由，可以释放出隐藏在他们体内的能量。”“任何不了解情况的人是不能承担责任的；反之，任何了解情况的人是不能回避责任的。”

钢铁大王卡内基声称：“你可以把我所有的厂房、资金、设备和市场统统拿去，只要保留我的骨干人员，过四年我又是一个钢铁大王。”骨干人员是什么？就是有创造力的人才。卡内基之所以能成为“钢铁大王”，靠的并不是硬件，而是人才的创造力。人才是硬实力，创造力才是软实力。企业最大的敌人是昔日成功经验的思维定式，因此，企业要敢于向成功的模式和经验挑战，在创新中把握正确的方向，超越自我。

将企业传统管理金字塔倒立，就是尊重员工的自主创新精神，让员工处于价值创新的最前沿。企业软实力理论指出，顾客是价值创新信息的发出者，员工是实现价值创新的承担者，价值创新是企业软实力最高形态，价值创新从市场中来，经过员工的创新之举，又要回到市场中去，员工创新是企业软实力整合资源的重要一环。因此，基于价值创新的最高追求，在外部，顾客处于企业软实力资源要素的至尊位置，在内部，员工同样处于企业软实力资源要素的至尊位置。

按照传统管理金字塔，员工处于管理层级的最底层，这个庞大的一线阶层，以其“特殊”的负重职责撑起等级森严的企业管理大厦，而且也符合重心在下的力学原理。但是，按照企业软实力理论要求，价值创新的至尊地位必须让一线员工处于与之相匹配的价值地位，员工必须从传统金字塔底部翻身跃到顶层，与企业软实力金字塔同气相求同声相应。基于此，必然产生金字塔倒置效应，就是庞大员工阶层的重心上移，这个倒金字塔能否立得稳，就要看企业是否为员工实施创新积极创造条件，营造良好的创新氛围。一句话，企业软实力要求企业为金字塔倒立扫清障碍。

尊重员工、最大限度地调动员工的工作积极性是企业保持高效运营的基础。企业文化管理就是充分贯彻以人为本的理念，让员工尽心竭力地为企业工作，让员工有安全感、成就感和使命感，使企业的前途命运与员工的前途命运紧密相连。正如杰克·韦尔奇所说的：“人力资源系统比财务系统更加重要！”通用成功的秘密就是，“让你的员工在工作中得到不断发展，积极鼓励他们求实创新”。

成本活力
员工乐起来，成本降下来

天上从来就不会掉馅饼，企业要扭转成本困境，必须靠企业内生力解决，就是充分调动员工积极性，让员工在轻松快乐中充分开动脑筋，进行创造性工作。只有让员工充满活力，才能激活呆滞的资源快速周转，使企业体内不断释放软实力能量，从而实现成本高效。

●员工不快乐，企业将会怎样

企业软实力靠员工活力支撑，企业能否轻松降成本，员工的心情不容忽视。

——软实力“成”语

如果一个企业多数员工长期都在不快乐的状态下工作，他们的工作主动性、创造力和变革能力都会丧失掉，他们就会变得只会执行命令，而不会有自己的想法。员工失去活力就表明企业不再有竞争力，企业整个的创造力、变革能力、适应环境能力都在下降，企业生命呈老化状态。员工没有职业敏感，就会饱食终日，麻木工作，辨不清是非，发现不了问题，即使发现了可能事不关己也不反映，就会给企业带来巨大隐患，企业的风险和成本会大大增加。有的员工总觉得在企业中难以找到快乐，认为自己付出的和企业给予的不成正比。这种不快乐会使得他们和企业在情感和利益上都形成一种恶性的对立关系，那么这个企业出问题仅仅是迟早的事了。

据一项人力资源调查显示，工作中最让人不愉快的事情不是收入减少、升职受阻和办公环境恶劣，而是“工作价值得不到认可”。工作价值是一个人最高的需求，对追求自我价值实现的人来说，工作得不到认可，就没有成就可言，也就没有快乐感。而一个人的价值快感，主要体现在两个方面：自身的满意度和外界的肯定。从心理学的角度看，人在取得一些成绩时很需要周围人予以肯定，否则就很容易对自己产生怀疑，进而泄气，对工作失去激情。员工找不到工作的价值感，则工作的乐趣就无从谈起，更难激发自身的活力。

员工不快乐，企业就发展不起来，甚至会倒退。员工不快乐，是因为企业内部环境沉闷，员工心情比较压抑，工作压力大，而在环境宽松的企业，员工总能快乐工作，总能在工作中找到快乐，这样的企业不但发展顺利也发展得快。一般来说，员工快乐指数与企业发展能力成正比。也就是说，员工快乐指数越高，企业就发展越快，各方面就越具活力。所以，有远见的经营者，总会注意提升员工的快乐指数，建立和谐、充满人文关怀的劳动关系，使员工快乐工作成为企业发展的不竭动力。

大凡成功的企业必定是一个快乐的企业。企业快乐不仅是企业具有创新发展的活力，更重要的是给利益相关者带来了快乐。最典型就是企业中洋溢着“三乐”的文化氛围，即顾客快乐、员工快乐、股东快乐。在这“三乐”中，顾客由于员工所提供的优质产品和人性化服务而感到快乐，股东则因为员工能充分满足顾客需求，创造持续而稳定的利润和良好声誉而快乐。顾客快乐、股东快乐，均来自于员工的快乐创造。因此，要使企业活起来，要顾客和股东乐起来，必先让员工快乐。联邦快递中国区总裁陈嘉良说：“将心比心，公司对员工好，员工就会对公司好，这是一个很简单的道理。员工水平提高，客户才会满意，公司才能得到利润。如果利润能转化为对员工的再投资，就会形成一个良性循环。”因此，只有让员工获得了最大限度的乐趣，企业内内外外则无不快乐。

企业与员工关系是否和谐，关系到企业能否持续有效发展。只有建立一个和谐的企业大家庭，企业才能更好地创造发展前景和实现各项目标。企业与员工的关系取决于领导与员工的关系。常言道：领导心中有员工，员工心中有企业。领导者的管理水平不是靠职权维系的，而要靠管理艺术，靠对员工细微的关怀。僵硬死板的管理作风只会让员工感到厌倦，无法在工作中找到乐趣。企业领导者应努力将企业培育成一个和睦、奋进、激情快乐的大家庭，让大家彼此信赖，相互帮衬，共同发展。

联邦快递处理领导与员工之间关系的方法可谓新颖独特。最有意思的一项措施就是“员工特殊法庭”，该措施允许员工“越级上访”。员工如果认为自己权益受到直接领导的侵犯，可越级向上级领导提起“诉讼”，上级领导必须在7日内开一个“法庭”，公开“审判”，并作出“判决”，以帮助员工维权。如果该员工仍然不服，可以向更高一级领导继续上诉，该领导同样必须在7日内调查此事并作出处理。

●将员工快乐指数变成创新创效指数

员工活力凝聚成企业软实力，成本最低，风险最小，收效最快。

——软实力“成”语

传说中，亚历山大大帝为了追求不朽之身，千辛万苦得到了一杯“青春之泉”，为了庆祝心愿达成，亚历山大大帝特别举行了一场大型宴会，宴会后，当他正准备要享用那杯“青春之泉”时，却发现被粗心大意的妹妹倒掉了。

现代生活中，活力就是那杯“青春之泉”，它是一种伟大的气氛，当员工充满活力地工作时，才能享受每天有限的幸福，过得满足而又有意义；当员工充满活力地工作时，企业也才能享受到来自激烈竞争中的有限利润，获得可持续发展的核心能力。员工充满活力，就有使不完的劲，用不完的智，企业就会如日中天，朝气蓬勃，蒸蒸日上。然而，在很多的企业里，员工却在郁闷着，无奈着，员工的活力被公司的现实一步步摧残和磨灭，于是，员工的工作热情在减退，公司的业绩在下滑。

如何判断员工是否丧失“活力”？当员工生理方面感到身体能量耗尽，持续感觉精力不济、极度疲倦和虚弱，常患感冒等小毛病，出现头疼、腰酸背痛、肠胃不适、失眠等症状，饮食习惯或体重骤变；心智方面感到自我效能下降，包括常常感到自己就像被掏空了，表达能力、记忆力、判断力下降，自尊降低、退缩、感到无能和失败，丧失理想，缺乏动机，认为自己无能为力，不相信努力会有结果等；情绪方面感到工作热情完全消失、情感资源干涸，情绪烦躁，容易发脾气，容易迁怒他人，对人冷漠无情，麻木不仁，无法关怀他人，悲观沮丧，抑郁消沉等症状时，由此可以判断员工失去了活力。

也许企业能用钱买到一个人的时间，能用钱买到劳动，但不一定能用钱买到员工的工作热情，不一定能用钱买到员工对事业的追求。管理学家汤姆·彼得斯认为，工艺技术固然重要，但是增强信任却更为有效。美国联邦快递在员工激励方面也有很多绝招，除了为表彰优秀职工，每年全球评选一次五星奖、送出5万多份特殊感谢信外，最为独到的地方就是用优秀员工孩子的名字给该公司飞机命名。美国天然气与电力公司是全球500强企业之一，该公司让员工快乐工作的秘诀就是创造“亲密无间的上下级关系”。公司里提倡人文主义，逐渐引入尊重员工、允许员工犯错误及重大决策下放等“新招”，改变了整个公司的管理模式。该公司强调每一个员工都有自己应有的决策权，员工可通过特殊的渠道倾吐自己的心情；提倡同事间良好的人际互动工作氛围，提高员工的归属感，从而调动职工的积极性。

有句名言：你能看多远就能走多远。企业未来生存管理思想告诉我们，企业不光要看到未来，用未来的眼光指导现在的经营管理，从而坚定生存发展的信心；更重要的是，要让全体员工看到“我的未来在哪里”，这样才能把企业的成长与员工的成长紧紧结合在一块，让员工与企业一起成长，让员工工作得更快乐。

成本团队
充分沟通，减少内耗

成本力量来自成本团队，成本团队是成本目标与团队精神的融合。团队精神不仅可以使企业降低由于沟通和程序传递不善带来的管理成本，而且可以提高工作效率。团队因为共同的目标和信念，必然促成强大的软实力，成为提高生产力、控制成本的强大推动力。

●团队精神与成本合力

软实力整合人心，成本软实力通过聚拢人心而整合成本。

——软实力“成”语

企业就像一艘远征的战舰，所有人员都集聚在这个流动的大本营中，只有企业全体人员同舟共济，齐心合力，群策群力，才能使这艘舰船避开暗礁急流，乘风破浪、扬帆远航。不管什么时候，企业都需要一支经过有效磨合能战斗的团队。一个企业要是没有团队精神，就只能单打独斗，成为一盘散沙，难以强大。团队精神是企业成功的基石、发展的动力、效益的源泉。

团队用一种精神聚合所有力量，在工作中，所有的团队成员齐心协力、互相团结，将无所不能。每一个员工都是企业不可或缺的一部分，企业这艘航母能否朝着预定的目标前进，有赖于全体员工的精诚合作。只有每一个员工的力量和目标都保持一致，企业前进的利箭才会以无坚不摧的力量射中靶心。

在市场竞争日益激烈的今天，企业要想在市场竞争中永远保持竞争优势，就必须发挥企业的整体水平和力量。“一根筷子哟，容易被折断；十双筷子哟，牢牢抱成团”，这就是团队的力量。团队精神是一个企业的精神力量所在，是一个企业前进的动力和活力源泉所在。充满团队精神的企业，必定会朝气蓬勃，奋发向上，勇往直前和战无不胜。相反，没有团队精神的企业，只能是一盘散沙，人心涣散和不堪一击，最终导致工作消极怠慢和缺乏战斗力。

企业的竞争优势说到底是整体和综合实力的较量，而不是某一个体或片面的突出。正如俗话所说：人心齐，事好干；人心散，事难办。团队精神不仅可以使企业降低由于沟通和程序传递不善带来的管理成本，而且可以提高工作效率。因为共同的目标，共同的信念，必然会促成强大的合力，这力量必将会成为提高生产力、控制成本的强大推动力。当然，团队力量的发挥需要组织有力、纪律严明和团结一致，因为只有这样才能使局部与整体有机结合起来，从而使整体效益最大化。

成本控制是一项全员化的系统性工作，不是哪一个人的工作，需要企业全体成员共同努力，需要各个岗位人员参与，既有高层领导、中层管理者和一线操作执行者，又有各类专业性的职能人员和形形色色的普通职员。在生产过程中不管是生产管理人员、工艺技术人员还是生产操作员工，都要把降低成本、控制成本作为自己工作的第一经济责任，主动做好，做出成效。

以一家企业生产作业部为例：每年制造用材数量约 8 万吨。1% 的损耗就是 800 吨，按市场单价 5000 元/吨计，就是 400 万元。

对生产现场来说，成本的控制就是在满足生产有序进行的情况下，通过一定方法与手段，对可以节余的进行控制，杜绝不必要的浪费，并制定一系列的奖罚措施。浪费的要处罚，节余的要奖励。

首先，要按照业务需要，设置专门的材料管理岗位，人员配备要科学合理，充分体现效率，材料人员最好有相关的专业经历，对材料性能了如指掌。具体人数要按照公司的生产规模及产量来确定。以国际钢构为例：一般中等规模的企业需要4～6位专业的材料管理人员。每年的材料损耗能够控制在3.5%左右，对企业就是一笔巨大的财富。

其次，生产部门的使用必须和仓储部门的供给实行一体化管理，按照材料排版统一组织安排材料。按照惯例，排完版的工程损耗可以对照相关材料工程定额进行预计。不过也有特殊的情况，比如有时会出现下错料和半成品的丢失。应对的措施是，企业可以通过组织统一安排材料来解决此类损耗和浪费问题。材料配送系统的工作包括对板材、型材的下料及管理，以及由专业人员配送半成品。对于材料配送岗位人员来说，除了按严格的业务流程操作，还可以引进先进的物流管理模式，杜绝各环节的材料损失和流失，依照工序需求一对一下派材料，提高材料配送的效益和效率，尤其是要做到科学合理安排材料，及时将节余材料保存起来。

节余材料实际上是现场制造过程中的节约贡献，是实实在在的利润。所以，企业要按照节余材料的市场价和一定的百分比，对与节约材料有功的相关人员及时进行奖励。材料人员的一项基本工作就是按照生产配给和材料使用计划，做好库存材料的盘活和调剂，努力消化余料、消化库存。比如材料排版时，可按重量提供小件材料供其作业，所有小件一概按矩形算量。节余部分有一定数量退库时，企业要给予一定的奖励，以此激励材料人员的节材创效工作。按照材料定额，经过排版工序的材料一律不加损耗，小件部分可视成品的实际规格加一定的损耗，但损耗不超4%。有节余按市场价百分比予以奖励，反之出错就按市场价百分比进行处罚。这样，材料组织人员就有干劲主动采取措施控制损耗，精心作业，精益配料，不断优化工艺，不断产生材料节余，由此就可不断降低生产过程中的材料损耗，为企业节约成本，创造更多的利润。

排版后的材料进入下道工序，必须由专业人员进行配送，并现场确认签字，这样就能降低半成品在流程中的损耗。下道工序的主要任务就是集中精力对半成品进行拼装，拼装过程必须讲究工作效率，为最终出成品减少时间，不断缩短生产制作周期。若是半成品材料在拼装工序中丢失，工段必须写申请并经主管生产的副经理确认，实施惩处兑现后，再由上道工序的排版人员根据申请到仓储系统统一领料，并进行补料排版，补足拼装所需半成品材料数量。

由于材料在制造流程中一环扣一环进行严格控制，拼装工序在缺料的情况下必须上报排版工序，而排版工序又没有多余的材料做临时应急储备，所以只能向材料管理部门统一申请。整个补料的手续相当烦琐，任何工序在构件原材或半成品方面都不能有丝毫的疏忽大意，必须细心对待，否则出了问题不光要受到相应的处罚，还会影响到整个生产的进度。所以，严密的内部控制，迫使大家养成良好的精细操作、精细节约、精细负责的习惯。

就整个生产过程来看，如果原材料损耗控制了，库存的余料又能及时得到有效利用，所有作业人员都能养成爱惜、合理利用材料的习惯，就能确保原材料得到最大限度的利用，而生产制造各环节的成本发生也就不难控制了。

●信息流中的成本沟通

成本能否精确，取决于信息沟通，信息化是提升企业软实力的先进手段。

——软实力“成”语

参与型组织文化（participativecultures）是在经济全球化的推动和管理信息化的影响下形成的独特的组织人文氛围，其特点是开放包容、公开透明和充分信任。在这样的组织环境中，内部时刻保持无障碍沟通，员工与企业形成共同的价值观，结成牢固的心理契约，员工有尊严，被授予更多权力，并能自主地开展价值创造，积极参与企业事务，有着强烈的责任心和归属感。参与型组织文化可以大大提升员工的信任度和忠诚度，降低企业维持正常运转的行政成本，改善企业与其他利益相关者的关系，提高管理和协作效率，加速运营，进而提升企业整体业绩，促进经营目标的实现。

沟通成本是因沟通不畅、信息不对称而导致的营运和组织管理成本增加。沟通成本属于隐性成本，具有无形的特征，无法用精确的量化手段进行成本评估，一般的表现是沟通不畅造成办事的难度加大，或者难以达到预期的效果。一些企业因为重要信息掌握在少数人手中、沟通渠道阻塞，使大家在不知情的情况下工作，导致互相扯皮推诿，执行效果差，由此就使沟通成本上升，隐性费用增加，企业市场竞争力下降。

通用电气公司强调的一个关键点是，大公司要像小公司一样运作。因为小公司发展为大公司之后，官僚主义就会泛滥起来，每个人都只是按照等级科层组织所限定的职责进行活动，并不关注企业的整体目标。每个人都只是为了履行自己的职责而履行职责，不知道这种职责所服务的最终目标是什么，因而也就不会根据所服务的最终目标来灵活地调整自己的职责的履行方式和履行内容。一个企业组织如果处于这样一种状态，企业的效益就必然会大幅度降低，无法灵活地协调内部关系以适应外部环境的变化。长此以往，企业就会变成一个行动迟缓、生命力低下的庞然大物，一旦遇到外部环境的快速变化，只能坐以待毙。

杰克·韦尔奇从担任总裁开始，就向通用电气的官僚体制开刀，大刀阔斧地改造通用电气的组织结构，迅速地砍掉大量的中间管理层次，并裁减管理层职位，甚至连副总也难以在这场“扁平化的风暴”里幸免于难，最终通用电气从原来的 9 个管理层次变成了 3 ~ 4 个管理层次，上下级进行无缝沟通，对员工实施开放式的无边界管理，在沟通方面始终处于零成本状态，不但员工积极性被充分调动起来，企业活力大增，企业效率也大大提升。

沟通成本很大程度上是由于管理机制不健全造成的。如果职责不清，有些事多人管，有些事无人管或管事人无现场处理权，沟通成本即随时发生。比如本可以在上午办完的事情，却找借口非要拖到下午，当天的事不能做到当天毕，要推延到第二天。办事效率低，一般都是责任不落实，考核不严格，信息不通畅造成的，所以企业必须使每一个部门负责人及成员都能清楚了解各自的信息沟通对象、内容和方式，并将其视之为职业操守的自律行为。

信息的沟通传递过程经常要经过好几道环节，如果其中任何一个环节出现问题，都会导致信息接受者所得到的信息与信息发出者所发出的信息不一致，造成沟通障碍。这叫信息衰减、信息传导失真。生产中，信息失真会生产出不符合要求的产品，或者生产过剩，或者生产不足，给企业造成不必要的损失，无形中也增加了间接成本。如果沟通障碍不清除，反而会将责任矛头指向产品生产环节上，管理者就会向生产部门施加压力，就会使生产者无所适从，生产作业人员的积极性受到打击，工作效率随之下降，隐性沟通成本必然上升。

物流环节中很重要的一流就是信息流，信息流的源头来自采购，要保证企业信息流及时高效运行，可利用现在成熟的信息技术进行信息采购。信息采购就是通过互联网，借助计算机管理企业的采购业务，实现零距离及时采购。比如，在网络上公布所需的产品或服务的内容，供相应的供应商选择；采购企业通过电子目录了解供应商的产品信息；通过比较选择合适的供应商，然后下订单并开展后续的采购管理工作。

建立电子数据交换系统（Electronic Data Interchange，EDI）是实现信息采购的基本手段。利用电子数据交换系统，可以及时、准确地掌握供应与需求的情况，按照准时物流的要求，及时作出采购决定；可以在产业链的上下游企业之间建立电子自动订货系统和实现决算、检验、库存的电子化；可以避免由于物料供应不及时给企业带来的损失。日本日化生产企业花王与零售商佳斯客在建立电子数据交换系统后，佳斯客的缺货率减少了一半；通过电子订货系统实现了自动采购，提高了商品周转率，佳斯客的库存周转率提高了30%；削减了流通成本，采购方不需要建立库存从而大大节约了费用。

如何掌握信息已经被接受者完整不误的接受？最简单的办法就是进

行信息反馈。信息反馈可以检验信息是否被正确理解，可以判断信息的传递是否成功和有效并可及时加以修正。一些优秀的企业在信息交流方面比较注重沟通的制度化，建立全面的信息交流制度，建立良好的管理机制和一系列科学合理的沟通制度，塑造优秀的沟通文化，利用先进的信息设备进行信息传播，使沟通有效、快捷、高速，减少了沟通障碍所带来的问题，也最大限度地降低了沟通成本。例如每天上午召开生产情况通报会，每周召开生产组织调度会，每月召开经营活动分析会，各部门提前将工作过程中所取得的业绩、存在的问题及需要改进之处形成书面材料，在会议中进行重点汇报并讨论，把相对集中带有共性的问题摆在桌面上大家一起共商解决方案。这样能大大节约沟通时间，提高会议沟通效率。

使用先进的信息技术可提高沟通效率、降低沟通成本。国内企业善于"开会"，大小会不断，凡事开会，动辄开会，看似有效沟通，实际上大大增加了沟通成本。例如能在电话里说清楚的就没必要跑到会议室里去讨论；能发电子邮件的就没必要在电话里啰嗦半天；能用投影仪展示的就没必要唾沫横飞；能通过企业专设的网络开会沟通的就没必要集中在某地开会；还可以通过企业内部局域网随时让各部门了解到营销或生产进度等数据；通过公用网络来提高客户信息和供货送货信息的传递速度。沟通技术跟上了，工作效率也就提高了，沟通成本自然就会降低。

成本标杆

追求卓越，彰显价值

价值创新是成本软实力的最高形态，成本指标的不断刷新，意味着成本的持续改进。以先进指标为标杆，就是要自我加压，查找差距，不断改进，追求卓越，通过对标、追标、创标，形成你追我赶、奋进争先的成本竞赛局面，持续推进成本效率、效益的提升。

●跳出成本围困的高墙

成本软实力不是一次性的，而是时刻准备创新成本，时时考虑如何降低成本。

——软实力“成”语

当低成本的劳动力、资源和资本等“红利”逐步消失的时候，中国企业是否能够继续保持卓越的绩效呢？这就要看企业持续改进、追求卓越的能力。降成本没有最好，只有更好。不断创新成本价值是企业软实力的集中体现，就是以更少的投入获得更多的产出。

有这样一则寓言：一只觅食的老鼠意外地掉进一个盛得半满的米缸里。老鼠喜出望外，整天待在米缸里吃了睡、睡了吃。在衣食无忧的日子中，大米一天天减少，老鼠没有察觉。直到有一天它发现米缸见了底，才觉得以米缸现在的高度，自己就是想跳出去，也无能为力了。

对于老鼠而言，这半缸米就是一块试金石。如果它想全部据为己有，其代价就是自己的生命。对企业而言，即使目前的成本仍有竞争优势，也要预见市场的变化，时刻准备创新成本，时时考虑如何降成本。成本有限，创新无限，这就是卓越推进成本的内在机理。如果只是一味地坐享成本优势，不思进取，到头来只会将企业困死。

有人把老鼠能跳出缸外的高度称为“生命的高度”，而这高度就掌握在老鼠自己的手里，它多留恋一天，多贪吃一粒，就离死亡近了一步。很多企业被高成本逼得走投无路，并非成本高不可攀，而是企业贪图已有的成本优势太深，而难以自拔，无法及时创造新的成本优势，因此很难跳出成本围困的高墙。

与产品的生命周期一样，成本优势也有生命周期。当成本优势确立，就意味着这种优势渐渐成为过去，其生命力随着时间的推移不断衰竭，如果企业没有新的成本优势跟上，企业已有的优势就可能成为阻碍企业生存发展的劣势，最终将企业拖垮。所以，企业必须克服成本优势所产生的惰性和依赖性，不断为自己设立目标，不断超越自己，否则，有“坐吃山空”之险。要创造新的成本优势，就要善于发现自己的成本瓶颈，抓重点，不断突破，居安思危，方能百尺竿头更进一步。

现在，我们正处于一个多变的时代，市场经济的汪洋直接冲击着计划经济下形成的安稳思维，一切都面临着前所未有的变革挑战。这种变化是客观的、必然的，又是彻底的、摧枯拉朽式的，势如破竹。这种变化给企业经营带来了极大的风险和压力，也给企业发展带来了难得的契机，关键是企业如何及时把握，如何正确看待。企业一旦体会到这种趋势压力，就预示事物的变化已经开始，就应该立刻采取行之有效的措施予以应对。

台湾的计算机产业之所以能迅猛发展，成为宝岛的第一大招牌产业，并以较强的竞争力影响全球市场，这在很大程度上与台企员工对工作精益求精的追求，及其所具有的追求卓越的敬业精神分不开。美国的马丁·路德·金曾经说过："如果一个人是清洁工，那么他也应该像米开朗琪罗绘画、像贝多芬谱曲、像莎士比亚写诗一样，以同样的心情来清扫街道。他的工作如此出色，以至于天空和大地的居民都会对他注目赞美：瞧，这儿有一位伟大的清洁工，他的活干得真是无与伦比！"职业没有贵贱之分，行行出状元。不同的职业境界和工作态度创造不同质量的工作。

按照一般的概率统计，如果一部由13000个零部件组成的汽车，其精度能够达到99.99%的话，那么它第一次发生故障或出现反常情况将可能在10年以后。中国的汽车还做不到10年以后才出现毛病，德国奔驰汽车就能够保证20万公里不动螺丝刀，而正常每年2万公里的汽车行程，也基本上能做到10年时间了。这种质量保证就来自员工精益求精的工作态度。

有一句广告词是这样说的：没有最好，只有更好。一个优秀的员工对待工作的态度也应如此，唯有如此，才能保持旺盛的工作热情，才能把工作做得更好，也才能不断进步。确立"没有最好，只有更好"的卓越理念，要求员工自己和自己赛跑，在不断积累自信度的同时追求更好的自我。

●在巨人的肩膀上创新成本

软实力讲究效能与效率的统一，标杆下的成本改进与创新就是如此。

——软实力"成"语

"榜样的力量是无穷的"。这句话用管理理念来看，其中渗透着一种新的管理思想，那就是标杆管理。通俗地说，标杆管理就是一个确立具体先进榜样，解剖其各个指标，不断向其学习，发现并解决企业自身问题，最终赶上和超过它的这样一个持续渐进的学习、变革和创新过程。

标杆管理最先起始于美国施乐公司。施乐公司曾在世界复印机市场一直保持垄断地位，到1976年，施乐公司的霸主地位受到来自日本企业强有力的竞争挑战，市场份额从82%下降到35%。为了化解竞争威胁，施乐公司开展了深入向日本企业学习的运动，后被称之为标杆管理。施乐公司在学习中最关键的一点就是对标，找差距，从生产成本、营销成本、零售价格等诸多领域中，找出一些明确的衡量标准或项目，然后将这些项目的经济技术水平与主要竞争对手进行集中分析比较，弄清对方的运作机理，找出与主要对手的差距，全面调整经营战略、战术，改进业务流程，很快收到成效，把失去的市场份额重新夺了回来。于是，欧美企业纷纷学习借鉴施乐公司，把标杆管理作为竞争的最佳指导，提高企业的经营管理水平和综合竞争能力。

目前，标杆管理的使用范围基本实现业务全职能化，已从最初的生产绩效评价发展到设备管理、计量管理、运输管理、采购管理、库存管理、质量管理、市场营销、成本管理、人力资源管理、新产品开发等业务职能部门，不仅应用在战术方法改进和工作效率提升上，还发展到战略效能的优化，着眼于提升企业可持续发展的价值，通过追赶行业的一流，确定正确的发展方向，最终实现战略制胜。标杆管理现在已经成为改善企业经营绩效、创造竞争优势、缩短与对手、与市场差距的关键性管理工具。

标杆管理之所以能引起各大企业如此重视并风靡世界，其根本原因在于它能给企业带来巨大的实效。标杆管理为企业提供了明确的奋斗目标，以及追求不断创新的思路，是发现新目标以及寻求如何实现这一目标的一种手段和工具，具有较强的可操作性。

2000年，埃克森—美孚公司以2320亿美元的年度销售收入位居全球500强第一位。美孚公司取得如此卓越绩效的奥秘在哪里？很简单，那就是实施了标杆管理。

1992年，美孚石油的年收入只有670亿美元，一次调查让美孚决定在全公司推广标杆管理。当时美孚公司询问了服务站的4000位顾客什么对他们是重要的，结果得到了一个令人震惊的数据：仅有20%的被调查者认为价格是最重要的，其余的80%都有三个方面的需求：能提供帮助的友好员工、快捷的服务和对他们的消费忠诚予以认可。根据这一发现，美孚开始考虑如何改造它遍布全美的8000个加油站，讨论的结果是实施标杆管理。公司由不同部门人员组建了3个团队，分别以速度（经营）、微笑（客户服务）、安抚（顾客忠诚度）命名，先在小范围内试点，将最佳实践作为公司的标杆，努力使客户感到加油的愉快体验。

美孚从实践中提炼出服务标杆——“友好服务”。“友好服务”与其传统的服务模式大不相同。希望得到全方位服务的顾客，一到加油站，迎接他的是服务员真诚的微笑与问候。所有服务员都穿着整洁的制服，打着领带，配有电子头套耳机，以便能及时地将顾客的需求传递到便利店的出纳那里。希望得到快速服务的顾客可以开进站外的特设通道中，只需要几分钟，就可以完成洗车和收费的全部流程。

如果把标杆比作战略路线，那么，要达到标杆所指的目标就是一种跳跃，就像树上结的果子，你要摘下来，站起来够不着，就要发挥你的弹跳力，只有全力跳起来方能将果子摘下。所以，标杆指标的实现，又称为“跳起来摘桃子”。

比如应对经济危机，“跳起来摘桃子”就要求企业采取特殊措施，倒逼内功，加强管理，推进自主创新和技术进步，千方百计降低成本，增强产品竞争力；创造性地开展工作，主动压担子、增压力；继续保持奋发有为的精神状态，有所作为，为了胜利勇往直前。

从精神层面看，“跳”的动力是自我加压，因为要努力实现目标，从而逼迫自己完成“跳”的动作。通俗地讲，就是化压力为动力，大环境低迷是外部压力，指标在肩是内部压力。

当然，企业的目标必须有参照物，进行科学比对，起步指标是否具有竞争力，就看标杆的水平了。以高水平的企业为标杆，就如同站在巨人的肩膀上，通过洞察标杆企业所为，研究标杆企业成功的实践，整合标杆企业的经验和知识为己所用，从对比标杆的差距中发现自己的潜力，这样可以帮助企业少走弯路，尽快找准自己的坐标位置，促使企业加速前进，更快赢得市场机会。

企业站在巨人的肩膀上，进行标杆学习，有四大好处：一是弥补不足。在激烈的市场竞争和困难的生存环境中取得领先地位的厂商，自有其独特的成功之道，可以借鉴他人的优点来弥补自身的不足。二是反思自我。通过向行业内或行业外的最优企业学习，重新思考和改进经营实践，从而创造出自己的最佳经营实践。三是持续改进。标杆管理为企业提供了一种可行可信的奋斗目标以及不断改进的思路，也是发现新目标以及寻求如何实现这一目标的合理性和可操作性手段。四是超越对手。创新速度已成为竞争成功的关键因素，标杆管理涉及为获取竞争优势而搜寻、发现和实施创新思维的全过程，确保自身的创新速度超过竞争对手。

从跨国公司推行标杆管理的实践看，标杆管理可以帮助企业节省20% ~50%的费用支出，或者产生4倍以上的效益回报。不过要提醒企业，引入标杆管理要选择合适的时机和一定氛围，尤其是对于那些优秀或卓越的企业更能接受和取得显著的绩效，对于陷入困境和衰退中的企业，以做好基本的经营管理工作为主，待企业稳定后可视情况实施标杆管理。

VALUE PROFIT

第五章

成本执行：

价值没有折扣，利润持续保证

执行力是企业所有力量的注脚，如何实现有效执行？既要实干，求真务实，雷厉风行；又要巧干，凝心聚智，讲究技巧。成本软实力延伸到最后一环就是成本执行力。好的成本管理思路、成本控制方法、成本价值创新能否得到不折不扣的贯彻实施，事关企业成本战略成败。成本涉及企业管理的各层次、各工序、各环节、各岗位，是一个系统工程。成本目标一经确定，就看采取什么措施层层予以分解消化，只要其中一个环节执行不力，就会造成成本整体失控，目标成本就难以实现，企业也就难以收获预期的利润。

成本操作
第一次就把事情做对

企业软实力强调做正确的事情和正确地做事，这是方向和方法的统一。当然，即使方法对了，如果不尽心尽力尽责，事情不能一次做到位，就会带来大量的麻烦。因此，成本软实力更强调凡事第一次就做对，这不仅能省下繁复的作业流程，更重要的是能大大提高质量。

●一次不足就要付出N次的成本

成本软实力强调持续改进，但不是因为第一次没做对而引发的持续改正。

——软实力“成”语

谈起执行力，就不得不使人想起一则耶稣的寓言，这则寓言对执行力不到位进行了很形象生动的描述：耶稣带着他的门徒彼得远行，途中发现一块破烂的马蹄铁，耶稣希望彼得捡起来，不料彼得懒得弯腰，假装没听见。耶稣自己弯腰捡起马蹄铁，用它在铁匠那儿换来3文钱，并用这些钱买了十几颗樱桃。出了城，两人继续前进，经过的是茫茫荒野，耶稣猜到彼得渴得厉害，就故意将藏在袖子里的樱桃悄悄地掉出一颗，彼得一见，赶紧捡起来吃。耶稣边走边丢，彼得也就狼狈地弯了十七八次腰。于是耶稣笑着对他说：“要是按我说的做，你最开始弯一次腰，我也就不用一次又一次重复地扔樱桃，你也就不会在后来没完没了地弯腰。”

这个寓言故事告诉我们，如果在执行上一次到不了位，以后将要付出更大的执行代价。而这个执行代价就是人的惰性造成的，就是“惰性成本”。卓越的执行力表现出来的就是零失误、零条件、零缺陷、零重复，强调精益求精，第一次就把事情做对做到位。

把事情做对，是人们一直强调的行为习惯。但是据国外权威机构调查，有 68.5% 的人没有“第一次就把事情做对”的好习惯。在企业里经常碰到这样的事情：一开始，做事不到位，达不到标准或要求，反反复复地做，结果越忙越乱，解决了旧问题，又冒出新问题，如此恶性循环，不仅浪费大量时间和精力，也给企业造成直接或间接的经济损失。这就是说，第一次做事情可能有麻烦，但是，如果第一次就没有把事情做对，会给企业带来大量的麻烦。

在企业中，经常会出现这样的现象：

——6% 的人无所事事，常常显得无聊，制造矛盾；

——10% 的人根本就不想做事，靠着“一等二看”混日子；

——18% 的人不按指令办事，为所欲为，所谓有工作而无成果；

——10% 的人做事方法不对，或在做与工作无关的事情；

——42% 的人做事层次不高，低标准或粗方法，虽然想做，而不会正确有效地做；

——只有 14% 的人属于正常范围，但绩效仍然不高，主要做事不能一次到位。

就像人吃饭一样，该吃饭的时候一定要吃，而且要吃饱吃好，想吃不吃肯定有毛病，能吃不吃肯定有想法，吃不好吃不饱最不好受。做事也一样，一次做到位最好，半到位又不到位是最难受的。工作做到位，就是要有精细严谨的工作态度，对要做的工作不能敷衍，要认真去办，并把自己的工作做好。

在海尔流传着“1/10/100”的价值理念，即如果在生产的领域少投入1元钱，那么就有可能在销售的时候付出10元钱的代价；如果在销售的时候还没有弥补，那么就有可能在售后服务上花费100元钱。换言之，在生产的时候多投入1元钱，那么在销售的时候就可以节约10元钱，而在服务的时候就可以节约100元钱。用张瑞敏的话说就是要“一次做对”。

企业要想赢得未来的市场竞争，就应该让“一次做对”的理念深入员工心中，尽最大的努力减少开始环节和过程中的疏漏，从而最大限度地节省资源，降低成本，提升企业竞争力。现在有许多公司使用相当于营业额的20%、30%甚至更高的费用，用在测试、检验、变更设计、整修、售后保证以及其他有关产品质量的成本上面。生产出来一件劣质产品意味着企业将要付出几倍于产品生产成本的代价，如果企业能够“一次做对”，那么不仅可以节约大量的成本，更能为企业赢得质量上乘的美誉。

企业中，很多人都说“忙”，其实多数是毫无价值盲目的忙，这种忙必须终止。还有一种忙，是忙着制造错误或改正错误，这种忙必须减少。真正的忙应该是忙着创造价值，用脑子使巧劲解决问题，第一次就把事情做好，把该做的工作做到位，而不是盲目地拼体力应付交差了事。

有位阿拉伯地毯商人，看到最美丽的地毯中央凸起了一块，便把它整平了。但是地毯的另一处又隆起来了，他只好再把凸起的地方弄平。不一会儿，在一个新地方又再次隆起了一块，如此一而再、再而三地，他试图弄平地毯；直到最后他拉起地毯的一角，看到一条蛇溜出去为止。

现实中，大多数人处理问题，喜欢就事论事，热衷于治标，东一榔头西一棒，不善于系统思考，从治本上找原因，从全局解决问题，因而问题很难得到彻底的根治，造成问题此起彼伏。就像一台机器坏了，做个简单的检查，是齿链卡住了，稍微调整一下，机器立马就恢复正常运转。可是，不久机器又坏了，检查仍然是同一个问题，调整一下，机器仍照样运转。出现这种情况，关键是没有找到造成机器卡链的根本原因，这就需要对机器做一次彻底检查，从根本上解决问题。如果只满足于小修小补，将会给公司带来不断的麻烦和损失。

第一次就把正确的事情做正确，它融入了零缺陷、卓越绩效模式和TQM等管理思想。“做正确的事”指方向要正确；“正确地做事”指工作方式和方法正确；“第一次做对”是用正确的态度和坚强的决心第一次就把正确的事情做正确。一次做对实施的目标就是通过一系列有效措施和方法使企业战略、运营和基础管理的方方面面都符合以上三个要求，从而快速、全方位、持续地提升企业管理。

●让现场耗费始终处于“零成本”状态

第一次就把正确的事情做对，将成本软实力分解、渗透到生产现场方方面面。

——软实力“成”语

丰田模式的内在精髓就是精益求精，持续改善，追求卓越，所以，丰田的生产现场耗费始终处于“零成本”状态。虽然有许多企业都在学习和复制丰田的精益生产，但最终都不能保持下来，为什么？因为我们学丰田只学到了它的皮毛，并没有掌握它的精髓，那就是丰田以精益理念为核心的精益成本文化和精益成本习惯。正因为有了浓厚的精益文化氛围，丰田才能够持续不断地培养出努力持续改善、追求卓越的杰出员工，而这些精益员工又成了延续丰田文化的香火。丰田骨子里的“精益血液”就是这样持续流淌的。正如“丰田模式”描述其对TPS流程的信念：“正确的流程将产生正确的结果。”促使丰田尽善尽美有赖于五个长期、综合的目标：安全、质量、成本、递送、士气。从一开始，丰田公司就提醒每个员工，如果紧密合作就能实现这些目标。而要实现长期繁荣，必须将人力价值流与产品价值流相结合。

精益生产方式的一个主要原则是以社会需求、市场需求为依据，以充分发挥人的作用为根本，运用多种现代管理手段和方法，有效配置和合理使用企业资源，力求取得最大的经济效益。为了适应当前激烈竞争的市场，企业应把精心组织好生产，作为搞好生产现场管理的首要任务，同时以市场需求指导现场管理，根据市场行情和产品效益状况，调度生产现场的运作。对赢利的产品满产高产，微利或市场不好的产品限产，没有边际利润的产品停产。本着精简、合理、优化、高效的原则，根据市场需要，重新核定生产现场岗位的定员定编。对生产能力过剩的生产装置，可通过对生产工艺线的整体分配和生产负荷的系统测算，反复平衡、调整，实行岗位优化组合、人员竞争上岗，把人力消耗和人工成本降到最低点。加强对生产现场的规范管理，优化生产现场，对不利于生产的有效运行、影响生产现场整体形象的现场问题，比如脏乱差和跑冒滴漏现象，下大力气治理整改，为安全、稳定、有效生产，创造良好的现场环境。

按照精益生产方式的要求，企业现场管理的目标是达到“八个零”，即合理定置物品，工作需用时寻找时间为零；合理布局生产现场，物流走向损耗为零；合理安排生产，产品浪费及库存积压为零；严格工艺纪律和工艺操作规程，操作失误和产品质量不合格现象为零；加强现场巡检和设备维护保养，装置跑冒滴漏现象为零；准确及时填写各种现场原始记录，规范现场各类信息标志，装置系统程控仪表、电讯、计算机保持有效运转，信息显示、传递误差现象为零；严格安全生产规程和安全生产责任制，安全隐患、事故为零；不断提高现场人员的职业素养，形成良好的职业道德风气，现场人员不良行为为零。管理上的精雕细刻，实际上是确保现场各类问题的发生为零。比如对生产现场的定置管理，就是使各生产要素有机结合，实现生产过程科学化、规范化、标准化，从而达到降低生产成本，提高产品质量、经济效益和现场文明生产水平的目的。

随着市场经济的不断发展，卖方市场向买方市场的转变，企业面临着市场的严峻挑战。一切为了用户，一切满足用户，始终是企业的生产经营宗旨。鉴于目前用户对产品的工艺要求越来越严格，也越来越挑剔，为了满足不同层次的用户需要，企业有必要制订一系列优化生产工艺方案，不断改进产品工艺配方，增强产品的竞争能力。比如根据ISO9000质量认证标准，加强对产品全过程的质量控制。对人、机、料、法、环等环节中影响质量的因素进行系统分析，并把着重点放在对工艺方法的改进上。在工艺改进方面，企业应坚持精益求精的原则，提倡“拧干的毛巾再拧一把”，深入开展工艺攻关活动。严格工艺技术规程和岗位操作法，根据市场要求，对企业生产岗位的工艺卡片内容重新进行修订。对工艺上有严格要求，对下道工序的工作有严重影响的关键生产部位，设立关键工序控制点，明确关键工序操作人员和检验分析人员的职责，严格按工艺卡片要求进行工艺指标的控制，杜绝违反工艺纪律的现象。

生产现场的成本管理，主要是以班组经济核算为主。为了进一步落实企业内部的经济责任制和贯彻勤俭办企业的方针，充分调动现场人员当家理财、自主管理的积极性，真正做到节能降耗、节支增效。企业可根据生产现场的实际需要，本着干什么、管什么、就算什么的原则，要求生产现场成本核算要能够直接反映生产一线班组的工作成果，要符合实际，算而有用。通过预测、记录、比较、分析和控制，核算现场的消耗与取得的生产成果，找出和堵塞漏洞，挖潜增效，同时现场人员进一步明确今后班组提高经济效益的方向。现场成本核算内容包括生产成果和生产消耗两个方面，具体经济指标有产量、质量、设备利用率、原材料、动力、能耗、工时利用、安全生产指标等。目前，企业现场生产成本核算大多数是采取“三比、两找、一落实”的方法。所谓“三比”，就是本班组本期实际同计划指标（承包指标）、定额相比，本期实际同上期完成情况比，本期实际情况同兄弟班组相比。所谓“两找”，就是找原因，找经验教训。所谓“一落实”，就是把改进的有关工作措施逐一落实到现场人员和各个岗位上，并做到“千斤重担众人挑，人人肩上有指标”。

为了提高现场人员的操作水平，规范操作行为，确保操作无误。企业可在生产一线操作岗位开展优秀操作员评选和操作无差错竞赛活动，定期举办操作工培训班，推广生产一线劳动模范创造的先进操作法，进行操作失误反思，适应不同的操作岗位和专业要求，制定不同的操作规程（比如工艺操作规程、安全操作规程、设备操作规程等），这样不但可以提高广大操作人员的实际操作技能，同时也能锻炼和培养一支具有高度敬业精神、操作经验丰富、临场应变能力和处理事故能力比较强的操作队伍。在上岗操作方面，上岗操作人员必须持有上岗合格证，熟练掌握本岗位的生产特点及工艺、设备和物料状况，学徒、学员等无证人员必须有专人监护，严禁独立上岗。在岗位练兵方面，操作人员不但要熟悉本岗位工艺流程、工艺原理、技术指标，对岗位所管辖设备，也要做到“四懂三会”，即懂结构、懂原理、懂性能、懂用途，会使用、会维护保养、会排除故障。从严、从难、从实际出发，坚持干什么，学什么，缺什么，补什么，做到“四过硬”，即操作技术过硬，维护保养设备过硬，产品质量过硬，复杂情况下处理问题过硬。

坚持以人为本，把行为科学和企业文化原理运用到生产现场管理中，以现场团队精神为核心，做到精诚合作、精诚团结，努力培养和造就一批优秀现场人，是企业生产现场管理的主要精神宗旨。一是要理顺思想矛盾，增强现场凝聚力。根据现场人员的思想实际，采取各种有效形式，进行思想教育，坚持说服教育和疏导教育相结合，物质奖励和精神鼓励相结合，解决思想问题和解决实际问题相结合。二是要树立团队精神，增强现场战斗力。每个岗位、每个生产环节要树立全局的观点，服从于生产现场整体优化和整体生产过程顺利进行的指导思想，在统一目标的指导下，相互配合、相互协调、通力合作，做到心往一处想，劲往一处使。三是要建设现场文化，增强现场形象力。大力加强生产现场文化建设，树立现场先进人物典型，以榜样引路，培养积极向上、健康活泼的现场精神和良好的思想道德情操，创造文明生产现场，提高现场整体形象。

成本绩效

全力以赴，速战速决

孙子曰：兵无常势，水无常形，能因敌变化取胜者，谓之神。在今天这个变数极大的市场环境中，成本软实力不只体现在对现场要素的整合创新上，还体现在对市场的快速应变上。换言之，成本创新不仅要体现价值，更要体现速度，要跟得上瞬息万变的市场需求。

●砍掉养尊处优的“惰性成本”

成本软实力在于用难完成的任务激起员工成就卓越成本的斗志。

——软实力“成”语

这里所说的“惰性”，并非完全意义上的懒惰，而是怕麻烦、怕吃苦。比如一个大办公室，几个人的电脑共同串接一台共享的打印机，完全可行，可有人借口排队打印太费时了，影响工作效率，要求单独配置一台打印机。这种做法表面看好像提高了工作效率，其实造成管理成本绝对上升，而且长期维持下去，管理费用势必有增无减，这就是“惰性成本”。

企业被高成本围困，多数是习惯于满足，安于现状，不愿意改变。要实现成本突围，就必须不断改变现状，必须注入危机感，用难完成的任务激起员工成就卓越成本的斗志，也就是兵法上所说的“置之死地而后生”。

管理学上，有个猎狗追逐受伤兔子的故事。一天，猎人带着猎狗去打猎，猎人一枪击中了一只兔子的后腿，受伤的兔子开始拼命奔跑。猎狗在猎人的指引下飞奔着去追赶兔子，可是追着追着兔子就不见了，猎狗只好悻悻而回。猎人开始骂猎狗：“没用的东西，连一只受伤的兔子都追不上。”猎狗听了很不服气：“我尽力而为了呀！”兔子带伤终于跑回了洞里。它的同伴在庆幸的同时感到很惊讶：“那只猎狗那么凶，跑得那么快，你还受了伤，怎么跑得过它呢？”“它是尽力而为，我是全力以赴，它没追上我最多挨一顿骂，而我要是不拼命跑的话早就没命了。”

很多人难以创造卓越的成就，其原因与猎狗一样，过惯了安稳的日子，太容易满足于“一顿饭”。而一些企业缺乏活力，并非员工笨，而是管理者太习惯于四平八稳，按部就班，是惰性战胜了活性。所以，企业要实现卓越推进成本，首先必须向惰性开刀，要将那些导致怕麻烦、惧困难、养尊处优的设施和条件全部端掉。

管理中为什么要引入“鲶鱼效应”？就是为了激活员工的活力，让大家开动脑筋，积极行动起来，充满创造性地开展工作，决不能四平八稳，做一天和尚撞一天钟。鲶鱼是一种很常见、生性好动的鱼类。自从有渔夫把它用作保证长途运输沙丁鱼成活的工具后，它便日益受到重视。沙丁鱼生性喜欢安静，追求安逸，在长途运输的过程中常常因窒息而死。有渔夫就在沙丁鱼中放进了鲶鱼，沙丁鱼见了鲶鱼十分紧张，于是左冲右突，四处躲避，加速了游动，等到了港口都还活蹦乱跳。

对企业来说，只有充分调动员工的积极性，千方百计让大家动起来，企业才会有生气，才有活力，工作才有效率，企业整体效能才能得到提升。企业节约成本，并非简单的缩衣减食，最关键的是要焕发员工主动降成本的激情和智慧，不是简单地操作成本，而是要用头脑去创新成本，通过各种方式提高工作效率，进而增加利润。

麦当劳公司内部各职能部门经理官僚主义曾经比较严重，很多领导人习惯于靠在舒适的办公椅上指手画脚，许多宝贵的时间都浪费于闲聊上。经过细致的观察分析，克罗克发现了这个问题，并想出了一个釜底抽薪的“绝招”。于是，他下令将所有部门经理的椅背锯掉。刚开始，大家怨声载道，对他的做法很有成见，骂他是“疯子”，但是不久，很多人领悟出了他的良苦用心，换位思考，慢慢地理解了这项管理措施。大家纷纷深入基层，了解情况，排查问题，解决问题，公司的业绩迅速一路攀升。

●“成本+速度”创造成本优势

环境应变力属于第二层级的企业软实力，同样的成本水平，就看谁出手更快更准。

——软实力“成”语

这是一个速度制胜的时代。达尔文曾经说过这样一句话：“应变力也是战斗力，而且是重要的战斗力。”“得以生存的不是最强大或最聪明的物种，而是最善变的物种。”企业如何适应不断变化的市场需求？唯一的办法是，快速反应，提高应变力，以速度抵御变化，驾驭变化，甚至走在变化的前面，引领市场，独领风骚。从现在的情况来看，未来的市场竞争，不仅比质量，比价格，比服务，更重要的是比速度。商海沉浮，竞争加剧，创新来之不易，商机稍纵即逝，抢先一步就是胜利，落后半步就意味失败。

比尔·盖茨曾警告微软员工：“如果微软不能对市场变化给予快速反应，那么，微软就离倒闭只有18个月。”在新的竞争法则下，企业强大的竞争优势不是来自雄厚的资金支持、悠久的企业历史，甚至也不是良好的品牌知名度，而是一种基于时间优势、快速的市场反应能力，比尔·盖茨在“卓越”软件的开发上所表现出来的眼光与胆识就是很好的说明。微软有一句名言：“永远比人快一步，迅速摆脱对手。”

快速发展已经从以往的一种追求演变成现在的一种社会趋势，企业要想在强手如林、雷厉风行的市场中赢得竞争，没有速度甚至加速度，注定是要吃苦头的。面对市场风生水起，竞争风云变幻，唯有加速变化、精确变化、快速调整，才能确保企业立于不败之地。一句话，当今的竞争没有什么秘密可言，谁能在最短的时间内作出反应并紧急行动，谁就是胜利者。

速度越来越成为竞争取胜的关键。更快的速度会使竞争对手无空插足，永远被你牵着鼻子跑。这样，你就能成为行业的领头羊。曾经成功拯救美国克莱斯勒汽车公司的汽车奇才李·艾柯卡在总结他的管理经验时，这样说："你可以瞄准一只野鸭子，使它处在猎枪的瞄准线上，但野鸭子随时在动。为了击中野鸭子，你必须随时移动你的枪才行。"可见，艾柯卡的比喻生动地揭示了快速反应的重要性和必要性。

在市场竞争中，每个企业法人都是平等的，没有大小之分，只有快慢之别。"快鱼吃慢鱼"是思科 CEO 钱伯斯的名言，他认为："在 Internet 经济下，大公司不一定打败小公司，但是快的一定会打败慢的。Internet 与工业革命的不同点之一是，你不必占有大量资金，哪里有机会，资本就很快会在哪里重新组合。速度会转换为市场份额、利润率和经验。"所以，也可以说是对市场反应速度快的公司将吃掉对此反应迟钝的公司。"快鱼吃慢鱼"强调了对市场机会和客户需求的快速反应，但绝不是追求盲目扩张和仓促出击；正相反，真正的快鱼追求的不仅是快，更是准，因为只有在准确地把握住市场的脉搏，了解未来技术或服务的方向后，快速出击进行收购才是必要而有效的。

成本落实
把成本钥匙交给员工

企业最大的财富是什么？除了长期积累的无形资产外，员工则是企业所有有形资产中价值最大的财富。降本体现的是企业软实力，而员工不仅是执行降本任务的主体，也是用智慧降低成本的第一软实力资源。这就需要企业从员工心理信任上建设成本控制的软环境。

●员工才是成本的操刀手

员工超越成本，员工能使成本变得出神入化，这是员工软实力对成本的作用。

——**软实力“成”语**

如何让员工心甘情愿地为公司节约成本呢？有家企业面临严峻形势，情况通报给员工后，大家的反应出乎公司领导的意料。一是认理。订单少了，工资当然要少，纷纷表示，要响应号召，立足本职，争创一流，团结一心与企业共同应对危机。二是实干。在生产车间，有活干的员工，在紧张忙碌地进行生产；暂时没活干的，则在进行技能比赛。三是想办法。员工克服种种不利因素，充分发挥聪明才智，进行技术创新，为企业“积小流、成江河”，一大批为企业降耗增效的“金点子”不断涌现。尽管经济形势复杂，公司业绩却逆势上扬。

把钥匙交给员工，关键是要员工积极参与企业活动。《邮差弗雷德》一书中有段话：“才能的发现只在于给它表现的机会。当你把最宝贵的财富——时间，交托给你的部下，让他们有机会展示自己的才能，你就会发现自己的组织中竟然有如此多的弗雷德。”因此，企业在找不到“弗雷德”时，不是没有“弗雷德”，而是没有发现“弗雷德”。企业只有为员工搭建积极参与表现的平台，才能发现身边的“弗雷德”。

当然，企业在交钥匙之前，必须先了解和解决以下几个问题：员工对决策制定持什么态度，参与程度有多大？员工具备哪些技能，企业为员工提供了多少技能，使他们不但能参与决策制定的过程，而且能在本职工作中得到最佳发挥？企业为员工提供了多少实际情况，使他们有能力参与决策制定的过程？如何处理各种工作规则，以及在员工与管理层之间的各种障碍？是否把员工当做个人或小组来看待？

其实，员工很想参与、体验决策制定的过程，以体现自身的价值，尤其希望自己的建议或意见得到企业重视，而不愿意将自己当做一部机器来使用。基于此，管理者与员工之间必须营造一种平等、和谐的气氛，从而鼓励员工更积极地参与对话。态度决定成败，有时候，如果企业注意调整员工对自身工作的认知，用一种新的姿态对待工作，其工作潜力也能得到较大发挥，这是观念重组所带来的能力释放。

美国克莱斯勒公司设在印第安纳州新堡市的压铸工厂，就是最明显的例子。在 1987 年，压铸工厂的情况很糟糕：人事流动率最高、员工抱怨最多、产量最低，工厂面临倒闭。很多人认为，压铸工厂如果不进行彻底的改革，很难再现生机。但是，该厂并不这么认为，尝试着改变管理人员与员工之间的关系，包括沟通形态、工作环境以及各种规定。每一件事都摆在桌子上集体讨论。经过四年的整顿，该厂在每一项统计指标上，都在克莱斯勒公司排名第一——这是在并未增加人手和投入新资金的情况下达到的。

英国航空公司在进行“费用价值分析”后，为了消除“非生产方面”的浪费，对员工实施了全方位的培训。为了将多项费用减少 40%，公司对员工实施电脑化和分析技术训练，同时在开始执行部门年度预算前，给予员工详尽的简报。

首先，让员工了解公司的具体目标，并拥有正确的成本概念。企业经营者必须给员工提供某些资料，因为大部分员工对自己每天工作中所引起的成本变动都一无所知。员工知道正确的成本之后，就可以想办法降低成本。例如，以前没有详细分析每一种零件的成本，员工在把零件丢到废料桶时，根本不知道造成了多少损失。而让员工知道每个零件的成本后，他们就会想办法降低成本。

其次，让员工广泛参与决策的制定。如英航这类航空公司就可对维修员工提出类似问题：你在维修一架 747 飞机时，会投入多少成本？一架 747 的维修工作延误一天，将会使公司损失多少钱？如何才能尽快取得所需要的维修工具，避免延误飞机的维修时间？很自然，你就可从员工那里得到很多构想、很多建议，从而节省很多成本。

●怀疑是真正的成本之源

信任管理是企业与员工之间流动的软实力，成本管理因信任更具生趣。

——软实力“成”语

很难想象一位管理着几十亿资产的企业家，一年中有 100 多天在外面打高尔夫球、爬山，还有 100 多天是在国外学习考察，而真正在企业上班的时间很少。当别人问他为什么企业还运转得那么顺利时，这位老总不无得意地说，我不过是把最优秀的人才集中起来，组成优秀团队，然后放手让他们去干。这位老总实施的就是信任管理。

信任是一种轨迹的延续，这个轨迹是由无数个信任事件连接起来的。也就是说，信任关系不是单方面一次性建立起来的，而是相互的、持续积累的结果，是需要过程的，过程可以停顿但是不能中断，更不能被改变，往往一次改变将需要数十次乃至更多次的重新积累才能恢复到原点。不管什么时候，企业要在尊重制度的基础上，对员工做到感情上融合、工作上放手、生活上关心，让信任之风吹遍企业每个角落，使信任成为企业和员工之间的黏合剂、连心锁，让员工自己管理自己、自己提高自己，最大限度地减少管理成本，促使企业和员工和谐共振，共同发展。

有位哲人说过：当你握紧拳头的时候，你的手中一无所有；当你松开五个手指，你拥有的是整个世界。有的管理者由于原则性和灵活性处理不当，要么统得过死，要么泛滥成灾，于是就有“一收就死，一放就乱”的感叹。其实，管理并不是简单的管与不管，也就是我们常说的“收”与“放”。实质上，管理是建立在信任基础上的对业务的梳理和整理。管不等于不信任，不管也不等于信任。从管理的角度看，对员工的信任有文化的含义，即根据企业的文化、工作的目标和性质制定能够帮助员工最有效完成工作的规范、措施和方法，同时提供员工完成任务的各种资源和支持；同时，对员工的信任还有能力的自主，即给员工以充分的自主权和自由度，放手让他们去寻找解决问题的合适途径，哪怕遇到许多不确定性的情况也应这样。

愈是企业规模的扩大，愈是企业身处危机，企业愈要实行信任管理，只有形成管理者与员工之间的双向忠诚，才能有效地调动各方面的积极性。信任管理能弥补制度上的不足。再有能力的领导人，总有照顾不到的地方，只有充分授权，把有能力的人安排到各个岗位上，让他们随时随地行使赋予的权力，作出符合市场规律和企业文化要求的正确决策，企业才能高效运转，这样的企业才具有生命力。

广告创意专家戴维·奥格威早在50多年前就告诫所有的企业家：“如果我们总是雇用那些不如我们的雇员，公司将逐渐成为侏儒，只有当雇用的员工总是超越我们，并让他们放手施展才华时，公司才会成为巨人。”这话非常精辟，很有见地。企业是靠员工支撑起来的，如果员工总在不断进步，不断超越，就意味着企业在持续前进。

人们在长期交往过程中，由于信息的不对称，当对方的行为过程关系到自身的利益时，己方为了降低风险，总希望对其行为进行全程监控。然而，监控要付出相当高的成本，而且对于难以观测的情形，单靠监控几乎难以奏效。如果双方达成信任默契，这种心理性契约的形成便能发挥自我管理作用，不但可以降低风险发生的概率，还能缓解监督执行力度，节约用于监控的人力、财力的一部分投入。增强信任，既可逐步简化管理环节，又可降低信息沟通成本，节约时间耗费，避免不必要的成本付出，最终在经营管理绩效的提高上体现出来。

在软件大国爱尔兰，各软件公司都追求变控制管理为信任管理，公司对员工更多的是提供价值观的满足而非单纯的薪酬满足。

所谓“疑人不用，用人不疑”，就是管理者与员工建立良好的信任关系，是企业管理者试图达到的一种理想的用人状态。失去了信任，管理就成了无稽之谈。没有哪一位领导者希望员工背叛公司，但是员工的忠诚只能用信任打造。只有“真心”才能换来诚心，这“真心”便是领导者对员工的信任。

成本细节
让成本更精确、更真实

企业能否摆脱高成本的困境，主要看成本运用得怎样。粗放式成本管理往往为了一点小得而付出极大的损耗和浪费，造成产品成本信息的严重扭曲。精细化成本管理是企业软实力的充分释放，是以最少的资源消耗创造最多的价值成果，获得最大的投资回报。

●成本管理在于精确量化

企业软实力通过文化制导来控制，成本软实力通过精确制导来控制。

——软实力“成”语

先进的管理方式一旦变成员工的习惯，就能确保企业在正确的轨道上平稳安全运行。德鲁克说过：“管理好的企业，总是单调无味，没有任何激动人心的事件。那是因为凡是可能发生的危机早已被预见，并已将它们转化为例行作业了。”对企业来说，如果生产经营能够一直保持一种风平浪静的状态，说明企业的运行时时都处在正常控制之中，而这只有通过每天、每个瞬间严格地对细节加以控制才有可能实现。

精细化管理不是口号和运动，而是一个长期永续、持之以恒、永无止境的过程，它强调运用各种有效的制度和工具，控制好每一个关键点，将成本费用降至最低，以实现企业利润的最大化。

将成本管理纳入到精细化管理的框架中，就是采取事前控制、事中评价、事后总结的方式，对项目运营过程中的每一个关键点进行成本分析，并把将要发生的费用进行细化，找出哪些是可以节省的哪些是坚决不能省的，既满足产品的质量要求又不造成质量过剩。每个细节节省一小点，整个项目节省一大片。

精细化管理是一种高层次的文化管理模式，蕴涵着先进的管理理念，同时需要先进的信息化管理技术予以支撑。精细管理模式一个重要特征是将管理规则系统化和细化，达到程序化、标准化和数据化的要求，使组织管理各单元之间能够精确、高效、协同和持续运行。精细化管理要求在企业管理中多用“数学”，重点是关注细节、数据、工具！少用或不用“语文”，而不应该是权力、经验、感觉、判断。

注重细节、立足专业、科学量化是实施精细化管理的三大原则。细节决定成败，作业中每个细节都不能放过；专业决定水平，不懂专业的管理是盲目管理，也是粗放管理；量化决定操作，不能量化的工作就无法评判绩效。

企业管理分为三个层次：第一个层次是基本管理，第二个层次是严格管理，第三个层次是精细管理。有家化工企业提出“管理出效益，严格管理出大效益，精细管理出最大效益”，这种重视管理的态度很值得广大企业学习。具体来说，基本管理的要求是制度健全，体制、机制完善，生产稳定；严格管理的要求是设备达标，杜绝安全事故和重大非计划停工，节能减排基本要达到环保要求；精细管理的要求是优化，重点抓好资源优化，实现应得尽得、应收尽收。企业追求精细管理，并不是轻视基本管理和严格管理，而要在扎实的基础管理和严格的制度执行力基础上，进一步提升管理水平，通过文化的手段，实现全员管理由自觉自律向自主自强转化。

实际上，精细化管理仅仅是企业文化管理的一个开端，从管理的效能来看，管理既讲投入更重产出，也就是管理水平要用绩效来评价。从成本软实力的角度看，精细管理又可分为三个层次：第一个层次是精细管理，重在保安全生产，杜绝各类事故，加强非计划停工管理，设备工况监测和运行维护保养，还有节能减排、环境保护等等，这个层次重在责任落实。第二个层次是精确管理，重在保产品工艺质量，杜绝各类浪费，这个层次重在准确计量，尤其是对经济技术性指标的把握。比如全员成本目标管理，说得简单点，就是如何做好预算，如何落实好预算。在企业中总有些部门并不直接创造效益而是“吃”费用，做预算的时候往往高估，这个“高”和“估”就是一种不确定性计量，不是科学预算、合理预算，存在巨大的浪费漏洞。还有原材料储备和产品库存，如何做到科学合理库存，精确管理存货，杜绝浪费，甚至实现“零浪费”，这里面也大有效益文章可做。这就要求企业对全过程的每个环节每个细节的成本发生，不但要及时掌握，而且要做到数据准确，信息充分。第三个层次是精益管理，这是精细化管理的最高境界，就是讲投入产出，所有的工作投入都要向效益转化，以更少的耗费创造更大的价值，获得更多的回报。理论上讲，每一分钱的投入都应该有回报，甚至有更大的回报。但现实中，有的企业由于观念滞后，作风涣散，所做的每一件事是否创造了直接或间接的效益，是投入超过产出还是产出超过投入，是搞形式主义混日子还是真抓实干做出成效，都值得认真反思。

●过高的库存犹如一潭死水

> 成本控制要的是精算数学，而不是模糊数学，精益求精是成本软实力永恒的追求。
>
> ——软实力“成”语

当前企业信息化的重点集中在成本控制、资源有效利用和效益提升上，所以，ERP 的运行与全面预算管理软件的推广应该在统一的预算控制理念下实现并轨融合进行。与 ERP 相比，全面预算管理软件关注的是企业成本预算与编制工作；而 ERP 关注的是企业数据集成与管理工作，前者侧重于目标管理，后者侧重于基础数据管理，两者是有一定区别的。全面预算管理的关键在于“全面”二字，它具有全员、全额、全程的特点。

依托 ERP 平台，更有利于加强内控管理，规范经济行为，形成一套以全面预算管理为核心，包括全面预算管理实施细则、企业资本与财务管理、内部审计管理制度、项目投资管理办法等一系列管理制度，“点”、“线”、“面”相结合的内部控制体系，就是内控“金字塔”的有力体现。

在内控“金字塔”中，所谓的“点”，是指风险控制对象，包括客户信用风险、市场风险和员工道德风险等风险点；所谓的“线”，是指风险控制流程，前、中、后台分权制衡，依托 ERP 运营，对包括事前、事中、事后的经营全过程进行风险控制；所谓的“面”，是指风险控制协同机制，建立包括财务、风险、内审等多个职能参与、信息共享、综合治理的风险控制协同机制。

俏再来公司是一家服装加工企业，20 年的发展，俏再来公司在面临目前的市场竞争，尤其是在客户款式多、交期急、多批量、数量少的要求下，原来的机制已经难负重压，迫使企业在效率上转型。软件顾问团队结合俏再来公司的实际情况，对该公司实行整体规划、分步实施的导入模式。先应用订单排程器、供应商分类 ABC、采购进度追踪、数字仓库模组，连通了业务、采购、仓库、技术和出运单证管理这个主轴。然后以订单驱动为主线，并紧紧围绕订单，建立订单协作商务平台，消灭各部门的信息误区，并抓住成本控制，做到单单核算。

俏再来应用 ERP 系统后，在生产过程中的管理水平得以全面提高，如生产计划安排更加合理，生产的调度也更加灵活，对生产进度可进行及时的跟踪与控制。通过快速预测订单成本、加快企业信息处理速度、为决策提供综合分析等，能够使企业领导者的决策更加及时、科学，也能够对快速变化的市场做出及时、正确的回应。例如，在应用 ERP 系统之前的平均交货期为十天，但实施 ERP 系统平台后，现在的交货期已经缩短为七天；原料的成本核算时间也从原来的三四天缩短到一天；原来销售到月底结存时需紧张工作三四天才能看到结果，现在只需一天，就能看到正确的结果。

现代社会化大生产的不断发展，给企业现场管理提出了更高更新的要求。按精益生产方式的要求，生产现场管理必须合理地组织现场的各种生产要素，做到人流、物流运转有序，信息流及时准确，使生产现场始终处于正常、有序、可控的状态。具体地讲，生产上精心组织，管理上精雕细刻，工艺上精益求精，成本上精打细算，操作上精耕细作，精神上精诚团结。

管理学博士戴明曾言："员工只需对15%的问题负责，另外85%归咎于制度流程。"流程决定绩效，水平不一样的流程就会产生不一样的绩效。流程的改善必须着眼于企业整体效益的提高，而不能满足于局部或部门的效益，甚至以牺牲全局利益而谋取局部利益，为了企业的总体效益即使牺牲局部的部门的效益也在所不惜。按照精益生产方式要求，流程的变革在于提高运营速度，快速满足顾客不断变化的需求。精益流程讲究效率，所以企业要尽可能实现无间断流程，最大限度地减少流程中不增值的无效时间，以缩短整个流程运营的时间，从而提高流程运作的整体效率。

业务流程最可怕的现象是停滞，就是不能货畅其流，最典型的莫过于过高的库存。货物积压，仓库堆得满满的，只是一种表象，深层次的经营原因可能来自订单处理延迟、品质不良、设备故障、供应商延迟、决策缓慢等等。精益生产、精益经营，严格控制闲置、停滞的资源，在零浪费的理念下实行精益配置资源，流程中的人流、物流、信息流、资金流畅通无阻。精益生产让流程中的任何问题都无藏身之处，既有利于解决问题又减少了资金占用，避免不必要的库存损失。不过，降低库存只是精益生产的一个手段，目的是为了解决问题和降低成本，而且低库存需要高效的流程、稳定可靠的品质来保证。

成本标准
保证成本恰到好处

成本水平体现了成本软实力，多一点是浪费，少一点是劣质，恰到好处才是成本控制的上乘境界。高成本已影响到我国企业的经营，很多企业已经开始勒紧裤腰带，想尽办法压成本。最好的办法，是对业务流程中的每个消耗点进行细化和量化，建立统一的消耗标准。

●老板娘的苦恼

粗放型的成本硬实力，只能做到差一点；精细型的成本软实力，能做到一点不差。

——软实力“成”语

有家牛肉卤粉店，老板娘为了激励员工多卖卤粉，提高收入，与掌勺师傅约定，每卖一碗粉，掌勺师傅提成1元钱，卖得多提得多。于是，掌勺师傅就采取在每碗粉里多加几片牛肉的做法，吸引顾客，尤其是稳定回头客，每月光顾卤粉店的顾客稳中有升，掌勺师傅提成收入也不断增多。但是，多放牛肉加大了成本，老板娘承受不起。老板娘就换了个法子，给掌勺师傅的收入实行保底，就是工资基数高一点也没关系，只要能把成本控制住就行了。谁知，掌勺师傅已感觉到老板娘的用意，暗地里对着干，故意在每碗粉里少放牛肉，以此刺激客人少来。一个月下来，店里的顾客比以往少了六成。成本是控制住了，店里的营业收入却锐减，生意越来越清淡，而掌勺师傅的保底工资却照拿。对此，老板娘看在眼里，急在心里。

在这个故事里，老板娘之所伤透脑筋，就在于没有一个合理的成本标准来规范经营操作，所以不管采取怎样的薪酬措施，都无法约束掌勺师傅的成本行为，也就是卤粉店的成本处于失控状态。而成本控制的关键是要先制定精确的牛肉加放量，并以此作为成本标准，就可以控制好包括牛肉成本在内的生产成本，进而能够按照预期的赢利空间经营粉店，确保赢利，而不至于出现粉卖得越多亏得越多的窘境。

标准成本是"算"出来的，作为经营者要善于对成本进行精打细算。对卤粉店来说，成本的精算是一项综合性的经济活动分析，尤其要考虑到市场的价格变化和粉店的盈亏情况，要找准影响效益的关键性成本点，有针对性地采取切实可行的措施加以控制。标准成本管理是市场行情和现场管理的统一。如果市场牛肉价格较高，按照当前的粉价，无论怎样加放牛肉量都很难实现赢利，那么老板娘赔钱就与掌勺师傅无关，粉店要经营下去就要考虑购进价格更低廉的牛肉等措施。如果发现经营上的亏是加放的牛肉量总体控制不当，那么粉店经营者就应考虑实现牛肉加放量的标准化，使牛肉加放成本时时处于可控状态。

时下，许多企业正因为劳动力成本加大、原材料涨价、汇率变化等诸多因素造成的经营成本快速上升而苦恼，企业经营似乎到了举步维艰的地步。标准化无疑是企业实现成本管理的一项有效举措。企业要维持经营赢利无非两个要件——开源与节流。在节流方面，标准化是最有效的举措。具体是指测算好整个经营过程中各环节的成本支出，同时加强各环节的成本支出控制。如果测算时就无法赢利，那么就要考虑删除或改进不赢利的环节，实现企业经营各环节消耗的成本都处于可控状态，从而确保企业赢利。同理，开源的管理也能标准化，倘若没有标准地"随便"开源，就很可能陷入"此处开源进来，而彼处流失出去"的尴尬境地。总之一句话，只有管理标准化了，有章可循且严格照章办事了，企业才有可能在可控的范围内稳步赢利，并求得进一步的发展。

●成本控制从制定标准开始

控制象征实力，硬控制是硬实力，软控制是软实力，用标准控制成本是成本软实力。

——软实力“成”语

“量化管理是第一步，它导致控制，并最终实现改进。如果你不能量化某些事情，那么你就不能理解它。如果你不能理解它，那么你就不能控制它。如果你不能控制它，那么你就不能改进它。”

标准化是确保工作按期按质按量完成的约束机制，具体来说，就是对某一方面的实际工作制定共同的标准和规则，其目的是获得最佳秩序和效益。标准化建设是提高管理水平的重要途径。在经济全球化的背景下，中国企业正站在一个新的发展起点上，生产规模越来越大，技术要求越来越复杂，分工越来越细，这就决定了中国必须以国际化、规范化、科学化为目标，完善管理体制，改进管理方式方法。

对于国内企业而言，建立产品品牌、技术指标、质量标准、操作流程等方面的标准化体系，并非只是生产经营中的一个具体问题，而是一个全面、系统的战略工程。通过标准化建设，加快形成统一的工艺技术标准和营销策略，这是国内企业强化管理、统一发展战略的重要步骤。

量化，是标准成本管理的一个重要方面，是实现科学管理的重要手段；量化，是细化的另一侧面，也是细化的深入。通过量化，达到了更精确的细化；量化，是实行严格管理的重要条件，没有精确量化的手段，严格管理，有效监控和纠偏，就缺乏有力的依据；同时，量化也是实行标准化管理的重要工作。许多质量标准、管理标准，都必须通过量化来实现，关键在于企业能不能去做。因此，过冬的企业必须加快培养细节量化意识，不断创新细节量化制度，这样将使员工的工作积极性得到充分发挥，而产品和服务质量也能得到不断的改进。

所谓标准成本，就是在保证产品质和量的前提下，按照产品内在的资源构成和行业惯例所必需的成本。实施标准成本，必须建立在生产作业流程正常有序和经济高效运作的基础上。标准成本并非实际发生的成本，而是一种目标成本，也叫“应该成本”，是一种充分预计的成本。标准成本的制定，应从直接材料成本、直接人工成本和制造费用三方面着手进行。

在一定程度上讲，标准成本也叫“设计成本”，就是围绕成本目标设计相关的经济技术指标，比如作业指标、计划值、工艺参数以及各类管理费用额度等。标准成本是成本发生的基准轴，成本的发生就是围绕标准成本轴而上下波动。标准成本管理重点是将成本的实际发生控制在标准值范围内。标准成本分析属于比对性分析，标准成本体系的主要内容包括成本标准的制定、标准成本的控制、成本差异揭示及分析、成本差异的账务处理四部分内容。

标准成本管理与生产操作规程、作业标准、工艺标准等流程规范紧密相关，换言之，成本标准来自生产标准，生产标准是行业、企业多年来的生产实践总结和提炼，所以，成本标准来自于生产实践，是对生产作业、工程建设、技术研发的每个环节和工序进一步量化的过程；标准成本应用于生产实践，最终目的是追求经济效果的最大化。

标准成本的制定是一项综合性的经济技术工程，涵盖企业销售、生产、计划、采购、物料、劳动工资、工艺、车间、会计等所有业务职能部门，参与标准成本的制定当然也包括所有业务职能人员。标准成本的制定是一个总结、评价、学习、超越的过程，不仅要参照本企业的历史最高水平，还要参照国内同行的领先水平，更要以全球化视野向国际一流标准看齐，甚至创造引领世界的超一流水平。制定标准成本，要合理科学，符合企业实际，具有可操作性，而且通过一定的努力能够达到。先进的标准成本，有利于缩短企业与先进同行的差距，提升经济技术水平，推动企业不断追求卓越。

成本改进

眼睛盯住市场，工夫下在现场

成本高企，市场跌宕起伏，企业既要两眼向内深挖潜力，降本增效，又要抬头看路，时刻关注市场变化，按市场要求进行成本控制，这显示了企业软实力追求的价值目标由价值需求向价值创新转化的衔接过程。以市场为导向，现场就能显示软身段，成本就更有活力。

●以市场为导向的目标成本

软实力的价值导向来自市场，离开了市场，成本操作就是盲动。

——**软实力“成”语**

市场是成本的眼睛，决定企业的目标成本；现场是成本的身子，靠市场引路来舞动。成本代表生产经营效率，体现内部投入与产出的对比关系。市场是效率（成本）与效益（价格）关系的连接点，成本所体现的效率只有通过市场检验，转化为市场接受的价格，成本才能转化为效益。

为了全面提高经济效益，企业必须将成本建立在市场上，以市场为导向确定成本。因此，企业应以竞争性的市场为基础，根据企业的目标利润，确定产品应达到的目标成本，以此对产品成本水平提出事前控制要求，用公式表示，就是“目标成本 = 竞争性市场价格 - 目标利润”。

目标成本管理的实施原则：

1. 由市场价格确定成本目标。在目标成本管理体系中，把具有竞争性的市场价格减去企业所期望的目标利润，其结果就作为企业的成本目标。通常，价格由市场上的竞争和供求情况决定，而目标利润则由企业及其所在行业的财务状况和产业价值走向决定。

2. 顾客需求是目标成本管理体系运作的内在动力。市场是成本的眼睛，也是目标成本管理体系运转的引擎。企业的成本分析，应充分考虑顾客对质量、成本、时间的要求，体现到产品及流程设计决策中。从经济可行性出发，因为在设计阶段需要投入更多的时间，所以有必要消除那些昂贵而又费时的暂时不必要的改动，这样可以缩短产品投放市场的时间。

3. 职能部门之间的协同配合。目标成本管理体系实际上是以成本目标为引擎的一条跨部门协作的成本链组合，成本目标的实现是经济和技术的组合，需要落实到各个职能部门，包括设计与制造部门、生产部门、销售部门、原材料采购部门、成本会计部门等。跨职能团队是指导成本目标管理的核心层，每个部门要对整个产品负责，而不是各职能各司其职。

4. 整合相关利益要素，力求成本最小化。目标成本管理关注产品整个生命周期的成本，包括购买价格、使用成本、维护与修理成本以及处置成本。它的目标是实现产品生命周期成本最小化。优化成本，涉及生产要素组合的各个方面，尤其外部的供应成本、销售成本。因此，企业应重视供应链和销售链的管理，加强与供应商、批发商、零售商以及服务提供商的协调与合作，通过价值共建，资源整合，使成本不断降低。

企业在强化成本管理之时，应做到事前预测、事中控制、事后分析。

事前预测。重点是根据市场竞争情况和企业自身的实际情况，制定合理的成本目标，这是保证成本目标能否实现和成本控制能否成功的关键。制定目标成本，事前要掌握充分、准确的第一手信息资料，运用严密的模型推算，加以科学分析，找出影响成本升降的各种因素，并量化为一定的消耗和费用开支标准，在此基础上，制定出目标成本，并逐步修正和调整。

事中控制。重点是及时检查企业各级目标成本的执行情况，测算目标成本能否完成，发现脱离目标的偏差，及时分析原因，对不利因素采取措施加以排除，并施以种种控制手段，以保证目标成本的实现。在实施事中控制时，坚持以材料消耗定额为标准，控制材料耗费；以控制出勤率指标，来保证总产量任务的完成，限制生产工时的浪费。通过纵向的层层把关，横向的检查、监督，把事中成本控制落到实处。

事后分析。重点是总结分析本轮目标成本管理的得与失，提前做好下一轮事前科学预测和本轮成本控制工作的改进、提高。通过事后分析查原因，找不足，正确评价业绩，合情合理地实施奖惩，是对实施成本控制工作的肯定，是成本控制工作的继续。目标成本与实际成本总是有差异的，通过事后分析，及时检查、修正、补充，以达到控制成本和提高效益的目的。

●从市场到现场的成本流

从市场倒逼现场形成的成本流，是充满价值精神的成本软实力运动。

——软实力“成”语

从经营角度讲，企业始终贯穿着一条奔腾不息的成本流，企业是条成本大河，支流中的沟、汊、溪就是每个成本环节、每个成本细节，成本流的终端就是进入市场这个大海。成本绵延不息地流向市场，这是正向成本流，就是成本发生按照正常的工艺流程一步一步地推着往下走，说明企业经营相对稳定，常规运作，按部就班。缺点在于，不能将市场变化的压力及时传递到企业内部并快速消化，或者说，内部的成本指标很难与市场接轨。

高成本时代，企业不适宜正向成本流，需要来自市场方面的反向成本流。正向成本流的企业总以为自己创造了很大的价值，一旦进入市场，就像点滴汇入大海，你这一点点价值算得了什么？正向成本流向市场，无声无息，很难看到自己的成本差距，一点一滴融入大海后，你还能从大海中找到属于你创造的那一点那一滴吗？早就淹没了，很难感受得到。

反向成本流就像海水倒灌，不管你大江大河平时有多大的容量和流量，将海水倒灌进来，就是让企业感受到市场的风险和压力，你如果能按市场的要求将成本降下来，这才是企业最大的本事和能力。顺向成本流风平浪静，而反向成本流则摧枯拉朽，一切在强大市场冲力的催逼下，逆流而动，检视自身成本的价值。海水倒灌，不仅要流进企业成本的主渠道，还要渗透到各个成本环节上的沟沟汊汊，最终形成市场导向下的成本指标，进班组、上岗位、落人头，实现全员成本管理。

倒流成本遵循客户导向，由市场定价，成本倒推，从而在产品设计初期就注重降低成本，使企业在激烈的市场竞争中占据成本优势。

成本倒流完全由市场定价，从消费者的需求和接受能力出发，目标售价的制定应考虑消费者心理、经济承受能力以及竞争对手的产品性能和价格水平，同时还要考虑未来市场上价格和成本的变化，以达到厂家与消费者之间的利益均衡。每种产品可能因市场的需求、售价政策、成本结构、所需投入资本、品质等因素不同，其利润目标也会不同。索尼及其他日本公司的做法是根据各种产品在其生命周期中所处的地位和不同阶段，或某项产品在一类产品中所处的地位，公司要求有些产品获得高额利润，而另一些产品则可以只获得微薄利润，甚至可以暂时亏本经营。

成本倒流就好比一把外来的成本刀，架到企业脖子上。某种意义上这是在传递市场的强制信息，叫企业按照外部设计的路径前进。这把刀正架在脖子上，紧挨着皮肤，如果硬碰硬地接触，轻则划破颈脖流血，重则断颈喷血。其实，这把刀架在企业脖子上，并没有任何主动动作，也并非要企业的命，后果主要取决于企业的柔性应对能力。比如，企业可退一步，与刀保持一定的安全距离，这就是按照刀所传递的信息实实在在地落实；企业也可缩小变矮一些，让整个身躯置于刀刃之下；企业还可变瘦一些，使刀锋始终接触不到脖子。高成本当前，企业的出路不是与市场争锋，而是把高成本消化在内部现场。这把外来的成本刀在一定的时期内处于相对稳定的位置，也就是一种“不变”的状态，企业要生存发展，就是要以内部的“变”（比如，创新、变革、挖潜、升级、转型等措施）应对“不变”的刀，这就是倒逼成本。高成本刀已逼到面前，企业与其被动闪避，还不如自己打制一把成本砍刀，朝自己砍下去。

目标成本一旦确定，将成本责任主体下放到班组，再由班组对各单项成本进行具体控制，做好实物形态向价值形态的转化工作，实行班组经济核算，责任和压力分解到具体个人，做到矿有一本总账，队有一本分账，班组有一本细账。

“三步成本倒推法”的实施，意味着将成本压力、责任分解落实到具体个人，如果职工明白这样一个道理，只要肯动脑，方法得当，管理精细，潜力就是无穷的，效益就掌握在我们手中。

在产品同质化竞争的时代，社会资源被过度使用，在关注产品的质量、服务、多样性、速度等方面，各企业之间的差距已经日益缩小，降本增效，在企业内部挖掘成本优势，已成为获取持续利润的一个关键。

利润 = 营业收入 - 营业成本，这是一个简单的财务公式，可以看出，利润的产生和收入、成本均有关系。行业处于平稳发展期时，企业通过扩产增量已很难获取超额的利润，反而加剧了竞争的程度，企业间的价格大战在所难免。此时，要想获得更大的竞争优势，企业要么创新产品，领导行业潮流，要么就在产品上下工夫，通过降低营运成本，向内部要利润。

成本协同

超越自我利益，顾全成本大局

在经济形势高度不确定的环境下，企业内部必须构筑以团队力量为主体的抗风险成本堡垒。这就需要企业发挥成本协作精神，激发员工齐心合力，形成强大的成本软实力。这种软实力表现为彼此借力、共同出力、群策群力，是无缝隙对接，协同运作的结果。

● "1+1>2"的成本协同效应

成本软实力将单个的成本行为连接起来，成为一条刚柔兼备的成本龙。

——软实力"成"语

协同合作对企业的最终成功起着举足轻重的作用。什么是协同力？是指企业综合利用组织内外部的各种资源，使之发挥超强效用的能力。它通过对组织、人员、流程、战略的有效整合，既保证企业自身的运营健康，又能够快速适应环境的变化。

企业有了协同力，必然产生"1+1>2"的协同力效应。协同力效应主要体现在人力、设备、资金、知识、技能、关系、品牌等资源的共享、互补、协同，从而产生降低成本、分散风险、实现规模效益和提升应变能力的作用。

有科学家做过一个著名的蚂蚁协同实验，把一盘点燃的香放进了蚁巢里，开始，巢中的蚂蚁惊恐万状，过了20分钟后，就有蚂蚁向火冲去，对着点燃的香，喷射自己的蚁酸。由于一只蚂蚁能射出的蚁酸量十分有限，所以很多“勇士”葬身火海。但是，“勇士”们的牺牲并没有吓退蚁群，相反，又有更多的蚂蚁投入“战斗”之中，它们前仆后继，几分钟便将火扑灭了。活下来的蚂蚁将战友们的尸体移送到附近的一块墓地，盖上薄土安葬了。

过了一段时间，这位科学家又将一支点燃的蜡烛放到了那个蚁巢里。虽然这一次的“火灾”更大，但是蚂蚁已经有了上一次的经验，它们很快便协同在一起，有条不紊地作战，不到1分钟，烛火便被扑灭了，而蚂蚁无一殉难。

从蚂蚁协同扑火的实验中可以得到这么一个道理，任何个体的力量对于全局来说，虽有必要但也显得十分微弱，只有依靠组织的力量，并将个体的目标融入团队整体的奋斗中，才能实现个人难以达成的目标。

具有团队精神是任何一家企业对其所属员工的最基本的要求。一个人单凭一己之力可以完成的工作很少，即使完成了，效率和质量也都差强人意。但如果几个人组成一个团队，就可实现协同作业，凭借团队的力量完成远远超过自己能力的任务。只有具备协同精神才能创造更多的价值、更大的效益。每个人的价值也会因为团队合作而变得更大，更加引人注目。

美国微软公司开发WindowsXP时有500名工程师奋斗了2年，有5000万行编码。微软需要协调不同类型、不同性格的人员共同奋斗，缺乏领军型人才、缺乏合作精神是难以成功的。

企业战略的实现，必须依靠企业整体协同运营才能实现，绝非是一两个精英的力量所能达到的。战略实施的第一步，就是将战略规划变成相对具体、更加清晰的运营计划，分解到各个部门，甚至每名员工来执行完成。在企业中，每位员工既是一个相对独立的个体，执行计划时必须对自己的工作负责，又是企业整体团队的一员，至少属于由几个人组成的项目团队，又应该对团队负责。对团队负责和对自己负责并不矛盾。一个人只有对团队负责，才能保证自己的工作与团队的工作方向不相违背，才不会为了个人利益而扯团队的后腿，才不会白做无用功，费力不少却对公司没一点用处。团队精神的精髓就是组织成员为了一个共同的目标而彼此协作，无私奉献。员工只有具有这种精神才能对团队负责，才会心往一处想，劲往一处使，从而形成强大的执行力，使各项决策得到贯彻落实，实现目标。

●不让员工掉队的成本协同

在成本软实力协同链条上，每一个员工都是不可或缺的一部分。

——软实力“成”语

动车组跑得快，既有火车头的牵引作用，也有部分车厢自带动力的原因。企业是个集体，尽管“火车跑得快，全靠车头带”，但是，如果在一个企业中只有领导的积极性，缺乏员工的积极性，整体运营的效率肯定不高。只有上上下下牢固树立“一盘棋”思想，充分挖掘员工的内在潜力，激发员工的工作活力，尊重员工的首创精神，引导员工在协同中养精蓄锐，才能高标准地抓好工作落实。

企业是一个团队，每个人出一分力，整个企业的活力和能力就出来了。一位哲人曾说过：你手上有一个梨子，我手上也有一个梨子，两个梨子交换后，每人仍然只有一个梨子。但是，如果你有一种能力，我也有一种能力，两人交换的结果，就不再是一种能力了。俗话说得好“一个篱笆三个桩，一个好汉三个帮”，在专业化分工越来越细、竞争日益激烈的现代社会，靠一个人的力量是无法面对千头万绪的工作的。如果你能把自己的能力与别人的能力结合起来，就会取得令人意想不到的成就。

企业是一个运作有序的系统，每名员工所处的位置都是不可或缺的环节，只要一个环节不能发挥作用，就可能影响到企业的整体绩效。现代化企业更像一台不停运转着的精密机器，企业的各个业务环节就像是机器上的各个部件，任何一个部件出了问题都会对整台机器的运转造成影响。从表面上来看，企业的业务被分为各个业务环节并归属于某个部门或某个人员负责，事实上这些业务环节之间有着千丝万缕的关联，更为重要的是，他们都必须为企业的共同目标而运作。在登山的过程中，登山运动员之间都以绳索相连，假如其中一个人失足了，其他队员就会全力营救。否则，整个团队便无法继续前进。但当所有队员绞尽脑汁，试了所有的办法仍不能使失足的队员脱险的时候，只有割断绳索，让那个队员坠入深谷，只有这样，才能保住其他队员的性命。而此时，割断绳索的常常是那名失足的队员。

协同学认为，系统的运动规律总是从无序向有序转化，而且系统有母子之分，大小之分，系统的变化都是系统内子系统之间相互作用而又协调一致的结果。尽管系统千差万别，其属性各不相同，但在整个环境中，各个系统间存在着相互影响而又相互合作的关系，如不同单位间的相互配合与协作，部门间关系的协调，企业间相互竞争的作用以及系统中的相互干扰和制约等。

按照协同学原理和系统理论，企业系统化管理的关键是如何实现协同运作，正如链条与齿轮的运转，要一环连一环，一齿扣一齿，哪个环节都不能忽视，哪个人都不能轻视。为此，配合协同运作，企业应实施正面、正确的激励举措，加强团队管理，促使员工加强合作、共享知识。

精益生产贯彻协同学和系统论思想，讲究团队协作、群策群力，是一种高质量、低成本，强调以人为本，富有管理柔性的先进生产方式。按照精益生产方式组织管理团队，团队成员都能积极主动地参与共同决策、共同分担或轮流担任团队领导责任，尤其在合作处理日常事务，每个成员都能做到为整个工作流程负责。当然，精益生产方式下的团队组合，要求每一名成员都必须具有较高的人文素质和专业素养，这样才能满足团队工作的需要。

精益化的团队，其成员没有闲置的，个个都有合适的岗位安排，人人都能派上有价值的用场。如果团队中有“人才库存”，就说明存在人力资源浪费。所以，精益团队应尽量做到人才的“零库存”，这就需要结合员工的特点安排岗位，明确岗位职能与责任，建立一种对员工工作合理评价的制度。考核内容分为：工作业绩考核、工作能力考核、潜力考核和工作态度考核。该考核体系包含每个技术人员，具有明确的岗位说明书和定量的考核指标以及系统完善的考核程序，从而实现团队管理、量化管理、及时反馈的管理效果。

精益生产推行“团队工作法”，就是以共存共荣作为团队的激励模式，使员工在理念上达成共识，通过持续改进和全员参与，不断地将团队工作推向前进。“团队工作法”强调每名员工必须具备一专多能和协作精神，强调整体，强调全局，尤其重视全体员工的参与意识。要实现精益生产，团队成员必须保持协作和沟通。协作是将职业、专长不同的人组织到一起，以小组的形式完成特定任务的工作方式，良好顺畅的沟通是协作的基础，只有建立正常的沟通渠道，每位员工才能及时提出自己的改进建议，并保证正确的建议得到采纳和实施。“团队工作法”以完成项目而组建团队，具有高柔性、高灵活性的组织特征，充分体现精益生产的精神实质。首先，项目组成员是通过业务关系由负责人在职能范围内选择的，并不完全按原有的行政组织来划分；其次，项目组不是一成不变的，针对不同的任务，组建不同的项目组，项目完成后，该团队即解散，而项目进行中，也可能存在一人同时属于两个或多个项目组的情况。

成本专注

立足岗位，将降本增效进行到底

面对高成本压力，成本能否降得下来，要看企业的决心，而成本能否持续降下来，又要看企业的意志和耐力。综合到一起，体现的是一种成本专注力，这是企业持续降本的软实力。有了专注，降本增效才有力度、广度、深度和持久度。

●全员全过程关注成本

集中全员力量，进行全过程成本控制，让成本时刻处于软实力的汪洋大海中。

——**软实力“成”语**

什么是成本专注？就是在工作中，时刻关注成本的发生，时刻想着如何降成本，时刻用成本绩效权衡工作的得失，时刻保持控制成本的精神状态，时刻体现良好的成本管理习惯，时刻注意提升自身的成本素养和成本控制技能，时刻寻求成本创新和成本增值之道。

成本专注，表面上是看数字的变化，有一定的枯燥性，没有一定的毅力和职业执著，是很难坚持下去的；但是，只要你透过数字深入其中，尤其是深入到成本细节的内部，找准了成本发生的规律，你就会意外地发现控制成本的金钥匙。

日本企业对于成本的控制和关注是出了名的。日本企业的节约措施贯穿生产全过程，落实到每一个生产环节、每一个成员。拿管理运营来说，日本企业可谓使出了“浑身招数”，努力将成本节约进行到底。丰田汽车公司为了节水，就连男厕所的便池也用白漆画了两个鞋印，定位而立，以便节省清洗用水，而且还在每只抽水马桶的水箱中放上几块砖头，减少冲水量。日产公司为了节电，规定员工夏天可以不系领带，而且要求冷气调高一度，以图节约电费。用东丽公司为了节省用车开支，规定公务需要用车，须先征得上司同意，然后去总务部门申请，填写《车辆使用记录》，详尽到要填写包括使用日期、申请人及同行人员姓名、出发地、目的地、出发时刻、返程时刻、行使最佳线路、驾驶员指定等细节。有的日本企业为了节约话费，甚至规定接打电话时必须站着讲话，以缩短通话时间，防止话题冗长。

企业效益水平往往体现在成本管理上，而成本管理的水平要看成本控制是否得当。成本控制是一门综合性的经济管理学问，既有它的科学性、实用性，又有它的政策性。因此，企业要想保持健康、持久、稳定的发展，就必须持续关注成本，从成本控制入手，千方百计地在降低成本上动脑筋、想办法。

成本是一个综合性的指标，它涉及企业的所有人员、企业的全部生产过程。因此，管理成本必须形成一个全面完整的管理体系。这一成本管理体系覆盖企业全体员工和生产全过程，而且讲究量与质的统一，量是成本指标，质是成本控制程度，成本指标按照管理体系分解到各个部门、每个员工，形成成本指标管理的网络。在这张立体式的成本网中，成本管理要做到全员化全程化，关键是要充分调动广大员工管理和控制成本的积极性、创造性，形成人人关心成本、处处关注成本的局面。

陕西电力公司结合各项工作实际，把成本控制贯穿于企业经营管理全过程，引导大家自觉树立保证生产安全、建设质量、检修质量、服务质量就是节约的新理念，注重把行之有效的管理措施落实到电网建设、安全生产、企业管理、市场营销和后勤服务的各个环节，用事实说话、用数据来证明实效的取得。

充分发挥公司网站、报纸电视、内部论坛的宣传作用，举办“节约从我做起”演讲比赛，交流活动经验，深入宣传勤俭治企的感人事迹形成舆论宣传氛围；教育引导员工自觉参与活动，通过组织开展劳动竞赛、QC 攻关小组活动、“节约金点子、节约典型案例、节约典型经验”征集活动等，凝聚全体员工的智慧力量，掀起群众性节约高潮；把节约贯穿于企业各项工作全过程和各个环节，并督促增产节约的具体措施落到实处。

专门设立电网建设、生产运行、经营管理、机关建设 4 个专业工作小组和 1 个综合信息工作小组。各个专业工作组沟通协调、各显神通，积极推进基建标准化体系建设，提高投资管理效益。经营管理工作组通过落实细化预算管理，深化成本管理，强化招投标管理等有效措施，努力实现公司单位固定资产可控费用、业务招待费和会议费各降低 5%。生产运行工作组通过强化技改大修管理，降低城市配电网建设造价，全面强化管理考核，提高企业经济效益。机关建设工作组在后勤管理服务中提出房屋大修、办公文具用品、纯净水费用、水电绿化费用、超标排污等十几项费用均比上年同期节约 5% 的工作目标。

结合岗位将节约理念融入到实际工作当中，进行 QC 小组攻关活动。各 QC 小组不仅着眼于直接减少损耗的课题，还从缩短事故处理、电气试验时间、提高工作效率等方面入手开展增产节约、提升管理水平。西安供电局配网保护班 QC 小组“缩短 35kV 变压器差动保护特性试验时间”成果，使实验时间由 2. 81 个小时缩短到 1. 29 个小时。渭南供电局电能计量中心管理 QC 小组“研制电能表实时自动检定系统”成果，使电能表参数输入时间由 15 分钟加快到 2 分钟，并将电能表鉴定证书手工填写改为打印模式，提高了工作效率。咸阳供电局兴平电力局将 10kV 馈路线损率由 7. 8% 降低到 7. 2%，节约电量 150 万千瓦时。

●持续推进全员成本管理

成本是企业的龙头，牵一发而动全身，必须借助软实力布下成本控制的天罗地网。

——**软实力“成”语**

推进全员成本管理，在于实施全面的成本运动。员工是支撑企业的主体和根基，没有员工参与的管理，没有任何经济意义，也丧失了管理应有之义。成本是企业的经济神经，员工是企业的智慧所在。用智慧驾驭经济神经，才能实施有效的成本控制，才能使企业经营管理卓有成效。因此，要搞好成本管理工作，必须强化整体的成本意识、倡导全员参与成本管理活动。

企业内的每个员工、每个岗位都是降成本的主体，不只是财务部门或是成本部门的任务，要调动起所有部门、所有人员的积极性，从自身和岗位做起，为企业降低成本作出贡献。企业是一个利益共同体，每个部门、每一位员工的劳动成果，每项费用支出，最终都要反映到成本中，可以说企业中每位员工的一举一动都会对成本产生直接或间接的影响。管理人员在日常的工作和生活中，节约一度电、一升水、一张纸，下班后关闭空调、电脑、打印机、电灯等，及生产一线人员在生产过程中不断提高自己的业务水平以减少操作上的失误，都可以为企业在降低成本方面作出贡献；反之则加大费用的开支，降低了收益。

企业的发展取决于自身的经济技术水平，如果能把成本控制在一流的先进水平上，企业才有迅速发展的基础。成本降低了，企业在价格上就更具竞争力，就可以通过降低售价来扩大销售，进而拓展市场地盘，稳固经营基础，不断提升产品质量，创新产品设计，寻求新的发展。许多企业陷入困境的重要原因之一，是在成本失去控制的情况下盲目发展，一味在促销和开发新产品上冒险，由于后方的成本防线脆弱，一旦市场萎缩或决策失误，公司就失去抵抗能力，很快就垮下去了。

推进全员成本管理，必须下大力气提高广大员工对成本费用控制、成本管理重要性的认识，增强成本效益效能观念，贯彻技术与经济结合、生产与管理并重的原则，向全体员工进行全面的成本宣传教育，营造浓厚的全员成本管理氛围，培养良好的全员成本习惯，打造优秀的企业成本文化。企业成本的形成是企业内部各部门、各环节的各项生产要素与经济活动共同作用的结果，成本控制的最重要主体应该包括对企业成本的形成和发生负有责任的影响者与参与者。企业推行全员成本管理，应将与成本的发生密切相关的诸如决策阶层、部门负责人、工程技术人员、专设成本机构人员作为成本控制的重要主体，将成本控制相关理念和习惯作为企业文化放大，自上而下树立起成本意识和效益观念，让各级管理人员和每一个员工充分认识到自己的主观能动性对成本降低的积极性和重要性，人人都要明确全员成本管理对企业成本降低的潜力是无止境的。

产品的直接成本是围绕开发、设计、采购、生产、质检、销售等一系列环节而发生，并构成产品直接成本链，环环相扣、相互依存。比如，由于采购质量好的原材料而致使采购环节成本上升，但换回的是生产环节的损失降低，使销售部门的额外支出锐减、销量大增，企业信誉大幅度提升，从而获得公司整体成本的最小化。如果单纯从本车间、本部门出发，而不去整体考虑其他环节的成本节约，不仅会使企业的经济责任制考核失去意义，同时还会挫伤那些务实求效、真抓实干人员的积极性，最终的恶果将是成本控制可有可无，企业丧失竞争优势，被市场无情地淘汰。

成本考核在于强化成本管理的权威性，严格的成本考核来自强有力的成本控制措施。成本考核是企业最核心的绩效导向，在确保企业安全、质量等基本经济活动的前提下，推行成本否决制，用成本指标否决其他经济指标，做到成本绩效与个人利益、部门利益相挂钩，可强化全员对成本控制的重视，同时能促进企业整体经济技术水平的提升。企业在对各单位的工作进行考核时，可能设计了多种考核指标，在这些考核指标中，应将成本指标作为主要指标进行考核。如果各部门其他各项指标都完成得很好，但是成本指标却没有完成，就应否决其工作业绩。成本否决制度如果能落到实处，全体员工就会集中精力将工作的重心放在降低成本的工作上，加大工作力度，确保成本控制达到预期或更好的效果。

持续性的全员成本管理能否顺利推进，在很大程度上取决于成本否决的执行情况，一方面取决于成本考核制度是否符合企业实际情况，操作办法是否简易可行；另一方面取决于围绕成本考核建立起来的管理体系是否严密周到，其他配套管理措施是否跟得上成本管理的形势。成本否决就是要强化成本执行力，把成本标准变成行动，实行严格的监督和检查。

推行全员成本管理，必须做到既有激励又有约束，指挥棒就是成本否决。成本否决权不能只限于企业高层管理者，而应将成本否决权按照发生的业务链条层层分解下去，做到逐级落实责任，分层分权否决，使整个企业的各个业务生产环节，以及每个员工都受到成本否决权的约束，成本完成情况直接与奖金挂钩，一切业务活动都以降本增效为出发点，从而使成本否决权得到全面的落实。

推进全员成本管理，实行成本否决，关键的是对成本信息的精确掌握、分析和处置，还要实现精确的成本管理，必须借助先进的信息化管理手段，通过计算机信息系统形成严密的考核网络，建立信息共享、及时准确、条块结合、纵横连锁的考核体系，增加各部门成本完成情况的透明度，提高成本控制的效果和效率。要完善考核全面成本控制指标数据的记录，及时更新计算机信息系统，使得生产状况、质量状况、销售状况、资产状况、财务状况得以动态反映。成本管理只有做到制度严密、信息齐全、控制准确、处理及时，才能使各环节的成本运作时刻处于受控状态。

后记

成本博弈没有终局

成本是企业说不完的话题，也是企业做不完的事情。

成本总揽企业全局，企业每一个细部的绩效都以成本论成败。

成本由量与质组成，常常以量的增减谋求利润，以质的保证引领量的波动。

成本没有意识形态，因为融入了企业的经营追求，才显示出不同的物质形态和价值形态。

成本反映企业的实力，企业一切实力因为有了成本，才可发挥，才可度量。

成本硬实力，那只是量的概念，成本软实力，才是质与量的统一。

成本让复杂的事情变简单，让简单的事情变精细，让精细的事情彰显责任与能力。

成本是企业中流动的血液，一切业务流程没有成本流，就变得苍白无力。

成本是利润的推进器，没有成本，利润就会干涸，就成了无源之本。

成本是资本的变身，资本也有成本，那是小成本，资本创造价值，方显成本本色。

成本有两把刀，一把是砍刀，专砍浪费，一把是磁刀，将成本吸引到刀刃上。

成本有两个空间，在现场精益制造、精益创造，在市场成全价格、沉浮对手。

成本贯通产业链，将上中下游紧紧攒到一块儿，共担风险，共创价值，共享成果。

成本是一张网，将不同的成本点、成本线交织在一起，让大家朝着共同的目标而努力编织。

成本是一根完整的时间轴，有历史成本，有本期成本，还有未来成本。

成本是一个小宇宙，有原始成本也有辐散成本，有看得见的显性成本，还有看不见的暗成本，利害大的暗成本又称成本黑洞。

成本是一座信息库，由过去算盘账本的信息孤岛变成现在资源在线共享的信息汪洋。

成本没有对手，真正的对手是企业自己，不是成本卓越，而是要卓越改进成本。

成本有距离，因为成本有标杆，成本没距离，因为成本要沟通。

成本是一个很单薄的铁环，倒下去是一个静止的封闭的圈子，立起来、滚起来才是充满生机的成本运动，当然这取决于企业对成本方向的把握，对成本惯性的保持，对成本轨道的铺设。

完全的成本包括质量成本、安全成本、责任成本、环境成本……这样的成本可在企业行使一票否决。

成本需要会计，但不只是财务人员会计，企业所有人员都要会计。

市场是个大世界，企业是个小世界，成本就是企业的全息微观。

成本是企业成败之本，是企业价值之本，是企业运营之本。

成本有极限，成本改进无极限，成本创新无极限，成本沟通无极限。

成本竞争有结局，成本博弈永远没有终局！